LOUISIANA CENSUS RECORDS

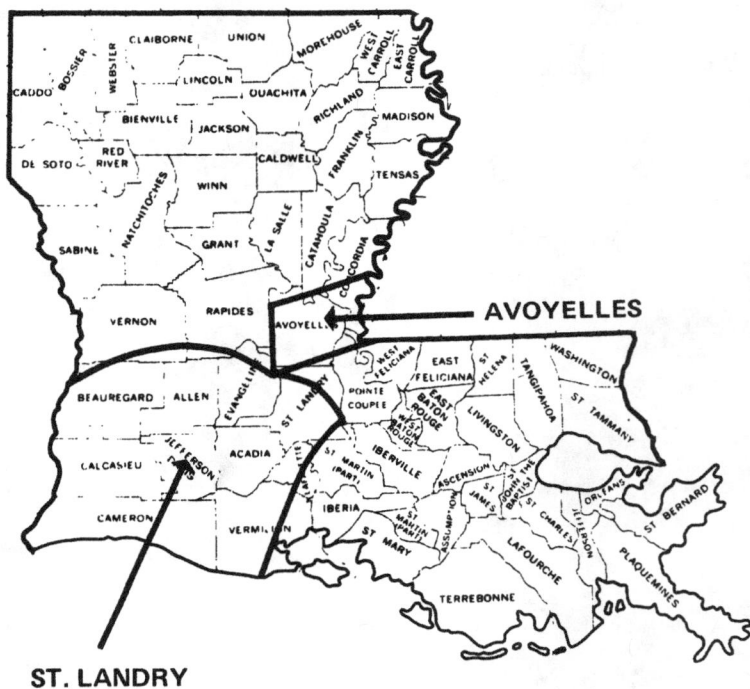

MAP OF LOUISIANA

Showing approximate jurisdictions of St. Landry and Avoyelles Parishes in the early 19th Century.

LOUISIANA CENSUS RECORDS

Volume I

Avoyelles and St. Landry Parishes

1810 & 1820

Compiled by

ROBERT BRUCE L. ARDOIN

With a Foreword by

WINSTON DE VILLE

CLEARFIELD

Library of Congress Catalog Card Number 71-134170
International Standard Book Number 0-8063-0446-4

Published by
Genealogical Publishing Company
Baltimore, Maryland

Reprinted for
Clearfield Company, Inc. by
Genealogical Publishing Co., Inc.
Baltimore, Maryland
1995

Made in the United States of America

Dédié a ma mere,

née
Sylvia LeBas

native de 'tit Mamou de
la Ville Platte en
Louisiane

CONTENTS

FOREWORD

The historiography and genealogy of early Louisiana has long needed tools for analytical studies of the State's growth. This new series, LOUISIANA CENSUS RECORDS, helps to fill the gap admirably, and future works based on such reference books will be more accurate and more meaningful to the discipline.

This first volume, so well prepared by Bruce Ardoin, includes two of the early areas of settlement: St. Landry Parish, generally encompassing the jurisdiction of the old Opelousas Post, included most of greater southwest Louisiana. Population penetration began before 1750, and settlers began establishing farms and dwellings by the late 1760's. Before the century was over, the ethnic groups included French from France, Canada and Nova Scotia, Spaniards from Spain, Mexico, and Guadeloupe, Englishmen (the new Americans as well as Loyalists—and they lived harmoniously together!), Germans, Russians, Negroes (born free, emancipated, and in slavery), and Swiss.

The Avoyelles Post became Avoyelles Parish, and was much smaller geographically than many of the other early settlements. But, because it was a crossroads of traffic between Natchez and Opelousas, New Orleans, Point-Coupée and Rapides, Natchitoches and Texas, it is important to the proper study of the State's historical demography. It supported a large Anglo-Saxon population. Because so few of the neighboring post's (Rapides) records are extant, any early Avoyelles parish statistics are even more meaningful.

Louisiana scholars are fortunate to have a colleague of Bruce Ardoin's ability to edit and make available these early records. Many original documents cannot last forever, but the information they reveal will never be lost due to his personal dedication. The publishers, too, are to be commended for a job well-done. It is they, as well as anyone, who can encourage such scholarship.

Winston De Ville

Baltimore
July 8, 1970

ix

INTRODUCTION

In order to preserve the authenticity of these census schedules, they were copied exactly as they appeared in the originals. Accordingly, the general direction taken by the census enumerator can be traced through the parishes, and in addition to the genealogical information supplied in these reports, one may determine where certain families and clans of people lived and migrated.

Two alterations in the mechanics of these records have been made. Due to certain technicalities, the arrangement of the numbers following each household head has been separated into two lines, whereas the originals were contained in one single line. Also, zeros have been substituted for the blank spaces in the numerations, thus making the record more uniform.

Consideration should be given to the discrepancies and errors in the different spellings of the same surname and also to the figures in the numerations. The compiler calls the attention of the reader to the similarity of the capital letters "L, S, and T" which may have been the cause of any of the errors in transcribing the names from the original records to this reproduction. One must also realize that there is a possibility that some people were never recorded in the censuses - depending on the location of their houses in the parish, the weather prevailing at the time of census taking, the attitude taken by the census taker in recording the data, and any language barrier between the people and the census taker. The 1820 census of Avoyelles Parish is incomplete in that the two last digits in the numeration were not included; however, this census is the only one that has been regionalized, thus designating the areas where the inhabitants lived. An index containing cross references and different spellings of the surnames has been included, with a key and guide to the 1810 and 1820 censuses.

The originals (with copies on microfilm) of the Federal Population Censuses are located in the National Archives and Records Service Commission, Washington, D. C. In order with the records as they appear here, they are indexed: M-252, 10; M-33, 31; M-252, 10; and M-33, 30.

The compiler wishes to thank all those who encouraged the publication of this book, especially to Winston De Ville for his help in making the publication of this data possible.

Robert Bruce L. Ardoin

June 22, 1970
210 East LaSalle Street
Ville Platte, Louisiana

1810 Census
Avoyelles Parish, Louisiana

Schedule of the whole number of persons within
the division allotted to Thomas F. Oliver.

```
Adams, Wm.               0, 1, 0, 0, 1, 0, 1, 0, 1, 0, 0, 3.
Armant, Anths.           4, 0, 1, 1, 0, 0, 0, 1, 0, 0, 0, 1.
Adams, Jane              1, 0, 0, 2, 0, 2, 2, 1, 0, 2, 0, 0.
Armant, Jean             0, 0, 0, 0, 1, 0, 0, 0, 1, 0, 0, 0.
Armant, Pierre           2, 0, 1, 0, 1, 0, 1, 1, 0, 0, 1, 0.
Bontemps, Jean           0, 0, 1, 1, 1, 0, 0, 0, 0, 0, 1, 1.
Book, Joseph             2, 0, 0, 1, 0, 1, 0, 0, 1, 0, 0, 0.
Bernardo, Francois       2, 0, 0, 1, 0, 1, 0, 1, 0, 0, 0, 0.
Bordelon, Zenon          4, 0, 0, 1, 0, 0, 0, 1, 0, 0, 0, 2.
Bailey, Hugh             0, 0, 0, 2, 0, 0, 0, 0, 0, 1, 0, 2.
Badger, Richd.           0, 0, 0, 3, 0, 0, 0, 0, 0, 0, 0, 5.
Bordelon, August         4, 1, 0, 1, 0, 0, 0, 0, 1, 0, 0, 0.
Bordelon, Madame         0, 2, 0, 0, 0, 0, 2, 0, 1, 0, 0, 5.
Bordelon, Valery         3, 0, 0, 1, 0, 2, 0, 0, 0, 0, 0, 1.
Bezot, Madame            1, 0, 0, 0, 0, 2, 1, 0, 1, 0, 1, 3.
Bellemure, Joseph        2, 0, 0, 1, 0, 4, 0, 1, 0, 0, 0, 0.
Bordelon, Francois       0, 0, 0, 1, 0, 0, 1, 0, 1, 0, 0,13.
Barre, Michel            0, 1, 1, 1, 0, 2, 2, 0, 1, 0, 0, 0.
Broussard, Similan       0, 2, 0, 1, 0, 2, 0, 1, 0, 0, 0, 0.
Burtis, Samuel           0, 0, 0, 2, 0, 1, 0, 1, 0, 0, 5, 0.
Clayton, James           2, 1, 3, 1, 0, 0, 1, 2, 1, 0, 0, 0.
Cotton, W.B.             0, 0, 0, 2, 0, 0, 0, 0, 0, 0, 0, 1.
Clark, Madame            2, 1, 0, 0, 0, 2, 1, 0, 1, 0, 0, 4.
Cants, James             3, 0, 0, 1, 0, 3, 0, 1, 0, 0, 0, 0.
Cottingham, James        1, 1, 0, 2, 0, 0, 1, 1, 0, 0, 0, 0.
Coco, Dominick           1, 1, 1, 1, 0, 2, 1, 1, 1, 0, 0, 6.
Chatlain, Bellone        1, 0, 1, 1, 0, 2, 1, 0, 1, 0, 0, 8.
Couvillon, Pierre        3, 0, 1, 0, 0, 1, 0, 1, 0, 0, 0, 6.
Caramouche, Simon        2, 1, 0, 1, 0, 2, 0, 1, 0, 0, 0, 0.
Caramouche, Joseph       0, 0, 0, 0, 1, 0, 0, 1, 0, 0, 0, 1.
Couvillon, Amble         0, 0, 1, 0, 0, 1, 0, 1, 0, 0, 0, 3.
Clark, Danl.             0, 0, 1, 1, 0, 0, 1, 0, 1, 0, 0, 7.
Champignote, Madam       0, 0, 0, 0, 1, 0, 0, 0, 0, 1, 1, 0.
Desselles, Saml.         2, 3, 0, 1, 1, 1, 1, 0, 1, 0, 0, 0.
Dawson, John             0, 0, 0, 1, 1, 0, 0, 0, 0, 0, 2, 3.
Dwoit, Timothy           1, 0, 0, 2, 0, 2, 0, 0, 1, 0, 0, 0.
Dupuy, Pierre            1, 2, 0, 1, 1, 2, 1, 0, 1, 0, 0, 0.
Dupuy, Andre             2, 1, 1, 1, 0, 3, 1, 1, 1, 0, 0, 7.
Ducote, H.               2, 0, 1, 0, 0, 0, 0, 1, 0, 0, 0, 0.
Ducote, J.P.             2, 0, 1, 0, 0, 0, 2, 1, 0, 0, 0, 2.
Dozat, Antoine pere      2, 2, 0, 1, 0, 0, 1, 0, 1, 0, 0, 0.
Dozat, Antoine fils      2, 0, 1, 1, 0, 1, 0, 1, 0, 0, 0, 0.
Dozat, Valery            0, 0, 1, 0, 0, 2, 1, 0, 0, 0, 0, 0.
Dozat, Celestin          1, 0, 0, 1, 0, 1, 0, 1, 0, 0, 0, 0.
Ducote, Pierre           0, 0, 1, 1, 1, 0, 4, 1, 1, 0, 0, 2.
Defour, Valery           0, 0, 1, 0, 0, 2, 0, 1, 0, 0, 0, 4.
Ducote, Josef            2, 0, 0, 1, 0, 2, 0, 1, 0, 0, 0, 6.
Dubrok, Joseph           3, 1, 1, 0, 1, 0, 1, 0, 1, 0, 0, 0.
Elishe, Marc             0, 0, 0, 1, 0, 1, 1, 0, 2, 0, 0, 2.
Furreman, Joseph         3, 0, 3, 0, 1, 2, 1, 0, 0, 1, 0, 1.
Gaspard, Baptiste        0, 0, 0, 1, 0, 2, 0, 0, 1, 0, 0, 0.
Gaspard, Danl.           1, 1, 1, 0, 1, 1, 0, 0, 1, 0, 0, 5.
Gaignard, Joseph         0, 0, 0, 1, 0, 0, 0, 0, 1, 0, 0, 0.
```

```
Gibbs, M.                 0, 0, 0, 0, 1, 1, 0, 0, 0, 0, 0, 5.
Godo, Antoine             1, 0, 0, 1, 0, 3, 1, 1, 0, 0, 0, 1.
Godo, Charles             1, 0, 1, 0, 0, 1, 0, 0, 1, 0, 0, 1.
Godo, Pierre              2, 0, 1, 0, 0, 2, 0, 1, 0, 0, 0, 1.
Godo, Louis               1, 0, 1, 0, 0, 1, 0, 0, 1, 0, 0, 2.
Gregory, Chals.           3, 0, 1, 0, 0, 1, 0, 0, 1, 0, 0, 0.
Guifot, Joseph fils       1, 0, 0, 1, 0, 0, 1, 1, 0, 0, 0, 0.
Gauthier, Josef           2, 0, 1, 1, 0, 0, 0, 1, 0, 0, 0, 1.
Guyot, Zeno               0, 0, 1, 0, 0, 1, 0, 1, 0, 0, 0, 0.
Guyot, Alexr.             2, 1, 1, 0, 0, 0, 0, 1, 0, 0, 0, 0.
Guyot, Mathurin           3, 3, 0, 0, 1, 3, 3, 0, 1, 0, 0, 0.
Guyot, George             0, 0, 0, 1, 0, 1, 0, 1, 0, 0, 0, 0.
Gaignard, Bernd.          0, 0, 0, 2, 0, 1, 0, 1, 0, 0, 0, 0.
Guillory, August          1, 0, 0, 1, 0, 1, 0, 1, 0, 0, 0, 0.
Guillory, Josef           1, 0, 1, 1, 0, 3, 0, 1, 0, 0, 0, 0.
Guillory, Madame          0, 2, 1, 0, 0, 0, 2, 0, 1, 0, 0, 5.
Guillory, Julin           0, 0, 0, 2, 0, 0, 2, 1, 0, 0, 0, 0.
Graham, Richd.            0, 0, 0, 1, 0, 1, 0, 1, 0, 0, 0, 5.
Guyot, Joseph pere        0, 0, 0, 0, 1, 0, 1, 1, 0, 0, 0, 0.
Glass, Saul ?             0, 0, 0, 1, 0, 0, 0, 1, 0, 0, 0, 0.
Hoffman, John             0, 0, 0, 1, 0, 1, 0, 1, 0, 0, 0, 0.
Hooter, Philip            2, 0, 0, 0, 1, 1, 0, 0, 1, 0, 0, 0.
Holston, Betsey           1, 1, 0, 1, 0, 2, 1, 0, 0, 0, 0, 0.
Hall, Charles             0, 0, 1, 0, 0, 0, 0, 1, 0, 0, 0, 1.
Herault, Francois         2, 2, 0, 0, 1, 1, 0, 1, 0, 0, 0, 0.
Holmes, Madame            0, 0, 2, 0, 0, 0, 0, 1, 1, 1, 0,16.
Jeanne                    0, 0, 0, 0, 0, 0, 0, 0, 0, 0, 3, 0.
Joffrion, Josef           1, 0, 0, 0, 1, 0, 1, 1, 1, 0, 0,15.
Joffrion, Josef fils      3, 0, 0, 1, 0, 1, 0, 0, 1, 0, 0,10.
Juneau, Augusten          1, 2, 1, 0, 1, 1, 0, 1, 1, 0, 0, 6.
Joffrion, Celestin        0, 0, 0, 1, 0, 3, 0, 1, 0, 0, 0, 2.
Joffrion, Joseph Jun.     1, 0, 0, 1, 1, 2, 2, 0, 1, 0, 0, 4.
Joffrion, Hyppolite       1, 0, 1, 0, 0, 1, 0, 1, 0, 0, 0, 3.
Johnston, Charles         2, 0, 0, 1, 0, 0, 0, 1, 0, 0, 0, 0.
Johnston, J. Joseph       1, 0, 0, 2, 0, 0, 0, 1, 0, 0, 0, 0.
Johnston, Madam           1, 1, 0, 0, 0, 0, 2, 0, 1, 0, 0, 0.
Juneau, Josef             4, 1, 0, 1, 0, 1, 1, 0, 1, 0, 0, 0.
Juneau, John              1, 0, 0, 1, 0, 2, 0, 1, 0, 0, 0, 0.
Junis, Alexander          0, 1, 0, 1, 1, 0, 0, 0, 1, 0, 0,14.
LaCour, Cyprian           0, 2, 0, 1, 0, 5, 1, 0, 1, 0, 0,14.
LaCombe, Jean             0, 0, 1, 2, 0, 0, 3, 1, 0, 0, 1, 2.
Laborde, Pierre           1, 3, 0, 0, 1, 0, 2, 0, 0, 0, 0, 2.
Laborde, Pierre fils      0, 0, 1, 0, 0, 0, 0, 1, 0, 0, 0, 0.
Leonard, Madam            1, 0, 0, 0, 0, 0, 0, 0, 1, 0, 1, 2.
Lapointe, Israel          0, 0, 1, 0, 0, 0, 1, 0, 0, 0, 0, 0.
Lemoine, Guillaume        1, 1, 0, 1, 0, 0, 1, 0, 1, 0, 0, 6.
Lemoine, Pierre           1, 1, 0, 1, 0, 2, 2, 0, 1, 0, 0,45.

Lemoine, Baptiste         1, 0, 0, 1, 0, 2, 1, 0, 1, 0, 0, 4.
Lemoin, Pere              2, 1, 1, 0, 1, 1, 0, 1, 0, 1, 0, 0.
Landerneau, Joseph        2, 0, 1, 2, 0, 2, 3, 0, 0, 1, 0, 0.
Louis, Wm.                1, 0, 0, 1, 0, 2, 0, 0, 1, 0, 0, 0.
```

Lafetor	1,	0,	2,	0,	0,	0,	1,	2,	0,	0,	2,11.
Mayeaux, Narcisse	0,	0,	2,	0,	0,	0,	1,	0,	0,	0,	0, 0.
Monclet, Bapts.	0,	0,	0,	1,	0,	0,	0,	0,	0,	0,	0, 1.
Mayeaux, Bapts.	3,	1,	1,	0,	1,	1,	1,	0,	0,	0,	0, 2.
Mayeux, Pierre	3,	1,	1,	1,	0,	1,	0,	0,	1,	0,	0, 6.
Moreau, Celestin	5,	2,	0,	1,	0,	1,	1,	0,	1,	0,	0, 2.
Mayeux, Joseph pere	0,	0,	0,	1,	0,	0,	0,	0,	1,	0,	0, 0.
Mayeux, Joseph fils	0,	0,	0,	1,	0,	2,	0,	1,	0,	0,	0, 2.
Mayeux, Lufroy	1,	0,	1,	0,	0,	0,	0,	1,	0,	0,	0, 2.
Moreau, Doctr.	0,	0,	0,	1,	0,	2,	0,	1,	0,	0,	1, 1.
Normand, Jean	0,	0,	0,	0,	1,	0,	0,	0,	1,	0,	0,10.
Normand, Pierre	2,	1,	1,	1,	0,	0,	1,	0,	1,	0,	0, 0.
Normand, Laurent	1,	0,	0,	1,	0,	0,	0,	0,	1,	0,	0, 5.
Oliver, Thos. F.	1,	0,	0,	2,	0,	1,	0,	1,	0,	0,	0, 6.
Pointheau, Alexr.	0,	1,	1,	3,	1,	0,	0,	1,	0,	0,	0, 1.
Plauche, Alexr.	2,	0,	0,	1,	1,	1,	0,	1,	2,	0,	1,28.
Plauche, Urbain	0,	0,	0,	0,	0,	0,	0,	1,	0,	0,	0, 1.
Reed, John	0,	0,	0,	1,	0,	2,	1,	1,	1,	0,	1, 0.
Reed, Eliza	0,	0,	1,	1,	0,	0,	0,	1,	0,	1,	0, 0.
Roy, Joseph	3,	0,	0,	1,	0,	1,	1,	0,	1,	0,	0, 2.
Rabilais, J.P.	0,	1,	1,	0,	1,	1,	2,	1,	0,	0,	0,12.
Rabalais, Baptiste	1,	0,	0,	1,	0,	2,	1,	1,	0,	0,	0, 3.
Rabilais, Joseph	0,	0,	1,	0,	0,	2,	0,	1,	0,	0,	0, 2.
Roy, Madame	0,	1,	1,	0,	0,	1,	1,	2,	1,	0,	0, 1.
Rickes, John Bapt.	2,	1,	0,	1,	0,	0,	1,	1,	1,	0,	0, 2.
Rabalais, Paulin	1,	0,	0,	1,	0,	1,	0,	1,	0,	0,	0, 2.
Routh, Benjamin	0,	1,	0,	0,	1,	1,	0,	0,	0,	1,	0, 0.
Ricouly, Claude	0,	0,	0,	1,	0,	2,	3,	0,	2,	0,	0, 1.
Roe, John	0,	0,	1,	0,	0,	0,	0,	1,	0,	0,	0, 0.
Rufh, Wm.	0,	0,	0,	0,	1,	0,	0,	0,	1,	0,	0, 4.
Ryan, John	4,	1,	0,	1,	0,	1,	1,	0,	1,	0,	0, 3.
Roumain St., Etienne	1,	0,	1,	1,	0,	1,	1,	0,	0,	0,	0, 9.
Rolph, Madam	1,	0,	1,	0,	0,	0,	0,	1,	0,	0,	0, 0.
Smithson, Danl.	1,	0,	0,	4,	0,	0,	0,	1,	0,	0,	0, 0.
Tourniest, Francs.	0,	0,	0,	0,	1,	0,	0,	0,	0,	0,	0,11.
Tasson, Arcola	5,	1,	0,	0,	1,	2,	2,	1,	1,	0,	0, 1.
White, Asa	3,	0,	0,	1,	0,	1,	0,	0,	1,	0,	0, 0.
Walker, Madam	0,	0,	0,	1,	0,	0,	0,	1,	0,	0,	1, 2.
Webb, James	0,	1,	0,	1,	0,	0,	1,	0,	2,	0,	0, 0.
Wiley, William	1,	0,	0,	1,	0,	0,	1,	1,	0,	0,	0, 0.
Yaw, Richd.	1,	0,	0,	3,	0,	1,	0,	0,	1,	0,	0, 0.
Total:	157	58	60	111	33	131	81	74	68	10	22 404

Number of wheels - 96
Number of looms - 32
Ells of cotton cloth - 2,234
Number of shoes manufactured - 500

Page 6

One tannerie wheel
Manufactures of leathers - (total)- 2,400 hides
Seven cotton gins which make 702 bales of cotton weighing
about 210,600 pounds.

    I certify the foregoing to be a true numeration of the
inhabitants and manufactures within the Parish of Avoyelles
and Territory of Orleans, January 8th, 1811.

    (signed) Thomas F. Oliver

1820 Census
Avoyelles Parish, Louisiana

The number of persons within my division, consisting of the
Parish of Avoyales appears in a Schedule hereto annexed by
me this seventeenth day of November in the year one thousand
eight hundred and twenty.

Richard Bettis, Jr., Assistant to the Marshal of the Louisiana
District.

Mississippi, B. de Glaiz
Island South of the Avoyales, South of Red River

```
Absalem Wood              0, 0, 0, 7, 2, 0, 0, 0, 0, 0, 0, 2, 0,
     0, 2, 0, 0, 1, 0, 0, 0, 0, 0, 0, 0, 0, 0, 0, 0, 0, 0.
Alexander LeMoine         2, 0, 0, 0, 0, 1, 0, 0, 0, 1, 0, 0, 1,
     0, 0, 0, 0, 0, 0, 0, 0, 0, 1, 0, 0, 0, 0, 0, 0, 0.
G. LeMoin                 0, 0, 2, 2, 1, 1, 0, 0, 1, 1, 0, 0, 3,
     0, 0, 2, 0, 0, 0, 0, 0, 0, 0, 0, 0, 0, 0, 0.
Louis Mier                1, 0, 1, 1, 0, 0, 0, 1, 0, 0, 0, 0, 0,
     0, 0, 0, 0, 0, 0, 0, 1, 0, 0, 0, 0, 0, 0, 0, 0, 0.
Cyprian Lacouer           2, 0, 0, 1, 1, 0, 2, 0, 0, 1, 0, 0,15,
     0, 0, 4, 3, 9 0, 1, 0, 0, 0, 0, 0, 0, 0, 0, 0, 0.
G. Berza                  0, 1, 1, 0, 0, 0, 2, 0, 1, 0, 0, 5, 0,
     0, 2, 0, 2, 0, 5, 0, 0, 0, 0, 0, 0, 0, 0, 0.
D. Coco                   0, 1, 1, 1, 1, 0, 4, 0, 0, 1, 0, 0, 7,
     0, 0, 4, 2, 0, 1, 0, 0, 2, 0, 0, 0, 0, 0, 0, 0, 0.
L. Gotiz                  0, 0, 0, 1, 0, 0, 0, 1, 0, 0, 0, 0, 0,
     0, 0, 0, 1, 0, 2, 5, 2, 1, 0, 0, 0, 1, 0, 0, 0, 0.
John LaComb               0, 0, 0, 0, 0, 1, 2, 1, 1, 0, 0, 0, 2,
     0, 0, 1, 1, 0, 0, 0, 1, 0, 0, 0, 0, 0, 0, 0, 0.
Xalier Beajoe ?           1, 1, 0, 0, 1, 0, 1, 1, 0, 1, 0, 0, 9,
     0, 0, 4, 0, 3, 0, 2, 0, 1, 0, 0, 0, 0, 0, 0, 0, 0.
Martin Gimeo              2, 0, 0, 1, 0, 3, 1, 0, 0, 0, 0, 2,
     0, 0, 1, 1, 0, 1, 2, 0, 0, 1, 0, 1, 0, 0, 0, 0, 0.
Joseph Jeffrion Senr.     0, 0, 1, 1, 0, 1, 1, 0, 0, 0, 1, 0, 1,
     0, 0, 0, 0, 0, 0, 1, 0, 0, 0, 3, 0, 0, 0, 0, 0, 0.
Zenon Shutland            2, 0, 0, 1, 1, 0, 3, 0, 1, 0, 0, 0, 1,
     0, 0, 0, 0, 1, 0, 0, 0, 0, 0, 0, 0, 0, 0, 0, 0.
Martin Roberly            2, 0, 0, 0, 1, 1, 3, 0, 1, 0, 0, 0, 6,
     0, 0, 5, 2, 2, 0, 0, 0, 0, 0, 0, 0, 0, 0, 0, 0, 2.
Joseph Roberly            1, 0, 0, 1, 1, 0, 3, 0, 1, 0, 0, 0, 8,
     0, 0, 1, 2, 0, 1, 1, 1, 1, 0, 0, 2, 1, 0, 0, 0, 0.
V. Arbois                 0, 0, 0, 0, 0, 1, 0, 0, 0, 0, 0, 1, 0,
     1, 0, 1, 0, 0, 0, 2, 0, 0, 0, 0, 0, 0, 0, 0.
Madame Andre              0, 0, 0, 0, 0, 0, 0, 1, 0, 1, 0, 0, 0,
     0, 0, 0, 0, 2, 0, 0, 0, 0, 0, 0, 2, 0, 0, 0, 0.
Belona Shutland           0, 1, 0, 2, 0, 1, 0, 1, 3, 1, 0, 0, 2,
     0, 0, 0, 0, 2, 0, 0, 0, 0; 0, 0, 0, 2, 0, 0, 0, 0.
Joseph Tassan             3, 0, 0, 0, 1, 0, 0, 0, 1, 0, 0, 0, 1,
     0, 0, 1, 0, 0, 0, 0, 2, 0, 0, 0, 0, 0, 0, 0, 0.
Judith Bezat              0, 0, 1, 1, 1, 0, 0, 0, 0, 0, 0, 0, 3,
     0, 0, 1, 0, 1, 0, 0, 0, 0, 0, 0, 0, 0, 0, 0.
Peter Julia               1, 0, 0, 0, 0, 1, 0, 0, 1, 0, 0, 0, 1,
     0, 0, 0, 0, 0, 1, 0, 0, 0, 0, 0, 0, 0, 0, 0.
Pierre LeMoin             0, 0, 0, 2, 0, 1, 1, 4, 0, 1, 0, 0,40,
     0, 0,15,15, 0, 0, 0, 0, 0, 0, 0, 0, 0, 0, 0, 0.
John P. Lemoin            0, 0, 0, 0, 0, 0, 0, 0, 0, 0, 0, 0, 4,
     0, 0, 3,12, 0, 0,20,20, 0, 0, 0, 0, 0, 0, 0, 0.
Madame Bordeloin          0, 0, 0, 0, 0, 0, 0, 0, 0, 0, 1, 0, 2,
     0, 0, 3, 0, 0, 0, 0, 2, 0, 0, 0, 0, 0, 0, 0, 0.
Peter Bordeloin           2, 0, 0, 0, 1, 0, 3, 2, 1, 0, 0, 0, 2,
     0, 0, 0, 1, 0, 0, 2, 0, 0, 0, 0, 0, 0, 0, 0, 0.
```

```
George Barrow            0, 0, 0, 1, 0, 0, 0, 0, 1, 0, 0, 0, 1
     0, 0, 1, 0, 0, 0, 0, 0, 1, 0, 0, 0, 0, 0, 0, 0, 0, 0.
Leo Gotia                0, 0, 0, 1, 0, 0, 1, 1, 0, 0, 0, 0, 4
     0, 0, 1, 1, 1, 0, 0, 0, 0, 0, 0, 0, 0, 0, 0, 0, 0.
Epolite Mier             2, 0, 0, 0, 1, 0, 2, 0, 1, 0, 0, 0, 2
     0, 0, 1, 0, 0, 0, 1, 3, 0, 0, 0, 0, 0, 0, 0, 0, 0.
Nicholas Tasso           2, 1, 1, 1, 0, 1, 1, 2, 2, 0, 0, 0, 3
     0, 0, 0, 0, 1, 0, 0, 0, 1, 0, 0, 0, 0, 0, 0, 0, 0.
A. Couvalon              1, 0, 0, 0, 1, 0, 1, 0, 1, 0, 0, 0, 6
     0, 0, 1, 3, 0, 0, 0, 1, 0, 0, 1, 0, 0, 0, 0, 0, 0.
L. Normon                2, 0, 0, 0, 1, 1, 3, 0, 0, 1, 0, 0, 9
     0, 0, 6, 1, 2, 0, 0, 2, 0, 0, 0, 0, 0, 0, 0, 0, 0.
Adren Courvilleon        4, 0, 0, 0, 1, 0, 1, 0, 1, 0, 0, 0, 4
     0, 0, 0, 2, 0, 0, 1, 1, 2, 0, 0, 0, 0, 0, 0, 0, 0.
Pierre Couvillon         2, 0, 1, 1, 1, 0, 1, 0, 0, 1, 0, 0, 5
     0, 0, 5, 2, 2, 0, 1, 1, 0, 0, 0, 0, 0, 0, 0, 0, 0.
Phillip Hooter           1, 2, 0, 0, 0, 1, 5, 0, 0, 1, 0, 0, 2
     0, 0, 0, 0, 0, 0, 3, 0, 4, 0, 0, 0, 0, 0, 0, 0, 0.
Henry Ogden              0, 0, 0, 2, 0, 0, 0, 1, 0, 0, 0, 0, 1
     0, 2, 0, 0, 0, 1, 1, 0, 0, 0, 0, 0, 0, 0, 0, 0, 0.
Catharine Badger         0, 0, 0, 1, 0, 0, 1, 0, 0, 1, 0, 0, 0
     0, 0, 2, 0, 1, 0, 1, 1, 3, 0, 0, 0, 0, 0, 0, 0, 0.
P. Vitrae                0, 1, 0, 0, 1, 1, 0, 4, 0, 1, 0, 1, 4
     0, 0, 0, 3, 0, 0, 2, 2, 0, 0, 0, 0, 0, 0, 0, 0, 0.
Joseph Mier              3, 0, 0, 0, 1, 0, 2, 2, 1, 0, 0, 0, 4
     0, 0, 5, 1, 0, 0, 1, 1, 0, 0, 0, 0, 1, 0, 0, 0.
Joseph Jeffion           2, 1, 0, 0, 0, 1, 1, 1, 0, 0, 0, 0,12
     0, 0, 1, 1, 0, 1, 3, 0, 0, 0, 0, 0, 0, 0, 0, 0, 0.
John Byer                0, 0, 0, 0, 1, 0, 0, 0, 0, 0, 1, 0
     1, 0, 0, 0, 0, 0, 0, 0, 0, 0, 0, 0, 0, 0, 0, 0, 0.
John B. LeBatrec         2, 0, 0, 0, 1, 1, 0, 1, 0, 0, 0, 0
     0, 0, 0, 0, 0, 0, 2, 0, 0, 0, 0, 0, 0, 0, 0, 0.
Francis Bordeloin        2, 0, 1, 1, 0, 1, 0, 0, 0, 1, 0, 0,10
     0, 0, 5, 1, 2, 3, 3, 3, 3, 1, 0, 0, 0, 0, 0, 0, 0.
Marcellon Decuir         3, 0, 0, 0, 1, 0, 2, 0, 0, 0, 0, 0, 3
     0, 0, 1, 1, 0, 0, 2, 2, 0, 0, 0, 0, 0, 0, 0, 0, 0.
Cornelius Voorhies       1, 1, 1, 1, 1, 0, 3, 2, 0, 1, 0, 0, 5
     0, 0, 1, 1, 2, 0, 1, 1, 2, 0, 0, 0, 0, 0, 0, 0, 0.
F. Callan                1, 1, 0, 1, 2, 0, 1, 1, 0, 1, 0, 0, 1
     0, 0, 1, 0, 1, 0, 1, 0, 0, 0, 0, 0, 0, 0, 0, 0, 0.
Robert M. Doughty        0, 0, 0, 0, 1, 0, 1, 0, 1, 0, 0, 0, 0
     0, 1, 0, 0, 0, 0, 0, 0, 0, 0, 0, 0, 0, 0, 0, 0, 0.
Charles Capel            1, 0, 0, 1, 1, 0, 0, 0, 1, 0, 0, 1, 0
     1, 1, 0, 0, 1, 0, 0, 2, 0, 0, 0, 0, 0, 0, 0, 0, 0.
Hyram Tharp              0, 0, 0, 1, 0, 0, 2, 0, 1, 0, 0, 0, 0
     0, 1, 0, 0, 0, 0, 0, 0, 0, 0, 0, 0, 0, 0, 0, 0, 0.
Madam Mark Elishe        0, 1, 1, 1, 0, 1, 1, 0, 0, 1, 1, 1, 3
     0, 1, 1, 0, 0, 2, 0, 0, 1, 0, 0, 0, 0, 1, 0, 0, 0.
Joseph Anslend           1, 0, 0, 0, 1, 0, 0, 0, 0, 1, 0, 0, 3
     1, 0, 1, 3, 0, 0, 0, 1, 0, 1, 0, 0, 0, 0, 0, 0, 0.
Dominic Plipes           2, 0, 0, 0, 1, 1, 0, 0, 1, 0, 0, 0, 1
     0, 0, 0, 0, 0, 0, 0, 0, 0, 0, 0, 0, 0, 0, 0, 0, 0.
```

Edward Row   1, 0, 0, 0, 1, 1, 0, 0, 1, 0, 0, 0, 0,
 0, 0, 0, 0, 0, 0, 0, 0, 0, 0, 0, 0, 1, 0, 0, 0, 0, 0.
Bazil Decil   0, 0, 0, 1, 0, 0, 0, 2, 0, 0, 0, 1, 1,
 0, 0, 0, 0, 0, 0, 0, 0, 0, 0, 0, 0, 0, 0, 0, 0, 0, 0.
L. Decil   2, 0, 0, 1, 1, 0, 1, 2, 0, 1, 1, 1, 2,
 0, 0, 1, 0, 0, 0, 1, 0, 0, 0, 0, 0, 0, 0, 0, 0, 0.
Francois Barnard   3, 0, 0, 0, 0, 1, 2, 0, 0, 0, 1, 0, 0,
 0, 0, 0, 0, 0, 0, 0, 0, 0, 0, 0, 0, 0, 0, 0, 0, 0, 0.
Joseph Santo   2, 0, 0, 0, 1, 0, 2, 0, 0, 1, 0, 4, 1,
 0, 0, 0, 0, 0, 0, 0, 0, 0, 0, 0, 0, 0, 0, 0, 0, 0.
Zenon Bordelon   4, 2, 2, 2, 1, 0, 2, 0, 0, 1, 0, 0, 2,
 0, 0, 1, 0, 1, 0, 2, 1, 0, 0, 0, 0, 0, 0, 0, 0, 0.
Walier Dozart   4, 0, 0, 0, 1, 1, 1, 1, 1, 0, 0, 0, 1,
 0, 0, 0, 0, 0, 0, 0, 0, 1, 1, 0, 0, 0, 1, 0, 0, 0.
J. Davis   0, 0, 0, 0, 0, 1, 0, 0, 0, 0, 0, 0, 0,
 0, 0, 0, 0, 0, 0, 0, 0, 0, 0, 0, 0, 0, 0, 0, 0, 0.
Widow Adams   2, 1, 1, 1, 0, 0, 1, 0, 1, 0, 0, 0, 3,
 0, 0, 1, 0, 0, 0, 0, 0, 0, 0, 0, 0, 0, 0, 0, 0, 0.
Widow Collonham   0, 2, 1, 1, 0, 0, 0, 0, 0, 1, 0, 0, 2,
 0, 0, 0, 0, 0, 0, 0, 0, 0, 0, 0, 0, 0, 0, 0, 0, 0.
Jacob Baker   0, 1, 0, 0, 2, 0, 1, 0, 2, 0, 0, 0, 3,
 0, 0, 0, 0, 0, 0, 0, 0, 0, 0, 0, 0, 0, 0, 0, 0, 0.
Daniel Weaver   1, 0, 0, 0, 1, 0, 3, 0, 1, 0, 0, 0, 0,
 0, 1, 0, 0, 0, 0, 0, 0, 0, 0, 0, 0, 0, 0, 0, 0, 0.
Madam Routh   0, 0, 0, 1, 0, 0, 0, 1, 0, 0, 1, 0, 0,
 1, 0, 0, 0, 0, 0, 0, 0, 0, 0, 0, 0, 0, 0, 0, 0, 0.
William Inrougtv   0, 0, 0, 0, 0, 1, 0, 0, 0, 0, 0, 0, 2,
 0, 0, 0, 1, 0, 0, 2, 0, 0, 0, 0, 0, 0, 0, 0, 0, 0.
Daniel Clak   0, 0, 0, 0, 1, 0, 0, 0, 1, 1, 0, 0, 4,
 0, 0, 0, 0, 0, 1, 2, 0, 1, 0, 0, 0, 0, 0, 0, 0, 0.
Lewis Hooter   1, 0, 0, 2, 0, 0, 0, 0, 1, 0, 0, 0, 1,
 0, 0, 0, 0, 0, 0, 0, 0, 0, 0, 0, 0, 0, 0, 0, 0, 0.
William Ryon   1, 0, 0, 0, 1, 0, 0, 0, 1, 0, 0, 0, 1,
 1, 0, 0, 0, 0, 0, 0, 0, 0, 0, 0, 0, 0, 0, 0, 0, 0.
Koune E. Stewart   2, 0, 0, 1, 0, 0, 0, 0, 1, 0, 0, 0, 1,
 1, 0, 0, 2, 0, 0, 1, 1, 0, 0, 0, 0, 0, 0, 0, 0, 0.
Dennis Carline   0, 0, 0, 1, 0, 0, 0, 0, 1, 0, 0, 0, 0,
 0, 0, 0, 0, 0, 0, 0, 0, 0, 0, 0, 0, 0, 0, 0, 0, 0.
John Ryon   3, 2, 2, 2, 1, 1, 3, 0, 0, 1, 0, 0, 5,
 3, 0, 0, 0, 1, 0, 0, 0, 0, 0, 0, 0, 0, 0, 0, 0, 0.
John J. Smith   0, 0, 0, 1, 0, 0, 1, 1, 0, 0, 0, 1, 0,
 0, 0, 0, 0, 0, 0, 0, 0, 0, 0, 0, 0, 0, 0, 0, 0, 0.
Et. St. Roman   1, 1, 1, 1, 0, 0, 0, 0, 1, 0, 0, 0, 0,
 0, 0, 0, 0, 0, 0, 0, 1, 0, 0, 0, 0, 0, 0, 0, 0, 0.
Joseph Bell   1, 1, 0, 1, 0, 1, 1, 1, 1, 0, 1, 0, 8,
 0, 0, 0, 0, 0, 0, 0, 0, 0, 0, 0, 0, 0, 0, 0, 0, 0.
William Rezin   1, 0, 0, 0, 0, 1, 1, 1, 0, 1, 0, 0, 5,
 0, 0, 0, 0, 0, 0, 0, 0, 0, 0, 0, 0, 0, 0, 0, 0, 0.
Joseph Jeffron Senr.   0, 0, 0, 0, 1, 0, 0, 0, 1, 0, 0, 7,
 0, 0, 2, 1, 1, 0, 5, 1, 1, 0, 0, 0, 0, 0, 0, 0.
At this point in the record, the record was torn. There is a
possibility that one or two names were lost.)

Page 12

Baptiste P. LeMoien   0, 0, 0, 1, 0, 0, 1, 1, 0, 0, 0, 0, 2
    0, 0, 2, 2, 0, 0, 3, 0, 3, 0, 0, 0, 0, 0, 0, 0, 0, 0.
Margaret Normon   1, 0, 0, 0, 0, 0, 0, 0, 0, 0, 0, 1, 0
    4, 0, 0, 0, 2, 0, 0, 2, 0, 0, 0, 0, 0, 0, 0, 0, 0, 0.
Peter Normon   5, 0, 0, 0, 1, 3, 0, 0, 1, 0, 1, 0, 0
    2, 0, 2, 1, 0, 0, 1, 1, 1, 0, 0, 0, 0, 0, 0, 0, 0, 0.
Urbian Plauche   1, 1, 0, 0, 2, 1, 1, 0, 0, 0, 0, 0, 1
    8, 0, 0, 2, 1, 0, 0, 1, 1, 1, 0, 0, 0, 0, 0, 0, 0, 0.
Charles Johnson   3, 2, 0, 0, 0, 1, 1, 0, 1, 0, 0, 0, 3
    0, 0, 2, 0, 0, 0, 1, 0, 0, 0, 0, 0, 0, 0, 0, 0, 0, 0.
Alexander De Broet   1, 0, 0, 1, 0, 0, 1, 1, 0, 0, 0, 0, 1
    0, 0, 0, 0, 0, 0, 0, 0, 0, 0, 0, 0, 0, 0, 0, 0, 0, 0.
Baptiste Mier   2, 1, 1, 0, 0, 1, 0, 0, 0, 0, 0, 0, 3
    0, 0, 0, 0, 0, 0, 0, 1, 0, 0, 0, 0, 0, 0, 0, 0, 0, 0.
Peter Mier Senr.   0, 0, 0, 2, 0, 1, 0, 1, 0, 0, 1, 0, 3
    0, 0, 0, 1, 0, 1, 1, 0, 0, 0, 0, 0, 0, 0, 0, 0, 0, 0.
Vallier Mier   1, 0, 0, 0, 1, 0, 1, 0, 1, 0, 0, 0, 3
    0, 0, 1, 1, 0, 0, 1, 0, 1, 0, 0, 0, 0, 0, 0, 0, 0, 0.
Joseph Alvarada   2, 0, 0, 0, 1, 1, 1, 0, 1, 0, 0, 0, 0
    0, 0, 0, 0, 0, 0, 0, 0, 0, 0, 0, 0, 0, 0, 0, 0, 0, 0.
A. DeParard   1, 0, 0, 1, 0, 0, 0, 1, 0, 0, 0, 0, 1
    0, 0, 0, 0, 0, 0, 0, 0, 0, 0, 0, 0, 0, 0, 0, 0, 0, 0.
Joseph Giniard   0, 0, 0, 0, 1, 1, 0, 0, 1, 0, 0, 0, 3
    0, 0, 0, 0, 0, 1, 1, 1, 0, 0, 0, 0, 0, 0, 0, 0, 0, 0.
Andrew DePuy   1, 1, 0, 0, 0, 1, 1, 1, 2, 0, 0, 0, 4
    0, 0, 1, 1, 1, 0, 1, 1, 0, 0, 0, 0, 0, 0, 0, 0, 0, 0.
Peter Depuy   0, 0, 0, 0, 1, 0, 1, 1, 0, 1, 0, 0, 2
    0, 0, 3, 0, 0, 1, 0, 0, 0, 0, 0, 0, 0, 0, 0, 0, 0, 0.
Peter Depuy, Junr.   2, 0, 0, 0, 1, 0, 1, 1, 0, 0, 0, 0, 1
    0, 0, 0, 0, 0, 0, 0, 0, 0, 0, 0, 0, 0, 0, 0, 0, 0, 0.
Andrew Dozart   1, 1, 0, 0, 1, 1, 2, 2, 0, 1, 0, 0, 1
    0, 0, 1, 0, 0, 0, 0, 0, 0, 0, 0, 0, 0, 0, 0, 0, 0, 0.
Madam Gaspard   1, 0, 0, 1, 0, 0, 0, 0, 0, 0, 1, 0, 2
    0, 0, 2, 1, 0, 1, 0, 1, 0, 0, 0, 0, 0, 0, 0, 0, 0, 0.
Joseph Gaspard   10, 0, 0, 0, 0, 1, 2, 2, 0, 1, 0, 0, 2
    0, 0, 0, 0, 0, 0, 0, 0, 0, 0, 0, 0, 0, 0, 0, 0, 0, 0.
Baptiste Gaspard   2, 0, 0, 0, 1, 0, 4, 1, 1, 0, 0, 1, 1
    0, 0, 0, 0, 0, 0, 0, 0, 0, 0, 0, 0, 0, 0, 0, 0, 0, 0.
John Bonat   5, 1, 0, 0, 0, 1, 1, 1, 0, 1, 0, 0, 1
    0, 0, 0, 1, 0, 0, 0, 0, 0, 0, 0, 0, 0, 0, 0, 0, 0, 0.
Susan Canty   0, 1, 0, 1, 0, 0, 0, 1, 1, 1, 0, 0, 2
    0, 0, 0, 0, 0, 0, 0, 0, 0, 0, 0, 0, 0, 0, 0, 0, 0, 0.
Zach Smith   2, 2, 0, 0, 1, 0, 2, 0, 1, 0, 0, 0, 1
    0, 0, 0, 0, 0, 0, 0, 0, 0, 0, 0, 0, 0, 0, 0, 0, 0, 0.
Valier Robaly   0, 0, 0, 1, 0, 0, 2, 0, 0, 0, 0, 0, 3
    0, 0, 0, 0, 0, 1, 1, 0, 0, 0, 0, 0, 0, 0, 0, 0, 0, 0.
Peter Paget   0, 0, 0, 1, 0, 0, 0, 0, 1, 0, 0, 0, 1
    0, 0, 0, 0, 0, 0, 0, 0, 0, 0, 0, 0, 0, 0, 0, 0, 0, 0.
L. Carmars   2, 0, 0, 2, 0, 1, 2, 2, 0, 0, 0, 0, 3
    0, 0, 0, 0, 0, 0, 0, 0, 1, 0, 0, 0, 0, 0, 0, 0, 0, 0.
J.L. Chesnat   0, 0, 0, 0, 1, 0, 0, 1, 1, 0, 0, 0, 1
    0, 0, 0, 0, 0, 0, 0, 0, 0, 0, 0, 0, 0, 0, 0, 0, 0, 0.

```
. Carvos              2, 0, 0, 0, 1, 0, 2, 0, 0, 0, 0, 0, 4,
    0, 0, 0, 0, 0, 0, 1, 0, 0, 0, 0, 0, 0, 0, 0, 0, 0.
. Gier                2, 0, 0, 0, 1, 0, 0, 2, 0, 1, 0, 0, 0,
    0, 0, 0, 0, 0, 0, 0, 0, 0, 0, 0, 0, 0, 0, 0, 0, 0.
enon Gier             0, 0, 0, 0, 1, 0, 2, 0, 0, 0, 1, 0, 1,
    0, 0, 0, 0, 0, 0, 0, 0, 0, 0, 0, 0, 0, 0, 0, 0, 0.
rancis Tournier       0, 0, 0, 0, 0, 1, 0, 0, 0, 0, 0, 0, 6,
    0, 0, 6, 0, 2, 0, 5, 0, 0, 0, 0, 0, 0, 0, 0, 0, 0.
. Callan              1, 0, 0, 0, 1, 0, 0, 1, 0, 0, 0, 0, 1,
    0, 0, 0, 0, 0, 0, 0, 0, 0, 0, 0, 0, 0, 0, 0, 0, 0.
oseph Lorant          0, 0, 0, 0, 0, 1, 0, 0, 0, 1, 1, 0, 1,
    0, 0, 0, 1, 0, 0, 0, 0, 0, 0, 0, 0, 0, 0, 0, 0, 0.
lex. Gier             2, 0, 0, 0, 1, 0, 1, 0, 1, 0, 0, 0, 2,
    0, 0, 0, 0, 0, 0, 0, 0, 0, 0, 0, 0, 0, 0, 0, 0, 0.
lexander Plauche      2, 2, 0, 0, 1, 0, 1, 1, 1, 0, 0, 0,20,
    0, 0, 4, 3, 5, 6, 5, 3, 4, 5, 0, 0, 1, 0, 0, 0, 0.
oseph Fierman         3, 0, 0, 0, 1, 0, 2, 0, 1, 0, 0, 0, 5,
    0, 0, 2, 0, 0, 1, 0, 1, 0, 0, 0, 0, 0, 0, 0, 0, 0.
. Bordeloin           2, 0, 0, 0, 1, 0, 1, 0, 1, 0, 0, 0, 2,
    0, 0, 0, 0, 1, 0, 1, 0, 0, 0, 0, 0, 0, 0, 0, 0, 0.
e. LeBorde            3, 0, 0, 1, 0, 0, 1, 0, 1, 0, 0, 0, 2,
    0, 0, 0, 0, 0, 0, 0, 1, 0, 0, 0, 0, 0, 0, 0, 0, 0.
oseph Bordeloin       2, 0, 0, 0, 1, 0, 0, 0, 0, 1, 0, 0, 0,
    0, 0, 0, 0, 0, 0, 0, 0, 0, 0, 0, 0, 0, 0, 0, 0, 0.
adam Bordeloin        3, 0, 0, 0, 0, 0, 0, 0, 0, 0, 1, 0, 0,
    0, 0, 0, 0, 0, 0, 0, 0, 0, 0, 0, 0, 0, 0, 0, 0, 0.
oseph Zenon           1, 1, 1, 2, 0, 1, 1, 0, 1, 0, 1, 0, 5,
    0, 0, 0, 0, 0, 0, 0, 0, 0, 0, 0, 0, 0, 0, 0, 0, 0.
oseph Brusard         1, 0, 0, 1, 0, 1, 1, 0, 1, 0, 0, 0, 1,
    0, 0, 0, 0, 0, 0, 0, 0, 0, 0, 0, 0, 0, 0, 0, 0, 0.
lexander Geier        0, 0, 0, 1, 1, 5, 0, 1, 0, 0, 0, 1, 1,
    0, 0, 0, 0, 0, 0, 0, 0, 0, 0, 0, 0, 0, 0, 0, 0, 0.
. Brusard             2, 0, 0, 0, 1, 5, 0, 1, 0, 0, 0, 0, 1,
    0, 0, 0, 0, 0, 0, 0, 0, 0, 0, 0, 0, 0, 0, 0, 0, 0.
ugustus Geier         1, 0, 0, 0, 1, 0, 2, 0, 0, 0, 0, 0, 1,
    0, 0, 0, 0, 0, 0, 0, 0, 0, 0, 0, 0, 0, 0, 0, 0, 0.
rancis Gimeo          4, 1, 1, 0, 1, 0, 1, 1, 1, 0, 0, 0, 6,
    0, 0, 0, 1, 2, 1, 3, 0, 0, 0, 0, 0, 0, 0, 0, 0, 0.
al. Grimeo            2, 0, 0, 0, 1, 0, 2, 0, 1, 0, 1, 0, 4,
    0, 0, 3, 0, 1, 0, 2, 3, 1, 0, 0, 0, 0, 0, 0, 0, 0.
yprian Grimeo         1, 0, 0, 0, 1, 0, 1, 0, 1, 0, 0, 0, 3,
    0, 0, 1, 1, 0, 0, 0, 1, 0, 0, 0, 0, 0, 0, 0, 0, 0.
. Geier               2, 0, 0, 0, 0, 1, 0, 2, 0, 0, 1, 0, 1,
    0, 0, 0, 0, 0, 0, 0, 0, 0, 0, 0, 0, 0, 0, 0, 0, 0.
adam J. Zenon         1, 1, 0, 0, 0, 0, 0, 2, 0, 1, 0, 0, 0,
    0, 0, 0, 0, 0, 0, 0, 0, 0, 0, 0, 0, 0, 0, 0, 0, 0.
. Geier               1, 0, 0, 0, 2, 0, 2, 0, 1, 0, 0, 0, 1,
    0, 0, 0, 0, 0, 0, 0, 0, 0, 0, 0, 0, 0, 0, 0, 0, 0.
artin De Broit        1, 0, 0, 0, 1, 0, 2, 0, 1, 0, 0, 0, 1,
    0, 0, 0, 0, 0, 0, 0, 0, 0, 0, 0, 0, 0, 0, 0, 0, 0.
yprian Georie         2, 0, 0, 0, 1, 0, 1, 0, 1, 0, 0, 0, 1,
    0, 0, 0, 0, 0, 0, 0, 0, 0, 0, 0, 0, 0, 0, 0, 0, 0.
```

J.B. Georie   1, 0, 0, 0, 1, 0, 0, 0, 1, 0, 0, 0,
    0, 0, 2, 1, 1, 1, 2, 0, 1, 0, 0, 0, 0, 0, 0, 0, 0, 0, 0.
Joseph Georie   2, 1, 0, 0, 1, 0, 3, 2, 0, 1, 0, 0,
    0, 0, 0, 0, 1, 0, 0, 0, 0, 0, 0, 0, 0, 0, 0, 0, 0, 0, 0.
Phillip Duplisia   0, 0, 0, 0, 0, 1, 1, 0, 0, 1, 0, 0,
    0, 0, 0, 0, 0, 0, 0, 0, 0, 0, 0, 0, 0, 0, 0, 0, 0, 0, 0.
Joseph DeBroet   0, 1, 0, 1, 0, 1, 0, 1, 0, 0, 1, 0,
    0, 0, 0, 0, 0, 0, 0, 0, 0, 0, 0, 0, 0, 0, 0, 0, 0, 0, 0.
A. DeBroet   1, 0, 0, 0, 1, 0, 1, 0, 0, 1, 0, 0,
    0, 0, 0, 0, 0, 0, 0, 0, 0, 0, 0, 0, 0, 0, 0, 0, 0, 0, 0.
J.B. DeBroet   1, 0, 0, 0, 1, 0, 1, 0, 1, 0, 0, 0,
    0, 0, 0, 0, 0, 0, 0, 0, 0, 0, 0, 0, 0, 0, 0, 0, 0, 0, 0.
A. Sharia   0, 0, 0, 0, 1, 0, 0, 2, 1, 0, 1, 0,
    0, 0, 0, 0, 0, 0, 0, 0, 0, 0, 0, 0, 0, 0, 0, 0, 0, 0, 0.
James Clark   2, 0, 0, 0, 0, 0, 0, 2, 1, 0, 0, 0,
    0, 0, 0, 0, 0, 0, 0, 0, 0, 0, 0, 0, 0, 0, 0, 0, 0, 0, 0.
P. Sharia   1, 0, 0, 0, 1, 0, 4, 0, 1, 0, 0, 0,
    0, 0, 0, 0, 0, 0, 0, 0, 0, 0, 0, 0, 0, 0, 0, 0, 0, 0, 0.
Joseph Landrono   2, 2, 0, 0, 0, 1, 1, 2, 0, 0, 0, 0,
    0, 0, 0, 0, 0, 0, 0, 0, 0, 0, 0, 0, 0, 0, 0, 0, 0, 0, 0.
Joseph Landrono Junr. 1, 0, 0, 0, 1, 0, 1, 0, 0, 0, 0, 0,
    0, 0, 0, 0, 0, 0, 0, 0, 0, 0, 0, 0, 0, 0, 0, 0, 0, 0, 0.
A. Georie   1, 1, 0, 0, 1, 0, 3, 1, 0, 1, 0, 0,
    0, 0, 0, 0, 0, 0, 0, 0, 0, 0, 0, 0, 0, 0, 0, 0, 0, 0, 0.
Joseph Roi   2, 1, 0, 0, 1, 0, 3, 0, 0, 1, 0, 0,
    0, 0, 4, 0, 2, 0, 1, 0, 0, 0, 0, 0, 0, 0, 0, 0, 0, 0, 0.
Joseph Roi Junr.   1, 0, 0, 1, 0, 0, 1, 1, 0, 0, 0, 0, •
    0, 0, 0, 0, 0, 0, 0, 0, 0, 0, 0, 0, 0, 0, 0, 0, 0, 0, 0.
Leo Geo Jr.   1, 0, 0, 0, 1, 0, 3, 0, 0, 0, 0, 0, •
    0, 0, 0, 0, 0, 0, 0, 0, 0, 0, 0, 0, 0, 0, 0, 0, 0, 0, 0.
Joseph Gotia   0, 2, 0, 1, 0, 0, 3, 0, 1, 0, 0, 0, ?
    0, 0, 1, 1, 0, 0, 1, 0, 0, 0, 0, 0, 0, 0, 0, 0, 0, 0.
Madam N. Mier   0, 0, 0, 0, 1, 0, 4, 2, 0, 0, 0, 0, ?
    0, 0, 1, 1, 0, 0, 1, 1, 0, 0, 0, 0, 0, 0, 0, 0, 0, 0.
Ant. Mier   2, 1, 0, 0, 1, 0, 3, 0, 1, 0, 0, 0, ?
    0, 0, 0, 0, 0, 0, 0, 0, 0, 0, 0, 0, 0, 0, 0, 0, 0, 0.
Z. Ferret   2, 0, 0, 0, 1, 0, 4, 0, 1, 0, 0, 0,
    0, 0, 0, 0, 0, 0, 0, 0, 0, 0, 0, 0, 0, 0, 0, 0, 0, 0.
Polo Mier   1, 0, 0, 0, 1, 0, 2, 1, 0, 0, 0, 0,
    0, 0, 0, 0, 0, 0, 0, 0, 0, 0, 0, 0, 0, 0, 0, 0, 0, 0.
L. Mier   3, 1, 0, 0, 1, 0, 1, 1, 0, 0, 0, 0,
    0, 0, 3, 0, 0, 1, 2, 1, 0, 0, 0, 0, 0, 0, 0, 0, 0, 0.
Joseph St. Aman   0, 0, 0, 1, 0, 0, 1, 0, 1, 0, 0, 0,
    0, 0, 0, 0, 0, 0, 0, 0, 0, 0, 0, 0, 0, 0, 0, 0, 0, 0.
Joseph DeCote   2, 0, 0, 2, 1, 0, 2, 1, 0, 1, 0, 0, •
    0, 0, 1, 1, 1, 0, 0, 2, 0, 0, 0, 0, 0, 0, 0, 0, 0, 0.
Peter DeCote   1, 0, 0, 0, 1, 1, 3, 1, 1, 0, 1, 0, ?
    0, 0, 1, 1, 0, 0, 1, 1, 0, 0, 0, 0, 0, 0, 0, 0, 0, 0.
J. Peter DeCote   3, 0, 0, 1, 1, 0, 4, 1, 0, 1, 0, 0, •
    0, 0, 0, 2, 0, 0, 3, 2, 0, 0, 0, 0, 0, 0, 0, 0, 0, 0.
Andrew DeCote   4, 0, 0, 0, 1, 0, 1, 0, 0, 1, 0, 0,
    0, 0, 0, 0, 0, 0, 0, 0, 0, 0, 0, 0, 0, 0, 0, 0, 0, 0.

```
t. LeBorde                3, 0, 0, 0, 1, 0, 0, 0, 1, 0, 0, 0, 3,
    0, 0, 0, 0, 0, 0, 0, 0, 0, 0, 0, 0, 0, 0, 0, 0, 0, 0, 0.
adam Gaspard              2, 1, 0, 0, 0, 0, 3, 1, 0, 1, 0, 0, 0,
    0, 0, 0, 0, 0, 0, 0, 0, 0, 0, 0, 0, 0, 0, 0, 0, 0, 0, 0.
aptiste Lemoin            4, 0, 0, 1, 0, 3, 1, 0, 1, 0, 0, 4,
    0, 0, 2, 2, 0, 0, 2, 1, 0, 0, 0, 0, 0, 0, 0, 0, 0, 0.
J. Jeffroin               1, 0, 0, 0, 1, 1, 4, 0, 0, 1, 0, 0, 1,
    0, 0, 0, 0, 1, 0, 1, 0, 0, 0, 0, 0, 0, 0, 0, 0, 0, 0.
enon                      1, 0, 0, 1, 1, 0, 3, 0, 1, 0, 0, 0, 5,
    0, 0, 0, 3, 0, 0, 1, 1, 0, 0, 0, 0, 0, 0, 0, 0, 0, 0.
adame Daniel              0, 0, 0, 0, 0, 0, 2, 1, 1, 0, 1, 0, 2,
    0, 0, 0, 0, 0, 0, 0, 1, 0, 0, 0, 0, 0, 0, 0, 0, 0, 0.
. Gotia                   1, 0, 0, 0, 2, 0, 1, 1, 0, 0, 0, 0, 0,
    0, 0, 0, 0, 0, 0, 0, 0, 0, 0, 0, 0, 0, 0, 0, 0, 0, 0.
.L. Fremou                0, 0, 0, 0, 1, 1, 0, 2, 0, 1, 0, 0,
    0, 0, 2, 0, 0, 0, 1, 0, 2, 0, 0, 0, 0, 0, 0, 0, 0, 0.
. DeCote                  3, 0, 0, 0, 1, 0, 2, 0, 1, 0, 0, 0, 0,
    0, 0, 0, 0, 0, 0, 0, 0, 0, 0, 0, 0, 0, 0, 0, 0, 0, 0.
. Bordelon                2, 0, 1, 1, 1, 0, 1, 1, 1, 0, 0, 3,
    0, 0, 2, 0, 0, 0, 1, 1, 0, 0, 0, 0, 0, 0, 0, 0, 0, 0.
.B. Broussard             1, 0, 0, 0, 2, 0, 3, 0, 1, 0, 0, 0, 1,
    0, 0, 0, 0, 0, 0, 0, 0, 0, 0, 0, 0, 0, 0, 0, 0, 0, 0.
enj. Gernier              2, 0, 0, 0, 1, 0, 2, 0, 1, 0, 0, 0, 1,
    0, 0, 0, 0, 0, 0, 0, 0, 0, 0, 0, 0, 0, 0, 0, 0, 0, 0.
ad. P. Jeffroin           2, 0, 0, 0, 0, 0, 2, 0, 1, 0, 0, 0, 0,
    0, 0, 0, 0, 0, 0, 0, 0, 0, 0, 0, 0, 0, 0, 0, 0, 0, 0.
nt. Bordeloin             0, 0, 0, 0, 1, 0, 1, 0, 1, 0, 0, 0, 5,
    0, 0, 3, 0, 2, 0, 0, 1, 0, 0, 0, 0, 0, 0, 0, 0, 0, 0.
aptiste Mier              1, 0, 0, 0, 1, 0, 0, 1, 0, 0, 0, 0, 0,
    0, 0, 0, 1, 0, 0, 1, 0, 0, 0, 0, 0, 0, 0, 0, 0, 0, 0.
. Hovy                    0, 0, 0, 0, 3, 0, 1, 1, 0, 0, 0, 0, 1,
    0, 0, 0, 0, 0, 0, 0, 0, 0, 0, 0, 0, 0, 0, 0, 0, 0, 0.
. Donay                   0, 0, 0, 1, 1, 0, 0, 1, 0, 0, 0, 0, 0,
    0, 0, 0, 0, 0, 0, 0, 0, 0, 0, 0, 0, 0, 0, 0, 0, 0, 0.
```

Bayou Rouge

```
esse Lamb                 1, 1, 0, 1, 0, 1, 2, 0, 2, 1, 0, 0, 5,
    0, 0, 3, 0, 2, 0, 2, 1, 1, 0, 0, 0, 0, 0, 0, 0, 0, 0.
ohn Woods                 2, 0, 0, 1, 1, 0, 5, 0, 1, 1, 0, 0, 3,
    0, 0, 0, 0, 0, 0, 0, 0, 0, 0, 0, 0, 0, 0, 0, 0, 0, 0.
. Marow                   1, 0, 0, 1, 1, 5, 2, 0, 0, 1, 0, 0, 1,
    0, 0, 1, 0, 1, 0, 1, 0, 0, 0, 0, 0, 0, 0, 0, 0, 0, 0.
nthony Godo               3, 1, 0, 1, 1, 5, 2, 1, 1, 0, 0, 2,
    0, 0, 1, 1, 0, 0, 0, 0, 0, 0, 0, 0, 0, 0, 0, 0, 0, 0.
harles Godo               1, 1, 0, 1, 0, 0, 2, 1, 0, 1, 0, 0, 2,
    0, 0, 0, 1, 0, 0, 0, 0, 0, 0, 0, 0, 0, 0, 0, 0, 0, 0.
eter Godo                 0, 2, 0, 0, 1, 0, 2, 1, 0, 1, 0, 0, 3,
    0, 0, 0, 1, 0, 0, 0, 0, 0, 0, 0, 0, 0, 0, 0, 0, 0, 0.
. Godo                    0, 1, 0, 1, 1, 0, 3, 0, 1, 1, 0, 0, 9,
    0, 0, 0, 1, 1, 0, 2, 2, 1, 0, 0, 0, 0, 0, 0, 0, 0, 0.
```

Page 16

```
John Friza               0, 1, 0, 0, 0, 1, 2, 0, 1, 1, 0, 0, 
    0, 0, 0, 0, 0, 0, 0,  0, 0, 0, 0, 0, 0, 0, 0, 0, 0, 0.
Joseph Oliver            0, 0, 1, 1, 1, 0, 0, 1, 0, 1, 0, 0, 
    0, 0, 0, 0, 0, 0, 0,  0, 0, 0, 0, 0, 0, 0, 0, 0, 0, 0.
Louis Godo               2, 0, 0, 1, 1, 0, 3, 0, 0, 1, 0, 0, 
    0, 0, 0, 0, 0, 0, 0,  0, 0, 0, 0, 0, 0, 0, 0, 0, 0, 0.
L. Morow                 3, 1, 2, 2, 0, 1, 0, 0, 0, 0, 1, 0, 
    0, 0, 0, 0, 0, 0, 0,  1, 0, 0, 0, 0, 0, 0, 0, 0, 0, 0.
- Godo Junr.             0, 0, 0, 1, 0, 0, 0, 1, 0, 0, 0, 0, 
    0, 0, 0, 0, 0, 0, 0,  0, 0, 0, 0, 0, 0, 0, 0, 0, 0, 0.
George Webster           1, 1, 0, 0, 0, 1, 3, 0, 1, 0, 0, 0, 2
    0, 0, 0, 0, 0, 0, 0,  0, 0, 0, 0, 0, 0, 0, 0, 0, 0, 0.
Joseph Kimball           0, 0, 0, 1, 0, 0, 1, 0, 0, 0, 0, 0, 4
    0, 0, 0, 0, 1, 0, 3,  1, 1, 0, 0, 0, 0, 0, 0, 0, 0, 0.
John Baptiste Rechi      0, 1, 1, 2, 0, 1, 0, 0, 0, 1, 0, 0, 3
    0, 0, 0, 0, 1, 0, 0,  1, 0, 0, 0, 0, 0, 0, 0, 0, 0, 0.
Alexander Depuy          1, 0, 0, 1, 0, 0, 2, 0, 0, 1, 0, 0, 
    0, 0, 0, 0, 0, 0, 0,  0, 0, 0, 0, 0, 0, 0, 0, 0, 0, 0.
A. Fisher                2, 0, 0, 0, 1, 0, 1, 0, 0, 1, 0, 0, 1
    0, 0, 0, 0, 0, 0, 0,  0, 0, 0, 0, 0, 0, 0, 0, 0, 0, 0.
Samuel Row               1, 0, 0, 1, 0, 0, 1, 0, 1, 0, 0, 1, 
    0, 0, 0, 0, 0, 0, 0,  0, 0, 0, 0, 0, 0, 0, 0, 0, 0, 0.
Edward Row               1, 0, 0, 1, 0, 0, 0, 1, 0, 0, 0, 1, 
    0, 0, 0, 0, 0, 0, 0,  0, 0, 0, 0, 0, 0, 0, 0, 0, 0, 0.
Edward Hepleton          2, 1, 0, 0, 1, 0, 0, 2, 0, 1, 0, 0, 
    0, 0, 0, 0, 0, 0, 0,  0, 0, 0, 0, 0, 0, 0, 0, 0, 0, 0.
Daniel M. Kimball        0, 0, 0, 0, 2, 0, 0, 1, 2, 0, 0, 1, 4
    0, 0, 3, 1, 0, 0, 0,  0, 1, 0, 0, 0, 0, 0, 0, 0, 0, 0.
A. Norman                1, 1, 1, 1, 0, 1, 1, 1, 0, 1, 0, 0, 
    0, 0, 0, 0, 0, 0, 0,  0, 0, 0, 0, 0, 0, 0, 0, 0, 0, 0.
Midleton W. Kimball      0, 0, 0, 1, 1, 1, 0, 0, 0, 1, 0, 0, 
    0, 2, 2, 1, 0, 2, 0,  0, 1, 0, 0, 0, 0, 0, 0, 0, 0, 0.
```

Bayou Boeuf

```
William Hargro           1, 0, 0, 1, 1, 0, 3, 0, 1, 0, 0, 0, 7
    0, 0, 2, 1, 2, 0, 2,  2, 0, 0, 0, 0, 0, 0, 0, 0, 0, 0.
Martha Vernon            0, 0, 0, 0, 0, 0, 0, 1, 0, 1, 0, 0, 3
    0, 0, 0, 0, 0, 1, 1,  1, 0, 0, 0, 0, 0, 0, 0, 0, 0, 0.
John Stafford            1, 0, 0, 0, 1, 2, 2, 1, 1, 0, 0, 0,36
    0, 0,10, 2, 1, 2, 3,  6, 0, 1, 0, 0, 0, 0, 0, 0, 0, 0.
John Heape               0, 0, 0, 0, 1, 0, 0, 0, 0, 1, 0, 0, 0
    0, 0, 0, 0, 0, 0, 0,  1, 0, 0, 0, 0, 0, 0, 0, 0, 0, 0.
Eliza Sap                2, 1, 1, 5, 0, 0, 2, 1, 1, 1, 0, 0, 4
    0, 0, 0, 0, 0, 0, 0,  1, 0, 0, 0, 0, 0, 0, 0, 0, 0, 0.
Eliazh Johnson           1, 0, 0, 3, 0, 0, 2, 0, 1, 0, 0, 0, 5
    0, 0, 0, 0, 1, 0, 3,  1, 1, 0, 0, 0, 0, 0, 0, 0, 0, 0.
Ann Ray                  1, 0, 0, 1, 0, 0, 0, 0, 3, 0, 1, 0, 1
    0, 0, 0, 0, 0, 0, 0,  0, 0, 0, 0, 0, 0, 0, 0, 0, 0, 0.
Joseph Black             2, 0, 0, 0, 1, 2, 1, 0, 1, 0, 0, 0, 1
    0, 0, 0, 0, 0, 0, 0,  0, 0, 0, 0, 0, 0, 0, 0, 0, 0, 0.
```

Reuben Ray   0, 0, 0, 0, 1, 2, 0, 0, 0, 0, 1, 2, 0,
0, 0, 0, 0, 0, 0, 1, 0, 0, 0, 0, 1, 0, 0, 0, 0, 0, 0, 0.
W. Shaw   1, 0, 0, 0, 1, 2, 2, 0, 1, 0, 0, 0, 1,
0, 0, 0, 0, 0, 0, 0, 0, 0, 0, 0, 0, 0, 0, 0, 0, 0, 0, 0.
Madam Green   2, 1, 0, 2, 0, 0, 0, 0, 0, 1, 0, 0, 4,
0, 0, 0, 0, 0, 0, 0, 0, 0, 0, 0, 0, 0, 0, 0, 0, 0, 0, 0.
Henry Slaughter   1, 0, 0, 0, 1, 0, 2, 0, 1, 0, 0, 0, 1,
0, 0, 0, 0, 0, 0, 0, 0, 0, 0, 0, 0, 0, 0, 0, 0, 0, 0, 0.
George Fogaman   1, 1, 0, 1, 1, 1, 0, 0, 0, 1, 0, 0, 3,
0, 0, 0, 0, 0, 0, 0, 0, 0, 0, 0, 0, 0, 0, 0, 0, 0, 0, 0.
Samuel Dalton   0, 0, 0, 1, 1, 0, 0, 0, 1, 0, 0, 0, 3,
0, 0, 0, 1, 0, 0, 1, 0, 2, 1, 0, 0, 0, 0, 0, 0, 0, 0, 0.
Jacob Keller   0, 0, 0, 1, 0, 1, 0, 0, 0, 1, 0, 0,14,
0, 0, 7, 6, 2, 0, 3, 1, 1, 1, 0, 0, 0, 0, 0, 0, 0, 0, 0.
J. Fogaman   0, 0, 0, 1, 0, 0, 1, 0, 0, 0, 0, 0, 0,
0, 0, 0, 0, 0, 0, 0, 0, 0, 0, 0, 0, 0, 0, 0, 0, 0, 0, 0.
Angus Campbell   2, 0, 0, 0, 1, 1, 0, 0, 0, 0, 0, 0, 2,
0, 0, 0, 0, 1, 0, 1, 0, 1, 0, 0, 0, 0, 0, 0, 0, 0, 0, 0.
N. Day   2, 0, 0, 0, 1, 0, 1, 0, 0, 1, 0, 0, 1,
0, 0, 0, 0, 0, 0, 0, 0, 0, 0, 0, 0, 0, 0, 0, 0, 0, 0, 0.
Edward Willis   2, 0, 0, 1, 0, 0, 1, 0, 1, 0, 0, 0, 1,
0, 0, 0, 0, 0, 0, 0, 0, 0, 0, 0, 0, 0, 0, 0, 0, 0, 0, 0.
Reuben Parks   2, 0, 0, 0, 1, 0, 0, 1, 0, 1, 0, 0, 8,
0, 0, 1, 4, 0, 0, 1, 2, 0, 1, 0, 0, 0, 0, 0, 0, 0, 0, 0.
Mathew Vernon   0, 0, 0, 1, 0, 0, 1, 0, 0, 0, 0, 0, 0,
0, 0, 0, 0, 0, 0, 0, 0, 0, 0, 0, 0, 0, 0, 0, 0, 0, 0, 0.
L. Hartgraves   1, 0, 0, 0, 1, 0, 1, 0, 1, 0, 0, 0, 4,
0, 0, 0, 1, 0, 1, 1, 1, 0, 0, 0, 0, 0, 0, 0, 0, 0, 0, 0.
Susan Ham   0, 1, 1, 1, 0, 0, 0, 1, 3, 1, 0, 0, 0,
0, 0, 1, 0, 0, 0, 3, 1, 0, 0, 0, 0, 0, 0, 0, 0, 0, 0, 0.
R. Futch   0, 0, 0, 0, 1, 0, 1, 0, 1, 0, 0, 0, 0,
0, 0, 0, 0, 0, 0, 0, 0, 0, 0, 0, 0, 0, 0, 0, 0, 0, 0, 0.
Stephen Bowie   0, 0, 0, 4, 0, 0, 0, 0, 1, 0, 0, 0, 6,
0, 0, 2, 2, 2, 0, 0, 0, 1, 0, 0, 0, 0, 0, 0, 0, 0, 0, 0.

North of Red River

Lewis White   2, 0, 0, 0, 2, 0, 0, 0, 0, 0, 1, 0, 2,
0, 0, 0, 0, 0, 0, 0, 0, 1, 0, 0, 0, 0, 0, 0, 0, 0, 0, 0.
R. White   1, 0, 0, 2, 0, 0, 0, 0, 1, 0, 0, 0, 2,
0, 0, 1, 0, 0, 0, 2, 1, 0, 0, 0, 0, 0, 0, 0, 0, 0, 0, 0.
Joseph White   1, 0, 0, 1, 1, 0, 2, 1, 1, 0, 0, 0, 1,
0, 0, 0, 0, 0, 0, 0, 0, 0, 0, 0, 0, 0, 0, 0, 0, 0, 0, 0.
James White   2, 1, 0, 1, 1, 1, 0, 2, 1, 1, 1, 0, 3,
0, 2, 1, 0, 0, 2, 1, 0, 0, 0, 0, 0, 0, 0, 0, 0, 0, 0, 0.
Daniel Ritchie   0, 0, 0, 0, 1, 0, 0, 0, 1, 0, 0, 0, 1,
0, 0, 0, 0, 0, 0, 0, 0, 0, 0, 0, 0, 0, 0, 0, 0, 0, 0, 0.
Peter Robin   2, 0, 0, 0, 0, 1, 4, 0, 1, 0, 1, 0, 1,
0, 0, 0, 0, 0, 0, 0, 0, 0, 0, 0, 0, 0, 0, 0, 0, 0, 0, 0.
James Cole   1, 0, 0, 0, 1, 0, 1, 0, 0, 0, 1, 0, 0,
1, 0, 0, 0, 0, 0, 0, 0, 0, 0, 0, 0, 0, 0, 0, 0, 0, 0, 0.

Page 18

Hugh Bailey   0, 0, 0, 0, 1, 1, 0, 0, 0, 1, 0, 0, 1
0, 0, 0, 0, 0, 0, 0, 0, 0, 0, 0, 0, 0, 0, 0, 0, 0, 0.
Lewis Beckum   2, 0, 0, 0, 1, 0, 2, 0, 1, 0, 0, 1, 0
0, 0, 0, 0, 0, 0, 0, 0, 0, 0, 0, 0, 0, 0, 0, 0, 0.
George Hays   0, 0, 0, 2, 0, 2, 1, 1, 0, 0, 2, 0, 0
0, 0, 0, 0, 0, 0, 0, 0, 0, 0, 0, 0, 0, 0, 0, 0, 0.
William Scroggs   2, 0, 0, 0, 1, 0, 2, 0, 1, 0, 0, 0, 2
0, 0, 1, 0, 1, 0, 1, 0, 1, 0, 0, 0, 0, 0, 0, 0, 0.
David Holt   0, 0, 0, 1, 0, 1, 0, 0, 1, 0, 0, 0, 4
0, 0, 4, 0, 1, 1, 2, 1, 1, 0, 0, 0, 0, 0, 0, 0, 0.
John Molden   . 2, 0, 0, 1, 0, 1, 0, 0, 1, 0, 0, 0, 5
0, 0, 4, 0, 0, 0, 1, 2, 1, 1, 0, 0, 0, 0, 0, 0, 0.
Elizabeth Holmes   1, 0, 0, 0, 1, 0, 0, 0, 0, 0, 1, 0, 4
0, 0, 4, 0, 0, 1, 2, 0, 1, 0, 0, 0, 0, 0, 0, 0, 0.
Madam Arau   2, 1, 0, 1, 0, 0, 0, 0, 1, 0, 1, 0, 0
0, 0, 0, 0, 0, 0, 0, 0, 0, 0, 0, 0, 0, 0, 0, 0, 0.
William Reed   0, 1, 0, 1, 0, 1, 0, 0, 0, 0, 0, 0, 1
0, 1, 0, 0, 0, 0, 0, 0, 0, 0, 0, 0, 0, 0, 0, 0, 0.
Elizabeth Miller   3, 1, 0, 1, 0, 0, 2, 1, 1, 1, 0, 0, 2
0, 0, 0, 0, 0, 0, 0, 0, 0, 0, 0, 0, 0, 0, 0, 0, 0.
Cornelius Wiley   1, 1, 0, 0, 1, 0, 0, 0, 0, 0, 0, 0, 1
0, 0, 0, 0, 0, 0, 0, 0, 0, 0, 0, 0, 0, 0, 0, 0, 0.
Saml. Maxwell   1, 0, 0, 0, 1, 0, 0, 1, 0, 1, 0, 0, 1
0, 0, 0, 0, 0, 0, 0, 0, 0, 0, 0, 0, 0, 0, 0, 0, 0.
Mary McNealy   1, 1, 1, 1, 0, 0, 0, 1, 0, 1, 0, 0, 1
0, 0, 0, 0, 0, 0, 0, 0, 0, 0, 0, 0, 0, 0, 0, 0, 0.
Joseph Moreau   0, 0, 0, 1, 1, 0, 0, 0, 0, 1, 0, 0, 1
0, 0, 1, 1, 0, 0, 0, 1, 0, 0, 0, 0, 0, 0, 0, 0, 0.
James Jones   1, 1, 0, 0, 1, 0, 2, 0, 0, 1, 0, 0, 1
0, 0, 0, 0, 0, 0, 0, 0, 0, 0, 0, 0, 0, 0, 0, 0, 0.
Michael Johnson   1, 1, 0, 0, 0, 1, 2, 0, 0, 1, 0, 0, 1
0, 0, 0, 0, 0, 0, 0, 0, 0, 0, 0, 0, 0, 0, 0, 0, 0.
Margaret Hays   1, 1, 0, 0, 0, 0, 3, 0, 0, 1, 0, 0, 1
0, 0, 0, 0, 0, 0, 0, 0, 0, 0, 0, 0, 0, 0, 0, 0, 0.
Thomas Brandon   0, 0, 0, 1, 0, 0, 0, 2, 0, 0, 0, 0, 1
0, 0, 0, 0, 0, 0, 0, 0, 0, 0, 0, 0, 0, 0, 0, 0, 0.
Michel Amo   0, 0, 0, 1, 3, 0, 0, 0, 0, 2, 0, 0, 1
0, 0, 0, 0, 0, 0, 0, 0, 0, 0, 0, 0, 0, 0, 0, 0, 0.
Peter Amo   0, 0, 0, 0, 1, 0, 0, 0, 0, 0, 0, 0, 1
0, 0, 0, 0, 0, 0, 0, 1, 1, 0, 0, 0, 0, 0, 0, 0, 0.
John Amo   0, 0, 0, 0, 1, 0, 4, 0, 1, 0, 0, 0, 2
0, 0, 0, 0, 0, 0, 0, 1, 0, 0, 0, 0, 0, 0, 0, 0, 0.
Stephen Amo   3, 0, 0, 1, 0, 0, 0, 1, 0, 0, 0, 0, 2
0, 0, 0, 1, 0, 0, 1, 0, 0, 0, 0, 0, 0, 0, 0, 0, 0.
John Reed   2, 0, 0, 0, 1, 1, 1, 2, 0, 1, 0, 0, 1
0, 0, 0, 0, 0, 0, 0, 0, 0, 0, 0, 0, 0, 0, 0, 0, 0.
Charles Fuqua   1, 2, 0, 0, 1, 0, 2, 2, 0, 1, 0, 0, 2
0, 0, 0, 0, 0, 0, 0, 0, 0, 0, 0, 0, 0, 0, 0, 0, 0.
Mary Amo   0, 0, 0, 0, 0, 0, 0, 0, 0, 0, 1, 0, 0
0, 0, 0, 0, 0, 0, 0, 0, 0, 0, 0, 0, 0, 0, 0, 0, 0.
Samuel Glass   0, 0, 0, 0, 1, 0, 1, 0, 0, 1, 0, 0, 0
0, 0, 0, 0, 0, 0, 0, 0, 0, 0, 0, 0, 0, 0, 0, 0, 0.

illiam Hay   0, 0, 0, 0, 0, 1, 0, 0, 1, 1, 1, 0, 1,
   0, 0, 0, 0, 0, 0, 0, 0, 0, 0, 0, 0, 0, 0, 0, 0, 0, 0.
. Dozat   1, 0, 0, 1, 0, 0, 0, 1, 0, 0, 0, 0, 0,
   0, 0, 0, 0, 0, 0, 0, 0, 0, 0, 0, 0, 0, 0, 0, 0, 0, 0.
oseph Domingo   1, 0, 0, 1, 0, 0, 1, 0, 0, 0, 1, 0, 0,
   0, 0, 0, 0, 0, 0, 0, 0, 0, 0, 0, 0, 0, 0, 0, 0, 0, 0.

(Totals)   301, 78, 33, 141, 171, 91, 289, 124, 123, 89, 31, 13, 636

     4, 9, 196, 115, 78, 33, 163, 131, 53, 13, 7, 6, 10, 1, 0, 1, 0, 0

Avoyelles Parish
Totals

(I) justify that the above is correct.
(signed) Richard Bettis, Jr.

782 White Males   422 Male Slaves
664 White Females 360 Female Slaves

25 Free people of color

Total: 2253 souls
       2245

1810 Census
Opelousas (St. Landry) Parish, Louisiana

Schedule of the whole number of persons within
the division allotted to George King.

Arcine Leblue	0,	0,	1,	0,	0,	0,	0,	0,	1,	0,	0,	0.
Madame Ledoux	2,	0,	0,	0,	0,	0,	0,	1,	0,	0,	0,	0.
Baptiste Leblue	0,	0,	1,	0,	0,	0,	0,	0,	0,	0,	0,	0.
Martin Leblue	0,	0,	1,	0,	0,	0,	0,	0,	0,	0,	0,	0.
Delone	1,	0,	1,	0,	0,	2,	0,	1,	0,	0,	0,	0.
Baptiste Lamarche	0,	0,	0,	0,	1,	0,	0,	0,	0,	0,	0,	0.
Isaac Johnson	2,	1,	0,	1,	1,	1,	0,	0,	1,	0,	0,	4.
George Hudson Jun.	1,	0,	1,	0,	0,	0,	0,	1,	0,	0,	0,	0.
George Hudson Sen.	0,	0,	0,	0,	1,	0,	0,	0,	0,	1,	0,	0.
John McDaniel	0,	1,	0,	2,	0,	0,	0,	1,	0,	0,	0,	0.
Joseph Guilliory Sen.	0,	1,	0,	0,	1,	1,	1,	0,	0,	1,	0,	4.
Michel Lacasse	0,	0,	0,	1,	0,	0,	0,	1,	0,	0,	0,	0.
Nathaniel West	5,	0,	0,	1,	0,	0,	0,	1,	0,	0,	0,	0.
John Reed	2,	0,	1,	0,	0,	1,	0,	1,	0,	0,	0,	0.
Samuel Reed	5,	0,	0,	1,	0,	0,	0,	1,	1,	0,	0,	0.
John Marshal	2,	1,	0,	1,	0,	3,	2,	0,	1,	0,	0,	0.
Augustn. Guilliory	2,	0,	0,	1,	0,	1,	0,	1,	0,	0,	0,	0.
Hugh Nelson	0,	0,	0,	1,	0,	0,	0,	0,	0,	0,	4,	0.
Joseph Viaines	1,	0,	0,	1,	1,	1,	0,	1,	0,	0,	0,	0.
Francois Villion	0,	0,	1,	0,	0,	0,	0,	1,	0,	0,	0,	0.
Jaque Titi	0,	0,	0,	1,	0,	0,	0,	0,	0,	0,	1,	0.
Jaque Baptiste	0,	0,	0,	0,	0,	0,	0,	0,	0,	6,	0.	
Michel Prudhomme	0,	1,	1,	1,	2,	0,	0,	0,	0,	1,	0,	17.
Martin Donat	0,	0,	0,	0,	0,	0,	0,	0,	0,	0,	0,	0.
George Bolard	0,	0,	0,	0,	0,	0,	0,	0,	0,	0,	2,	5.
Francois Lemelle	0,	0,	0,	0,	1,	0,	0,	0,	0,	0,	6,	1.
Joseph Andrus	0,	2,	1,	1,	1,	0,	1,	1,	0,	1,	0,	47.
Murtough Collins	1,	0,	0,	1,	0,	3,	0,	1,	0,	0,	0,	2.
Madame Donatto	2,	0,	2,	1,	0,	0,	0,	1,	0,	1,	0,	5.
Mary, Negress Libre	0,	0,	0,	0,	0,	0,	0,	0,	0,	0,	3,	0.
Jean B. Figerant	0,	0,	0,	0,	1,	0,	0,	0,	1,	0,	1,	8.
Antoine Bellestre	0,	0,	1,	0,	1,	0,	0,	1,	0,	1,	0,	6.
Louis Bellestre	0,	0,	1,	0,	1,	0,	0,	1,	0,	1,	0,	6.
August Peirncis	0,	0,	0,	0,	0,	0,	0,	0,	0,	0,	5,	1.
Henry Lastrape	4,	2,	2,	0,	1,	3,	0,	0,	1,	0,	0,	20.
Antoine Lambert	2,	1,	0,	0,	1,	1,	0,	0,	1,	0,	0,	16.
Barthu. Dejean	5,	3,	0,	0,	1,	0,	1,	0,	1,	0,	0,	30.
Widow Jane Reed	0,	0,	4,	0,	0,	1,	0,	0,	0,	1,	0,	2.
Louis Gierie	0,	0,	0,	0,	0,	0,	0,	0,	0,	0,	11,	0.
Pierre Thibedeau	2,	1,	0,	1,	0,	2,	1,	0,	1,	0,	0,	3.
Madam Bellair	0,	1,	0,	0,	1,	0,	0,	0,	0,	0,	0,	0.
Pierre Viger	0,	0,	1,	0,	0,	0,	0,	1,	0,	0,	0,	0.
Pierre Faurel	2,	1,	1,	0,	1,	3,	1,	0,	1,	0,	0,	1.
Charles Viger Sen.	0,	0,	1,	1,	1,	0,	2,	0,	0,	1,	0,	1.
Noel Vasseur	1,	0,	1,	0,	0,	1,	0,	1,	0,	0,	0,	2.
Louis Carriere	2,	1,	1,	0,	0,	1,	1,	2,	0,	0,	0,	5.
Francois Ledoux	0,	1,	0,	1,	1,	0,	0,	0,	0,	0,	0,	1.
Joseph Andrepont	1,	1,	1,	0,	1,	3,	1,	2,	1,	0,	0,	3.
Laurent Dupre	1,	3,	0,	1,	0,	2,	0,	2,	1,	0,	4,	6.
Jacques Dupre	1,	2,	0,	1,	1,	0,	0,	0,	1,	0,	0,	12.
Louis Fontenot Jun.	0,	0,	2,	0,	1,	2,	0,	1,	0,	0,	0,	4.
Francois Casanoeve	0,	0,	0,	1,	0,	1,	0,	1,	0,	0,	0,	0.
Jean B. Riviere	0,	0,	0,	0,	1,	0,	0,	0,	1,	0,	0,	7.

Page 24

Florentine Poirel	1,	1,	1,	1,	1,	1,	0,	0,	1,	0,	0,	42.
Francois Pitre	1,	0,	3,	0,	1,	0,	0,	2,	0,	1,	0,	13.
Pierre Joubert Sen.	0,	0,	0,	0,	1,	0,	0,	0,	0,	0,	0,	11.
Francois Joubert	0,	0,	0,	1,	0,	2,	0,	1,	0,	0,	0,	0.
Pierre Joubert Jun.	2,	0,	0,	1,	0,	0,	1,	1,	0,	0,	0,	1.
Louis Quartier	0,	0,	0,	0,	1,	0,	0,	0,	1,	0,	0,	0.
Francois Batiano	0,	0,	0,	2,	0,	0,	0,	0,	0,	0,	3,	0.
Nicolas Vasseur	1,	0,	0,	0,	1,	0,	0,	0,	1,	0,	0,	0.
Joshua Perking	0,	0,	0,	0,	0,	0,	0,	0,	0,	0,	6,	0.
Philip Goin	0,	0,	0,	0,	0,	0,	0,	0,	0,	0,	3,	0.
James Goin	0,	0,	0,	0,	0,	0,	0,	0,	0,	0,	3,	0.
James Ashworth	0,	0,	0,	0,	0,	0,	0,	0,	0,	0,	11,	0.
James Simmons	4,	1,	0,	1,	0,	0,	1,	0,	1,	0,	0,	0.
Jacob Harman	3,	1,	0,	1,	0,	0,	2,	0,	1,	0,	0,	4.
John McClelland	1,	0,	0,	1,	0,	2,	1,	1,	0,	0,	0,	0.
Joseph Young	1,	0,	0,	1,	0,	1,	0,	1,	0,	0,	0,	0.
Peter Young	0,	0,	1,	0,	0,	0,	0,	1,	0,	0,	0,	0.
William Tally	2,	2,	1,	1,	0,	1,	1,	0,	1,	0,	0,	0.
Clark Barton	2,	0,	1,	0,	0,	0,	1,	0,	0,	0,	0,	1.
Jean B. Lejeune	2,	0,	0,	1,	0,	1,	1,	1,	0,	0,	0,	0.
John Sappington	1,	1,	3,	0,	1,	0,	0,	0,	0,	1,	0,	5.
Joseph Roy Sen.	0,	0,	0,	0,	1,	0,	0,	1,	0,	1,	0,	8.
Marian Bordelon	1,	0,	1,	0,	0,	2,	2,	2,	1,	0,	0,	0.
Michel Wible	0,	0,	0,	0,	1,	0,	0,	0,	1,	0,	0,	2.
John Wible	0,	1,	0,	1,	0,	0,	0,	0,	0,	1,	0,	1.
Joseph Wible	2,	0,	0,	0,	1,	0,	0,	1,	0,	0,	0,	3.
Azariah Prather	3,	0,	5,	3,	1,	1,	2,	0,	0,	1,	0,	0.
Jean Debaillon	1,	0,	0,	1,	0,	0,	0,	1,	0,	0,	0,	9.
Martin Milhan	0,	0,	0,	0,	0,	0,	0,	0,	0,	0,	5,	0.
Antoine Paillet	0,	0,	0,	0,	0,	0,	0,	0,	0,	0,	7,	5.
William McKay	2,	1,	2,	1,	0,	0,	0,	0,	1,	0,	0,	3.
William Darby	0,	0,	0,	1,	0,	1,	0,	0,	0,	1,	0,	0.
William B. Jackson	0,	0,	0,	1,	0,	0,	0,	1,	0,	0,	0,	1.
Widow Carriere	0,	0,	0,	0,	0,	0,	0,	0,	0,	1,	0,	12.
Hugh Duffin	1,	0,	5,	5,	1,	3,	1,	2,	0,	1,	0,	2.
Isaac Baldwin	0,	0,	0,	1,	0,	0,	0,	0,	0,	0,	0,	3.
Marguerite Ploey	0,	1,	2,	1,	0,	0,	1,	0,	1,	0,	0,	1.
Sylvestre Bossier	1,	0,	1,	1,	0,	2,	0,	1,	1,	0,	0,	3.
John P. Biles	1,	0,	0,	4,	1,	2,	1,	0,	1,	0,	0,	0.
Patrick Peace	3,	1,	0,	0,	1,	1,	1,	1,	1,	0,	0,	0.
Nathl. Cochran	0,	1,	0,	5,	0,	2,	2,	1,	0,	0,	0,	1.
William G. Knox	0,	0,	1,	1,	0,	0,	0,	1,	0,	0,	0,	1.
William Wikoff	2,	0,	0,	2,	1,	1,	0,	0,	1,	0,	0,	64.
Semuel Sloan	1,	1,	1,	0,	0,	0,	1,	0,	0,	1,	0,	0.
Thomas Sloan	0,	0,	1,	0,	0,	1,	0,	1,	0,	0,	0,	0.
Benjamin Winfrey	1,	2,	0,	1,	1,	0,	0,	0,	0,	1,	0,	1.
Reuben Andrus	0,	0,	1,	1,	0,	1,	0,	1,	0,	0,	0,	0.
John Clark	1,	1,	0,	1,	0,	1,	1,	0,	1,	0,	0,	0.
James McClelland	1,	2,	0,	0,	1,	3,	0,	1,	1,	0,	0,	7.
Abijah Clark	1,	0,	2,	0,	0,	1,	0,	1,	0,	0,	0,	0.
William Clark	0,	0,	1,	0,	0,	1,	0,	1,	0,	1,	0,	0.

William Andrus	0,	0,	1,	0,	0,	1,	0,	1,	0,	0,	0,	0.
John Jackson	0,	0,	0,	1,	0,	1,	0,	1,	0,	0,	0,	0.
Thomas Berwick	0,	2,	0,	1,	0,	1,	0,	0,	1,	1,	0,	0.
John Cole	0,	0,	1,	0,	0,	0,	1,	1,	0,	0,	0,	0.
Andrew Dunks	0,	1,	0,	0,	1,	2,	1,	0,	1,	0,	0,	0.
John Clark	2,	0,	2,	2,	1,	2,	2,	0,	1,	0,	0,	1.
Jacob Welch	2,	1,	0,	1,	0,	4,	0,	0,	1,	0,	0,	0.
Benjamin Roberts	0,	0,	0,	0,	1,	0,	1,	0,	0,	1,	0,	0.
Wel Richie	1,	1,	0,	1,	0,	1,	0,	1,	0,	0,	0,	0.
John Clark	0,	2,	1,	0,	1,	1,	0,	0,	1,	0,	0,	0.
Jesse Clark	1,	0,	1,	0,	0,	0,	0,	1,	0,	0,	0,	0.
Henry Bideman	2,	2,	1,	1,	0,	1,	1,	0,	1,	0,	0,	0.
Philip Winfrey	3,	0,	0,	2,	0,	1,	0,	0,	1,	0,	0,	2.
John Hayes	3,	1,	0,	1,	0,	1,	1,	0,	1,	0,	0,	0.
Joseph Elah Andrus	2,	0,	1,	1,	0,	1,	1,	1,	0,	0,	0,	8.
Mary Harman	2,	0,	0,	0,	0,	0,	0,	1,	0,	1,	0,	0.
Gabriel Robison	1,	0,	1,	0,	0,	0,	0,	1,	0,	0,	0,	0.
John Robinson	0,	0,	1,	0,	0,	1,	0,	1,	0,	0,	0,	0.
Laurence Malveau	0,	0,	0,	0,	0,	0,	0,	0,	0,	0,	6,	0.
William Hayes	0,	2,	2,	1,	1,	4,	1,	0,	1,	0,	0,	0.
Jossman Hayes	1,	1,	1,	0,	1,	0,	4,	0,	1,	0,	0,	6.
Abraham Harman	0,	0,	1,	0,	1,	1,	0,	1,	0,	0,	0,	1.
George Forman	1,	0,	3,	0,	1,	0,	1,	1,	1,	0,	0,	1.
Stephen Jett	2,	0,	0,	2,	0,	2,	0,	1,	0,	0,	0,	0.
James Forman	0,	0,	0,	1,	0,	2,	0,	1,	0,	0,	0,	0.
David Simmons	1,	0,	1,	0,	0,	0,	0,	1,	0,	0,	0,	0.
Solomon Cole	1,	1,	0,	1,	0,	1,	2,	0,	1,	0,	0,	1.
James Cole	3,	2,	1,	0,	1,	0,	0,	0,	1,	0,	0,	1.
Henry Raper	1,	0,	1,	0,	1,	3,	0,	0,	1,	0,	0,	2.
Blaize Lejeun Jun.	2,	1,	1,	1,	0,	2,	1,	0,	1,	0,	0,	0.
Baptiste Lejune	1,	0,	0,	1,	0,	0,	0,	1,	0,	0,	0,	0.
Elmie Ducet	2,	0,	0,	1,	0,	0,	0,	1,	0,	0,	0,	0.
James D. Reeves	1,	0,	1,	0,	0,	0,	0,	1,	0,	0,	0,	0.
Blaize Lejeune Sen.	0,	0,	0,	1,	0,	1,	0,	0,	0,	1,	0,	0.
Charles Chiasson	0,	0,	1,	1,	0,	2,	1,	2,	0,	0,	0,	0.
Charles Leblanc	2,	2,	0,	0,	1,	3,	0,	0,	1,	0,	0,	0.
Baptiste Lafosse	0,	0,	1,	0,	0,	0,	0,	1,	0,	0,	0,	0.
Joseph Matt	2,	3,	0,	0,	2,	2,	0,	0,	1,	0,	0,	0.
Joseph Ducet	1,	0,	0,	1,	0,	1,	0,	0,	1,	0,	0,	0.
Simon Richard	0,	0,	1,	0,	0,	0,	0,	1,	0,	0,	0,	0.
Baptiste Duplechiene	4,	0,	1,	0,	1,	2,	2,	1,	1,	0,	0,	0.
Pierre Rousillion	0,	0,	0,	1,	0,	0,	0,	0,	0,	0,	5,	0.
Marianne Daigle	0,	0,	1,	1,	0,	0,	1,	1,	0,	1,	0,	0.
Louis Leger	1,	1,	1,	0,	1,	3,	1,	0,	1,	0,	0,	0.
Etienne Daigle	2,	0,	0,	1,	0,	1,	0,	1,	0,	0,	0,	1.
Antoine B. Fontenot	3,	1,	1,	1,	0,	0,	1,	0,	1,	0,	0,	2.
Jean B. Chiasson	2,	2,	1,	0,	1,	2,	0,	0,	1,	0,	0,	0.
Pierre Trahan	1,	0,	0,	2,	0,	0,	0,	2,	0,	0,	0,	0.
Simon Bellair	2,	1,	0,	1,	2,	0,	1,	1,	1,	0,	0,	9.
Joseph Daigle	1,	0,	0,	1,	0,	1,	0,	0,	1,	0,	0,	5.
Michel Blanchel	0,	0,	1,	0,	1,	0,	0,	0,	0,	1,	0,	0.

Page 26

Widow Mary Doucet	0,	1,	1,	1,	0,	1,	0,	0,	1,	0,	0,	12.
Magdalene Mandon	2,	1,	0,	0,	1,	2,	1,	1,	1,	1,	0,	4.
Hilaire Doucet	1,	0,	0,	1,	0,	1,	0,	1,	0,	0,	0,	0.
Joseph Reau	2,	0,	0,	1,	0,	0,	0,	1,	0,	0,	0,	0.
Ignatius Tear	1,	0,	1,	0,	0,	0,	0,	1,	0,	0,	0,	0.
William Wood	0,	0,	0,	1,	0,	0,	0,	1,	0,	0,	0,	0.
John Tear	0,	1,	1,	0,	1,	0,	0,	1,	0,	0,	0,	0.
James Lee	2,	0,	0,	1,	0,	1,	0,	0,	1,	0,	0,	0.
Patrick Gurnet	2,	1,	0,	0,	1,	2,	1,	0,	1,	0,	0,	1.
Wm. L. Collins	0,	0,	1,	0,	1,	0,	0,	0,	1,	0,	0,	8.
James Stille	1,	0,	1,	1,	0,	1,	0,	0,	1,	0,	0,	38.
Theophilus Elmer	1,	1,	0,	2,	0,	2,	1,	0,	1,	0,	0,	5.
Madn. Elizah. Collins	2,	1,	0,	2,	0,	1,	4,	0,	1,	0,	2,	0.
Simpson	1,	0,	0,	1,	0,	0,	0,	0,	1,	0,	0,	0.
Louis Louillin	0,	0,	0,	3,	0,	0,	0,	0,	0,	0,	0,	7.
Joseph Labot	0,	0,	0,	0,	1,	0,	0,	0,	1,	0,	0,	0.
Antoine Simien	0,	0,	0,	2,	1,	0,	0,	0,	0,	0,	10,	1.
Blaze Brasseur	0,	1,	2,	0,	1,	0,	2,	1,	0,	2,	0,	7.
John B. David	2,	1,	1,	1,	3,	0,	0,	1,	0,	0,	7,	0.
Placide Savoy	1,	0,	0,	1,	0,	3,	1,	0,	1,	0,	0,	0.
Louise Landry	1,	1,	2,	0,	0,	0,	1,	1,	0,	1,	0,	10.
Anaclet Cormier	2,	1,	0,	2,	0,	2,	1,	0,	1,	0,	0,	7.
Ann Cormier	0,	0,	0,	0,	0,	0,	0,	0,	0,	1,	0,	9.
James A. Thom	3,	1,	0,	1,	0,	0,	0,	0,	1,	0,	0,	4.
John Dinsmore	0,	0,	0,	0,	1,	0,	0,	1,	0,	0,	0,	1.
Olevier Richard	3,	0,	0,	1,	0,	1,	2,	0,	1,	0,	0,	4.
Vitel Estellet	1,	0,	2,	0,	0,	0,	0,	1,	0,	0,	0,	3.
Baptiste Richard	1,	0,	0,	1,	0,	1,	0,	1,	0,	0,	0,	1.
Fabian Richard	1,	0,	3,	1,	1,	3,	1,	1,	0,	1,	0,	0.
Louis Richard	2,	2,	2,	0,	1,	2,	1,	1,	1,	1,	0,	8.
Joseph Gilbreath	1,	1,	1,	1,	0,	1,	1,	1,	1,	0,	0,	0.
Tapley Dial	0,	0,	0,	0,	0,	0,	0,	0,	0,	0,	6,	0.
Mamais Jany	0,	0,	0,	1,	0,	2,	0,	0,	1,	0,	0,	0.
Herbert Jany	2,	0,	0,	1,	0,	0,	1,	0,	1,	0,	0,	2.
Veuve Jany	1,	0,	0,	1,	0,	0,	0,	0,	1,	1,	0,	1.
Francois Richard	1,	1,	0,	1,	0,	3,	1,	0,	1,	0,	0,	2.
Michel Bellard	0,	0,	1,	0,	1,	0,	0,	1,	0,	0,	0,	0.
Pierre Parisseau	0,	1,	0,	0,	1,	2,	1,	1,	1,	0,	0,	0.
George Estillet	0,	0,	0,	1,	0,	0,	0,	0,	0,	0,	1,	0.
William Shattuck	0,	0,	0,	0,	1,	0,	0,	0,	0,	1,	0,	0.
Louis Checherie	3,	2,	1,	1,	1,	1,	2,	0,	1,	1,	0,	14.
John Baion	2,	1,	0,	1,	0,	1,	1,	0,	1,	0,	0,	0.
Cerile Thibedeau	2,	2,	0,	1,	0,	0,	1,	2,	1,	0,	0,	0.
Robert Rogers	1,	0,	2,	2,	0,	3,	1,	0,	1,	0,	0,	9.
Thomas Langhly	0,	2,	0,	0,	1,	2,	0,	0,	1,	0,	0,	0.
John Andrus	4,	0,	2,	0,	0,	0,	0,	1,	0,	0,	0,	3.
Thomas Stewart	1,	0,	0,	1,	0,	0,	1,	1,	0,	1,	0,	0.
Louis Lavergne Jun.	3,	1,	1,	1,	0,	0,	0,	0,	2,	0,	0,	0.
Veuve Jos. Bourque	1,	2,	2,	0,	0,	1,	0,	2,	1,	1,	0,	9.
Baptiste Figurant	0,	0,	1,	0,	0,	0,	0,	1,	0,	0,	0,	0.
Louis Lavergne Sen.	0,	2,	2,	1,	1,	0,	0,	0,	0,	0,	0,	4.

ierre Chretien	0, 0, 1, 4, 1, 0, 0, 0, 1, 0, 0,35.
ierre Potier	0, 1, 1, 1, 0, 1, 0, 2, 0, 0, 0, 5.
harles Smith	0, 0, 0, 2, 1, 0, 0, 0, 1, 0, 0,33.
ndrew Marsh	0, 0, 1, 1, 1, 0, 0, 0, 0, 1, 0, 0.
ohn Taylor	3, 2, 1, 1, 1, 2, 0, 0, 1, 0, 0, 0.
hristoper Note	4, 0, 0, 0, 1, 0, 1, 0, 1, 0, 0, 0.
ohn Marsh	2, 0, 0, 1, 0, 1, 0, 0, 1, 0, 0, 3.
ugusn. Bordeau	0, 0, 0, 1, 0, 2, 0, 1, 0, 0, 0, 1.
hilip Richard	2, 1, 0, 1, 0, 3, 1, 0, 1, 0, 0, 3.
lautine Quartier	2, 1, 0, 0, 0, 0, 0, 0, 1, 0, 0, 0.
ndre Hernandes	0, 0, 0, 2, 0, 0, 0, 0, 0, 0, 3, 0.
atherine Miller	0, 0, 3, 1, 0, 0, 0, 0, 1, 1, 0, 1.
enjn. A. Smith	1, 0, 1, 1, 0, 2, 1, 2, 1, 0, 0,34.
enjamin Mudd	1, 0, 1, 1, 0, 2, 0, 1, 0, 0, 0,10.
aul Boutin	1, 2, 0, 0, 1, 3, 2, 2, 1, 0, 0, 5.
ohn Fall	4, 0, 0, 0, 1, 1, 0, 0, 1, 0, 0, 0.
ohn B. Stelly Jun.	2, 1, 0, 1, 1, 2, 0, 1, 0, 0, 0, 7.
lias Steene	0, 0, 1, 0, 0, 1, 0, 1, 0, 0, 0, 0.
ohn B. Stelly Sen.	1, 0, 0, 0, 2, 0, 1, 0, 0, 1, 0,16.
ichel Stelly	1, 0, 1, 0, 1, 1, 0, 1, 0, 0, 0, 2.
ean B. Marks	0, 0, 0, 1, 1, 1, 0, 1, 0, 0, 0, 7.
idow Marks	1, 1, 0, 0, 0, 1, 1, 1, 0, 1, 0, 5.
arie Frozard	0, 2, 1, 0, 0, 1, 1, 0, 1, 1, 0, 1.
ean Stelly	0, 0, 1, 0, 0, 1, 0, 1, 0, 0, 0, 0.
ichel Stelly	1, 0, 1, 0, 0, 0, 0, 1, 0, 0, 0, 0.
aptiste Castille	2, 1, 0, 3, 0, 2, 0, 0, 1, 0, 0,20.
ean B. Marin	2, 1, 0, 0, 1, 0, 1, 0, 1, 0, 0, 0.
aurina Taylor	1, 0, 0, 1, 0, 0, 0, 1, 0, 0, 0, 0.
ichel Nantier	3, 0, 0, 1, 0, 2, 0, 1, 0, 0, 0, 0.
arie Mass	0, 0, 0, 0, 0, 0, 0, 0, 0, 0, 7, 0.
amuel Fusilier	0, 0, 0, 0, 0, 0, 0, 0, 0, 0, 2, 7.
ouis Clement	0, 0, 0, 1, 0, 0, 0, 1, 0, 0, 0, 0.
ean Borque	1, 4, 0, 0, 1, 2, 3, 0, 1, 0, 0, 0.
illiam Gilchrist Jun.	1, 0, 1, 1, 0, 0, 0, 0, 1, 0, 2, 0.
rancois Savoy	2, 1, 0, 0, 1, 2, 2, 0, 1, 0, 0, 0.
omiques Prejean	2, 1, 0, 0, 1, 3, 3, 0, 1, 0, 0, 3.
ean Boudreau	0, 0, 1, 1, 0, 2, 0, 0, 1, 0, 0, 0.
imon Laurens	2, 0, 1, 0, 0, 2, 0, 1, 0, 0, 0, 0.
ean Leger	2, 0, 0, 0, 1, 2, 2, 0, 1, 0, 0, 1.
obert Burleigh Jun.	0, 0, 1, 0, 0, 1, 0, 1, 0, 0, 0, 0.
obert Burleigh Sen.	1, 1, 1, 0, 1, 2, 0, 1, 1, 0, 0,14.
aul Leger	1, 1, 0, 0, 1, 2, 1, 4, 1, 0, 0, 2.
oseph Venible	3, 2, 1, 1, 0, 1, 2, 0, 1, 0, 0, 0.
ean Savoy	0, 0, 1, 0, 0, 1, 1, 2, 0, 0, 0, 0.
oseph Savoy	2, 0, 0, 1, 0, 2, 0, 1, 0, 0, 0, 1.
ierre G. Richard	2, 1, 0, 1, 0, 2, 2, 0, 1, 0, 0, 2.
ean B. Richard	2, 0, 0, 1, 0, 2, 0, 0, 1, 1, 0, 0.
avid Guidry	2, 0, 3, 1, 1, 3, 2, 0, 0, 1, 0,17.
idow Jean Savoy	0, 0, 1, 0, 1, 0, 0, 0, 0, 0, 0, 3.
ean B. Lafleur	0, 0, 0, 0, 0, 0, 0, 0, 0, 0, 3, 0.
herese Laurenz	0, 0, 0, 0, 0, 0, 0, 0, 0, 0, 2, 0.

Jose Balque	0,	0,	0,	0,	0,	0,	0,	0,	0,	0,	7,	0.
Veuve Pierre Joseph	1,	2,	1,	0,	0,	1,	1,	1,	0,	1,	0,	0.
Thomas Laurense	0,	0,	0,	0,	0,	0,	0,	0,	0,	0,	7,	0.
Baptiste Meullion	0,	0,	0,	0,	0,	0,	0,	0,	0,	0,	6,15.
Widow Pickerie	0,	0,	0,	0,	0,	0,	0,	0,	0,	0,	9,	0.
Valerie Ozanne	0,	0,	0,	0,	0,	0,	0,	0,	0,	0,	3,	4.
Marie Jean Lamelle	0,	0,	0,	0,	0,	0,	0,	0,	0,	0,	5,	6.
Antoine Bourdon	0,	0,	0,	0,	0,	0,	0,	0,	0,	0,	3,	0.
Joseph Gradinigo	4,	0,	0,	0,	1,	0,	0,	0,	1,	0,	0,10.
John Jenkins	0,	0,	0,	0,	0,	0,	0,	0,	0,	0,	4,	0.
James Reed	1,	0,	1,	2,	0,	0,	0,	2,	0,	0,	0,	5.
William Moore	0,	0,	0,	1,	0,	0,	0,	0,	0,	0,	2,	0.
Dennis Lemelle	0,	0,	0,	0,	1,	0,	0,	0,	0,	0,	2,	0.
Jacque Lemelle	0,	0,	0,	0,	1,	0,	0,	0,	0,	0,	2,	0.
Louis Lemelle	0,	0,	0,	0,	0,	0,	0,	0,	0,	0,	7,	2.
Louis Carte	2,	0,	0,	1,	0,	1,	0,	1,	0,	0,	0,	0.
Rampania Hodibert	0,	0,	0,	0,	1,	0,	0,	0,	0,	0,	0,	0.
John Collins	1,	0,	1,	0,	1,	0,	0,	0,	0,	0,	1,20.
Charles Mawdsley	0,	0,	0,	1,	0,	0,	0,	0,	0,	0,	1,	5.
Gibson Johnson	0,	0,	0,	0,	0,	0,	0,	0,	0,	0,	5,	0.
Benjamin Going	0,	0,	0,	0,	0,	0,	0,	0,	0,	0,	4,	0.
Thomas Ash	0,	0,	0,	0,	0,	0,	0,	0,	0,	0,	7,	0.
Guillaume Martin	1,	0,	0,	0,	1,	1,	0,	1,	0,	0,	0,	0.
Claude Guilliory	0,	0,	0,	0,	1,	0,	0,	0,	0,	0,	0,	0.
Veuve Soliau	0,	0,	2,	0,	0,	2,	2,	0,	0,	1,	0,	4.
Louis Soliau	0,	0,	1,	0,	0,	1,	0,	1,	0,	0,	0,	0.
Etienne Soliau	0,	0,	1,	0,	0,	1,	0,	1,	0,	0,	0,	0.
Jean B. Soliau	3,	0,	0,	1,	0,	1,	0,	1,	0,	0,	0,	1.
Bapte. Pierre Manuel	2,	1,	1,	1,	0,	1,	0,	1,	0,	0,	0,	0.
Jean Pansony	1,	0,	0,	0,	1,	1,	0,	0,	0,	1,	0,	0.
Francois Rosa	0,	0,	1,	0,	0,	1,	0,	1,	0,	0,	0,	0.
Alexander Rosa	2,	0,	0,	1,	0,	0,	0,	1,	0,	0,	0,	0.
Jose Cardinal	0,	2,	0,	1,	0,	0,	0,	0,	1,	0,	0,	0.
Mad. C. Guilliory	2,	0,	1,	0,	0,	1,	0,	1,	2,	0,	0,	0.
Jean B. Roy	0,	0,	0,	1,	0,	2,	0,	0,	1,	0,	0,	0.
Helare Bordelon	4,	0,	0,	1,	0,	2,	0,	0,	1,	0,	0,	3.
Francois Guilliory	0,	0,	1,	0,	0,	1,	0,	1,	0,	0,	0,	0.
Louis Guilliory fils	4,	1,	0,	1,	0,	1,	1,	0,	1,	0,	0,	2.
Virgin Fusileir	0,	0,	0,	1,	0,	1,	0,	1,	0,	0,	0,	0.
Veuve Fusileir	1,	0,	1,	0,	0,	1,	0,	1,	0,	1,	0,17.
Francois Clement	2,	0,	0,	1,	0,	2,	0,	0,	1,	0,	0,	0.
Pierre Guilliory	1,	0,	1,	1,	0,	2,	0,	1,	0,	0,	0,	0.
Jacque Deshautel	1,	1,	1,	0,	1,	0,	2,	0,	0,	1,	0,	0.
Pierre Savant	1,	0,	1,	0,	0,	1,	0,	1,	0,	0,	0,	0.
Joseph Campo	0,	1,	0,	1,	1,	0,	0,	1,	0,	1,	0,	0.
Joseph Boliue	2,	0,	0,	1,	0,	0,	1,	0,	1,	0,	0,	0.
Antoine Anslin	0,	0,	0,	0,	1,	0,	0,	0,	0,	1,	0,	0.
Joseph Couruna	0,	0,	0,	0,	1,	0,	0,	0,	0,	1,	0,	0.
Babe Lemeranda	0,	0,	0,	0,	0,	0,	0,	0,	0,	0,	4,	0.
Henry Barreau	1,	0,	1,	1,	0,	2,	1,	0,	0,	0,	0,	0.
Baptiste Lafleur	0,	2,	2,	0,	0,	0,	0,	0,	1,	0,	0,	0.

Jacque Deshotel, Negro	0, 0, 0, 0, 0, 0, 0, 0, 0, 0, 1, 0.
Paul Le De	0, 0, 0, 1, 0, 0, 0, 0, 0, 0,10, 0.
Michel Janis	0, 0, 0, 1, 1, 0, 1, 3, 0, 1, 0, 1.
Jean B. Rougot	0, 1, 1, 2, 1, 2, 1, 1, 0, 1, 0, 0.
Joaquim Ortega	0, 2, 3, 0, 1, 0, 0, 0, 0, 1, 0,10.
Joseph Ortega	0, 0, 0, 1, 0, 0, 0, 1, 0, 0, 0, 0.
Jean Ortega	2, 0, 0, 1, 0, 1, 0, 0, 1, 0, 0, 0.
Joseph Oger	0, 0, 1, 1, 0, 3, 0, 1, 0, 0, 0, 0.
Jos. Laroze Fontenot	1, 1, 3, 1, 1, 0, 1, 1, 0, 1, 0,21.
Philip L. Fontenot	2, 0, 0, 1, 0, 2, 0, 1, 0, 0, 0, 0.
Adam Tate	2, 1, 0, 1, 0, 0, 0, 0, 1, 0, 0, 3.
Francois Pitre fils	3, 0, 0, 1, 0, 2, 4, 0, 1, 0, 0, 3.
Charles Pitre	2, 0, 0, 1, 0, 0, 0, 1, 0, 0, 0, 0.
Philip J. L. Fontenot	3, 3, 2, 0, 1, 1, 0, 1, 0, 1, 0, 6.
John W. Laughlin	0, 0, 0, 1, 0, 0, 0, 0, 1, 0, 0, 0.
Polly Brunnen	0, 2, 0, 1, 0, 3, 0, 0, 0, 0, 0, 0.
John Litle	2, 1, 0, 1, 0, 0, 0, 0, 1, 0, 0, 0.
William Janis	1, 0, 0, 1, 0, 1, 0, 0, 1, 0, 0, 0.
John Prince	0, 0, 0, 0, 1, 0, 0, 1, 0, 0, 0, 0.
Nicolas Bordelon	3, 2, 0, 1, 1, 2, 0, 1, 1, 0, 0, 2.
Pierre B. Vedrine	3, 1, 3, 0, 1, 2, 1, 1, 1, 1, 0, 1.
Baptiste Felix	3, 0, 1, 1, 1, 2, 1, 0, 0, 1, 0, 0.
Godfroi Soleau	2, 0, 0, 1, 0, 0, 0, 0, 1, 0, 0, 3.
Jeanne Moliere	0, 0, 0, 0, 1, 0, 0, 0, 0, 0, 1, 0.
Jean B. Soleau	0, 0, 0, 0, 1, 0, 0, 0, 0, 0, 0, 2.
Henri B. Fontenot	2, 0, 0, 1, 0, 2, 2, 0, 1, 0, 0, 0.
Etienne Vidrine	4, 2, 0, 1, 0, 0, 0, 0, 1, 0, 0, 0.
Charles B. Fontenot	1, 2, 1, 1, 0, 2, 1, 1, 1, 0, 0, 1.
John McDaniel Sen.	2, 0, 1, 0, 2, 2, 3, 0, 1, 0, 0, 0.
Alexis Janis	0, 0, 0, 1, 0, 0, 0, 1, 0, 0, 0, 0.
Veuve Prie	0, 0, 2, 0, 0, 0, 0, 0, 1, 0, 0, 1.
Louis Fontenot Senr.	0, 0, 0, 0, 1, 0, 1, 0, 0, 1, 0,40.
Madam Carron	1, 1, 0, 0, 1, 0, 3, 0, 0, 1, 0, 6.
Francois Brant	0, 0, 0, 0, 1, 0, 0, 0, 0, 0, 1, 0.
Denis Leberge	0, 2, 1, 0, 1, 3, 0, 0, 1, 0, 0, 0.
Francois Cave	0, 0, 0, 1, 0, 0, 0, 0, 0, 0, 0, 0.
Joseph Silvestre	1, 1, 2, 1, 1, 0, 0, 0, 1, 0, 0, 0.
Pierre M. Doucet	1, 1, 0, 1, 1, 0, 0, 1, 0, 1, 0, 4.
Augustine Doucet	1, 0, 0, 1, 0, 2, 0, 1, 0, 0, 0, 0.
Henri Fontenot	0, 1, 2, 0, 1, 0, 1, 1, 0, 1, 0, 2.
Pierre B. Fontenot Jun.	1, 0, 0, 1, 0, 0, 0, 1, 0, 0, 0, 0.
Pierre B. Fontenot	1, 0, 0, 1, 1, 0, 0, 1, 0, 1, 0, 7.
Jacque Baptiste	0, 0, 0, 0, 0, 0, 0, 0, 0, 0, 8, 0.
Augustin Berjac	4, 0, 0, 1, 0, 0, 0, 0, 1, 0, 0, 0.
Pierre B. Fontenot	1, 2, 0, 1, 0, 3, 1, 0, 1, 0, 0, 0.
Jean B. Lafleur	0, 1, 0, 1, 1, 3, 1, 0, 1, 0, 0, 6.
Pierre B. Fontenot	1, 2, 0, 1, 0, 3, 1, 0, 1, 0, 0, 7.
Louis H. Fontenot	0, 0, 1, 0, 0, 0, 0, 0, 1, 0, 0, 0.
Nicolas Deshautles	0, 2, 1, 0, 1, 0, 0, 1, 0, 0, 0, 2.
Maxn. Deshautels	1, 0, 0, 2, 0, 2, 0, 1, 0, 0, 0, 0.
Alexandre Fontenot	3, 1, 0, 1, 0, 1, 1, 0, 1, 0, 0, 6.

Etienne Doyer	3,	0,	0,	1,	1,	1,	1,	0,	1,	0,	0,	0.
Jacques Lafleur	0,	0,	1,	0,	1,	0,	0,	0,	0,	0,	2,	4.
Rene Bouvet	0,	0,	0,	0,	1,	0,	1,	0,	1,	1,	0,	0.
Etiene Ardoin	0,	2,	0,	1,	0,	1,	1,	0,	0,	0,	0,	0.
Romain Lafosse	0,	0,	0,	1,	0,	2,	0,	1,	0,	0,	0,	0.
Jean Jacque Rousseau	0,	0,	1,	1,	1,	0,	1,	1,	0,	0,	0,	0.
Joseph Lamerande	0,	0,	0,	0,	1,	0,	0,	1,	0,	1,	0,	0.
Widow Jacob Bobin	0,	0,	0,	1,	0,	1,	1,	1,	1,	0,	0,	1.
Francois Ardoin	4,	0,	0,	1,	0,	0,	2,	1,	1,	0,	0,	1.
Jean Louis Fontenot	0,	0,	0,	0,	1,	0,	0,	0,	0,	1,	0,	6.
Nicholas Simon	0,	0,	0,	0,	0,	0,	0,	0,	0,	0,	5,	7.
Emanuel Meunier	2,	1,	0,	1,	0,	1,	1,	0,	1,	0,	0,	2.
Michel Papillion	0,	0,	0,	2,	0,	0,	0,	0,	0,	0,	5,	0.
Louis Guilliory	2,	2,	1,	1,	0,	0,	1,	0,	1,	0,	0,10.
Baptiste P. Guilliory	1,	0,	0,	1,	0,	1,	0,	1,	0,	0,	0,	0.
Veuve Pierre Guilliory	0,	1,	1,	0,	0,	0,	2,	0,	1,	0,	0,	0.
Simon Fontenot	2,	2,	2,	0,	1,	3,	0,	2,	1,	0,	0,	1.
Augusn. Guilliory	0,	0,	1,	1,	0,	0,	2,	1,	0,	0,	0,	0.
Augustin Fontenot	0,	0,	0,	0,	2,	0,	0,	0,	0,	1,10,19.
Garique Flojac	1,	0,	1,	1,	0,	2,	0,	1,	0,	0,	0,10.
Francois Lafontaine	1,	0,	0,	1,	0,	0,	0,	1,	0,	0,	0,	0.
Etienne Lamorandier Jn.	0,	1,	0,	1,	1,	0,	0,	0,	1,	0,	0,14.
Corneluis Voorhies	2,	0,	0,	2,	0,	2,	0,	1,	0,	0,	0,	4.
Veuve Gradinego	0,	0,	0,	1,	0,	0,	0,	0,	1,	1,	1,12.
Andre Marks	1,	0,	0,	0,	1,	2,	1,	0,	1,	0,	0,	0.
Andre Mayer	3,	0,	2,	1,	1,	0,	2,	0,	1,	0,	0,13.
Jean B. Mayer	3,	0,	0,	1,	0,	1,	0,	0,	1,	0,	0,	0.
Alexis Mayer	0,	0,	0,	1,	0,	2,	0,	1,	0,	1,	0,	3.
Baptiste Lalande	1,	0,	0,	2,	1,	0,	0,	1,	0,	1,	0,	5.
Louis Roguignez	2,	0,	1,	0,	0,	0,	0,	1,	0,	1,	0,12.
William Turner	1,	1,	1,	3,	0,	0,	0,	1,	0,	0,	0,	0.
Michel Puga	0,	0,	0,	1,	0,	0,	0,	0,	1,	0,	0,	3.
Jacques Stelly	1,	0,	0,	1,	0,	1,	0,	1,	0,	0,	0,	0.
Jacque Mullin	0,	1,	1,	0,	0,	1,	0,	1,	0,	1,	0,	0.
Andre Neraut	0,	1,	0,	1,	0,	3,	3,	0,	1,	0,	0,14.
George Mayer	0,	0,	1,	0,	0,	0,	0,	1,	0,	0,	0,	2.
Louis Jos. Robin	1,	1,	1,	0,	0,	0,	0,	1,	0,	0,	0,10.
Alex. Lenalo	2,	0,	0,	1,	1,	0,	0,	1,	0,	0,	0,	1.
Jean B. Neraut	2,	2,	0,	1,	0,	2,	1,	0,	1,	0,	0,	2.
Augustn. Gradinige	0,	0,	0,	1,	0,	3,	1,	0,	1,	0,	0,	5.
William Laland	0,	2,	3,	0,	1,	1,	1,	0,	1,	0,	0,	1.
Paul Ferrie	2,	1,	1,	0,	1,	0,	1,	1,	0,	1,	0,	0.
William Johnson	1,	1,	0,	1,	2,	4,	0,	0,	1,	0,	0,	4.
Notery Young	0,	0,	1,	0,	0,	0,	0,	0,	0,	0,	0,10.
Veuve Luke Collins	1,	0,	3,	0,	0,	2,	3,	0,	0,	1,	0,	4.
Isadore Hollier	1,	0,	0,	2,	0,	3,	0,	1,	0,	1,	0,11.
Furey Hollier	2,	1,	0,	1,	0,	0,	0,	1,	0,	0,	0,	1.
Dan Zerangue	2,	0,	0,	1,	0,	1,	0,	0,	1,	0,	0,	3.
Antoine Nazette	1,	0,	3,	0,	1,	1,	1,	1,	1,	0,	0,	6.
Charles Barre	0,	0,	1,	1,	1,	0,	0,	1,	1,	1,	1,11.
Lilas Fletcher	0,	0,	0,	0,	1,	0,	2,	1,	1,	0,	0,	0.

harles Moore	0,	0,	0,	3,	0,	0,	0,	0,	0,	0,	0,	0.
lexandre Nazat	2,	0,	0,	1,	0,	1,	0,	1,	0,	0,	0,	6.
alerie Roy	2,	0,	0,	1,	0,	2,	0,	0,	1,	0,	0,	9.
oseph Roy	0,	1,	0,	1,	1,	3,	2,	0,	1,	0,	0,	3.
homas Bowers	2,	1,	0,	0,	1,	2,	0,	0,	1,	0,	0,	0.
tienne Lamorandier	0,	0,	0,	0,	1,	0,	0,	0,	0,	0,	1,	6.
ouis Turiac	2,	0,	0,	1,	0,	3,	0,	0,	1,	0,	1,	10.
obert Taylor	2,	4,	1,	1,	0,	1,	0,	1,	1,	0,	0,	16.
euve An. Lanclow	0,	0,	1,	1,	0,	1,	1,	0,	0,	1,	0,	6.
aptiste Tiseno	0,	0,	0,	0,	0,	0,	0,	0,	0,	0,	4,	0.
ancy Galimeu	0,	0,	0,	0,	0,	0,	0,	0,	0,	0,	6,	0.
ntoine Chenur	0,	0,	1,	0,	1,	0,	0,	0,	0,	0,	1,	12.
idean Fitz	1,	0,	0,	2,	0,	0,	0,	0,	1,	0,	0,	6.
lement Hollier	1,	0,	0,	1,	0,	0,	0,	1,	0,	0,	0,	1.
hevallier Viller	0,	1,	1,	2,	1,	1,	0,	0,	0,	1,	0,	14.
illiam Brent	0,	0,	1,	0,	0,	0,	0,	1,	0,	0,	0,	0.
illiam More	0,	1,	0,	1,	1,	2,	0,	1,	0,	0,	0,	2.
ajor Adeir	1,	1,	0,	2,	0,	2,	0,	0,	1,	0,	0,	0.
eth Hanchet	0,	0,	0,	0,	1,	0,	0,	0,	1,	0,	0,	0.
dmund Johnson	2,	0,	3,	1,	3,	0,	2,	1,	1,	0,	0,	4.
ohn Thompson	1,	0,	1,	1,	0,	0,	0,	1,	0,	0,	0,	6.
onore Delachaise	0,	1,	0,	0,	1,	0,	0,	1,	1,	0,	0,	5.
emisse Bossin	1,	0,	0,	4,	1,	1,	1,	0,	0,	1,	0,	5.
ouis Gilbert	0,	0,	0,	3,	0,	0,	0,	1,	0,	0,	0,	1.
ouis Buhot	0,	0,	0,	1,	0,	0,	0,	0,	0,	0,	0,	10.
homas Hofpower	0,	0,	1,	2,	1,	0,	0,	0,	0,	1,	0,	0.
ves Davy	1,	0,	0,	1,	0,	0,	0,	0,	1,	0,	1,	1.
idow Lacomb	2,	2,	2,	2,	0,	1,	0,	0,	1,	0,	0,	0.
amuel Laughlin	0,	0,	2,	2,	1,	0,	0,	0,	1,	0,	0,	0.
idow Donegan	0,	1,	1,	0,	1,	0,	0,	0,	1,	0,	0,	0.
ohn Thompson	1,	1,	1,	0,	0,	0,	0,	0,	1,	0,	0,	0.
esar Hanchet	0,	1,	0,	2,	0,	0,	0,	0,	0,	0,	0,	1.
ohn Akers	0,	2,	0,	1,	0,	0,	0,	1,	0,	0,	0,	0.
ennis McDaniel	2,	0,	0,	1,	0,	1,	1,	1,	0,	0,	0,	0.
idean Johnson	0,	0,	0,	0,	0,	0,	0,	0,	0,	0,	3,	0.
etty Johnson	0,	0,	0,	0,	0,	0,	0,	0,	0,	0,	4,	0.
idow Bundick	0,	0,	2,	0,	0,	0,	1,	0,	0,	1,	0,	1.
ohn Hay	3,	1,	0,	0,	1,	2,	0,	2,	1,	0,	0,	0.
oseph Willis	0,	0,	0,	0,	0,	0,	0,	0,	0,	0,	13,	7.
ohn Johnson	0,	0,	0,	0,	0,	0,	0,	0,	0,	0,	5,	1.
ns. Thomas	2,	0,	0,	0,	0,	2,	1,	0,	1,	0,	0,	0.
phraim Sweat	0,	0,	0,	0,	0,	0,	0,	0,	0,	0,	7,	0.
ohn Beasley	2,	0,	0,	1,	0,	1,	0,	0,	1,	0,	0,	0.
saac Perkins	0,	0,	0,	0,	0,	0,	0,	0,	0,	0,	11,	0.
ohn K. Walker	2,	1,	0,	1,	0,	1,	1,	0,	0,	0,	0,	0.
ilbert Sweat	0,	0,	0,	0,	0,	0,	0,	0,	0,	0,	3,	1.
saac Carpenter	2,	1,	0,	1,	0,	0,	0,	0,	1,	0,	0,	0.
ictorian	0,	0,	0,	0,	0,	0,	0,	0,	0,	0,	7,	0.
erre Syduck	2,	1,	0,	2,	0,	1,	0,	0,	1,	0,	0,	0.
illiam Dalton	2,	1,	1,	0,	1,	1,	1,	0,	1,	0,	0,	0.
ohn Bass	0,	0,	0,	0,	0,	0,	0,	0,	0,	0,	8,	0.

William Cotton	3,	1,	0,	1,	0,	2,	2,	1,	1,	1,	0,	0.
Betty Ash	0,	0,	0,	0,	0,	0,	0,	0,	0,	0,	4,	0.
Geo. Cunningham	0,	1,	0,	1,	0,	0,	0,	1,	1,	0,	0,	0.
Sarah Johnson	0,	0,	0,	0,	0,	0,	0,	0,	0,	0,	2,	0.
Andrew Nicholes	0,	0,	1,	0,	0,	0,	0,	1,	0,	0,	0,	0.
Francois Gallien	1,	2,	0,	1,	0,	2,	0,	0,	1,	0,	0,	0.
Andrew Row	2,	1,	1,	0,	0,	2,	1,	1,	0,	0,	0,	0.
Andrew Weaver	0,	0,	0,	1,	0,	1,	0,	0,	0,	0,	0,	0.
Mrs. Birch	0,	1,	0,	0,	0,	0,	1,	0,	1,	0,	0,	0.
William Cuisson	0,	0,	0,	2,	0,	1,	0,	1,	0,	0,	0,	0.
James Campbell	2,	2,	0,	1,	0,	1,	0,	0,	1,	0,	0,	0.
John Carkin	2,	0,	0,	1,	0,	1,	0,	1,	0,	0,	0,	0.
Clark Barton	3,	0,	0,	1,	0,	0,	0,	1,	0,	0,	0,	1.
Patrick McCauley	1,	1,	0,	1,	0,	1,	0,	0,	0,	0,	0,	0.
Francois Fontenot	0,	1,	0,	1,	0,	2,	2,	0,	1,	0,	0,	1.
Louis Blenpin	1,	0,	0,	1,	0,	1,	0,	1,	0,	0,	0,	0.
Miguel Hernandes	0,	1,	0,	0,	1,	0,	0,	1,	0,	0,	0,	2.
Francois Brignau	2,	1,	0,	1,	0,	2,	2,	0,	1,	0,	0,	0.
Joseph Buller	2,	0,	0,	1,	0,	0,	0,	1,	0,	1,	1,	0.
Simon B. Fontenot	3,	0,	1,	0,	1,	1,	2,	0,	1,	0,	0,	0.
Joseph Sorcier	1,	0,	0,	1,	0,	3,	0,	0,	1,	0,	0,	0.
Paul Fontenot	2,	0,	0,	1,	0,	1,	1,	0,	1,	0,	0,	0.
Jose Joaquin	1,	2,	1,	1,	0,	0,	0,	0,	0,	1,	0,	0.
August Fontenot	2,	0,	0,	1,	0,	1,	0,	1,	0,	0,	0,	0.
Jaque Fontenot	1,	1,	3,	1,	1,	0,	2,	2,	0,	0,	0,	0.
Joseph Ducet	0,	0,	0,	1,	1,	0,	0,	0,	0,	0,	0,	2.
Jean Joubert	2,	1,	0,	1,	0,	0,	1,	0,	1,	0,	0,	0.
Ursin Manuel	1,	1,	1,	0,	0,	1,	0,	1,	0,	0,	0,	0.
Jean B. Demarist	0,	1,	1,	0,	1,	0,	0,	0,	1,	0,	0,	0.
Maturin Aucoin	0,	2,	0,	1,	0,	1,	1,	0,	1,	0,	0,	0.
Etienne Fauret	0,	1,	0,	1,	1,	0,	0,	0,	1,	0,	0,	0.
Louis Johnson	0,	0,	0,	1,	0,	0,	0,	1,	0,	0,	0,	0.
John Chapman	1,	2,	0,	1,	0,	2,	1,	0,	1,	0,	0,	0.
Louis Deville	1,	0,	0,	1,	0,	5,	0,	0,	1,	0,	0,	0.
Louis Belair Fontenot	1,	1,	0,	1,	0,	1,	1,	0,	1,	0,	0,	8.
Jean Johnson	1,	0,	1,	1,	1,	0,	1,	0,	0,	1,	0,	3.
Augustin Johnson	0,	0,	1,	0,	0,	0,	0,	1,	0,	0,	0,	0.
Henry Rider	3,	0,	0,	1,	0,	2,	0,	0,	1,	0,	0,	0.
Jacque B. Fontenot	2,	1,	2,	0,	1,	3,	2,	1,	1,	0,	0,	3.
Louis Fusilier	1,	0,	1,	0,	0,	0,	0,	1,	0,	1,	0,	1.
Charles Lacasse Sen.	0,	1,	0,	0,	1,	1,	0,	2,	0,	0,	0,	1.
Philip Lacass	4,	1,	0,	0,	1,	1,	2,	0,	1,	0,	0,	2.
Jacque Charlot	0,	0,	0,	0,	0,	0,	0,	0,	0,	0,	0,	2.
Pierre Auguste	0,	0,	0,	0,	0,	0,	0,	0,	0,	0,	5,	0.
Jean P. Doucet	2,	0,	0,	1,	0,	2,	0,	0,	1,	0,	0,	1.
Michel Lavergne	0,	0,	0,	0,	1,	0,	0,	0,	0,	0,	0,	5.
Jean Lacasse	4,	0,	0,	1,	0,	3,	1,	0,	1,	0,	0,	0.
Augustin Boudreau	0,	2,	1,	1,	1,	0,	1,	0,	1,	0,	0,	0.
Josa Maria Garsia	0,	0,	0,	2,	1,	1,	0,	1,	0,	0,	0,	0.
Louis Godeau	2,	0,	1,	1,	0,	0,	0,	0,	1,	0,	0,	0.

Veuve J.B. Dearbornne	3,	0,	0,	0,	0,	0,	1,	0,	0,	1,	0,	2.
Pierre Carriere	0,	1,	3,	0,	1,	1,	0,	4,	0,	1,	0,	1.
Baptiste Debroquor	0,	0,	0,	0,	0,	0,	0,	0,	0,	0,	2,	0.
Jean Ortolon	2,	0,	0,	1,	0,	1,	0,	2,	1,	0,	0,	0.
Sylvain Saunier	4,	1,	2,	1,	0,	1,	2,	0,	1,	0,	0,	4.
Valerie Donatto	0,	0,	0,	1,	0,	1,	0,	1,	0,	0,	0,	0.
Jean A. Matteo	0,	0,	0,	0,	0,	0,	0,	0,	0,	0,	8,	0.
Eustache Moreau	2,	1,	0,	0,	1,	2,	0,	0,	1,	0,	0,	0.
Joseph Moreau	0,	1,	0,	2,	0,	0,	0,	0,	1,	0,	1,	0.
Jean B. Guilliory	0,	0,	0,	0,	0,	0,	0,	0,	0,	0,	11,	3.
Francois Derozeau	1,	0,	1,	1,	0,	0,	0,	1,	0,	0,	0,	2.
William Link	0,	0,	2,	0,	0,	1,	0,	1,	0,	0,	0,	1.
Francois C. Villier	0,	1,	0,	1,	1,	4,	0,	0,	1,	0,	0,	7.
Michel Prudhome Jr.	3,	1,	0,	1,	0,	2,	0,	0,	1,	0,	0,	5.
Jesse Yocam	2,	1,	1,	1,	1,	4,	1,	0,	1,	0,	0,	11.
Philip P. Dever	1,	0,	1,	0,	0,	1,	0,	0,	1,	0,	0,	0.
George Bourck	1,	1,	0,	0,	1,	3,	0,	0,	1,	0,	0,	0.
Jacob Bihm	1,	0,	0,	1,	0,	0,	0,	1,	0,	0,	0,	1.
Joseph Guilliory	0,	0,	0,	0,	0,	0,	0,	0,	0,	0,	6,	0.
Joacinth Hibert	1,	1,	1,	1,	0,	1,	0,	0,	0,	1,	1,	0.
Veuve Berjeot	0,	0,	2,	0,	0,	0,	0,	0,	1,	0,	0,	0.
Arnault Ramard	0,	0,	0,	0,	1,	0,	0,	0,	0,	0,	5,	4.
Pierre Fruge	1,	2,	2,	0,	1,	2,	1,	0,	1,	0,	0,	0.
Francois Marcantel	2,	1,	1,	0,	0,	0,	0,	2,	0,	0,	0,	0.
Augustine Fruge	3,	0,	0,	1,	0,	0,	0,	1,	0,	0,	0,	0.
Antoine Lacasse	1,	0,	0,	1,	0,	0,	0,	1,	0,	0,	0,	0.
Charles Lacasse	1,	0,	0,	1,	0,	0,	0,	0,	1,	1,	0,	0.
Amable Boileum	1,	0,	0,	1,	0,	0,	0,	0,	1,	0,	0,	0.
Widow Laplante	1,	0,	0,	0,	0,	2,	0,	0,	1,	0,	0,	0.
Francois Milham	2,	1,	0,	1,	0,	3,	1,	0,	1,	0,	0,	0.
John Miller	3,	1,	0,	1,	0,	2,	1,	0,	1,	0,	0,	0.
Joel Roy	3,	0,	0,	1,	0,	1,	0,	0,	1,	0,	1,	1.
Michel Carriere	1,	2,	1,	0,	1,	0,	0,	1,	0,	1,	0,	6.
Osiere Lejeune	3,	0,	0,	1,	0,	0,	0,	1,	0,	0,	0,	0.
Francois Fruge	0,	0,	0,	0,	1,	0,	0,	0,	1,	0,	0,	0.
William Moore	2,	0,	0,	1,	0,	0,	0,	1,	0,	0,	0,	0.
Frederick Miller	3,	1,	1,	1,	0,	2,	1,	0,	1,	0,	0,	0.
Jacob Boben	2,	0,	0,	1,	0,	0,	0,	1,	0,	0,	0,	0.
Pierre Courville	1,	0,	0,	0,	1,	2,	0,	1,	0,	0,	0,	0.
Baptiste Young	2,	0,	0,	1,	0,	0,	0,	1,	0,	0,	0,	3.
John Rider	1,	0,	0,	2,	0,	2,	0,	0,	1,	0,	0,	0.
Paul Ledau	0,	0,	1,	0,	0,	0,	0,	1,	0,	0,	0,	0.
Joseph Hebert	3,	0,	0,	1,	0,	2,	0,	0,	1,	0,	0,	0.
Ben Kid	0,	0,	0,	0,	1,	0,	0,	0,	0,	1,	0,	0.
Jean Fruge	1,	0,	0,	1,	1,	1,	2,	0,	0,	0,	0,	0.
William Hay	1,	0,	0,	1,	0,	1,	0,	0,	1,	0,	0,	0.
Jos. Olavier Morris	1,	0,	0,	1,	0,	1,	0,	1,	0,	0,	0,	0.
Joseph Young Sen.	0,	1,	1,	0,	1,	2,	1,	0,	1,	0,	0,	8.
Benjamin Andrus	0,	0,	0,	0,	1,	0,	0,	0,	0,	0,	0,	0.
Peter Obannor	3,	2,	0,	0,	1,	1,	1,	0,	1,	0,	0,	0.
Levin Wailes	0,	2,	0,	1,	0,	4,	0,	0,	1,	0,	0,	0.

```
John Price             0, 0, 0, 1, 0, 1, 0, 1, 0, 0, 0, 0
Joseph McClusky        0, 0, 0, 2, 0, 0, 0, 0, 0, 0, 0, 0
John Jackson           0, 1, 0, 1, 0, 0, 0, 0, 1, 0, 0, 0
Thomas Dysan           3, 1, 1, 0, 1, 0, 0, 0, 1, 0, 0, 0
William Gardner        0, 0, 0, 3, 0, 0, 1, 0, 1, 0, 0, 0
William Gilchrist      1, 1, 0, 0, 1, 0, 0, 0, 0, 1, 0, 1
Veuve Susan Hyman      1, 0, 0, 0, 0, 1, 1, 1, 0, 0, 0, 0
Bazil Lenciun          1, 1, 0, 0, 1, 0, 0, 0, 1, 0, 0, 0
Jacob Ville            0, 2, 1, 0, 0, 0, 0, 1, 0, 0, 0, 5
Ephraim Forman         0, 1, 1, 0, 1, 0, 1, 0, 1, 0, 0, 0
Francis Hofpower       2, 0, 0, 1, 0, 0, 0, 1, 0, 0, 0, 0
Detrefs Andrus         2, 0, 0, 1, 0, 0, 0, 1, 0, 0, 0, 0
Francois Savoy         3, 1, 0, 1, 0, 1, 2, 0, 1, 0, 0, 0
Thomas Hayes           1, 0, 1, 0, 0, 1, 0, 1, 0, 0, 0, 5
Gabriel Lyons          2, 0, 1, 0, 0, 1, 0, 1, 0, 0, 0, 2
John Lyons             0, 2, 0, 0, 1, 0, 0, 0, 1, 0, 1, 4
Benager Spell          3, 0, 0, 1, 0, 1, 0, 1, 0, 0, 0, 0
Reuben Barrow          4, 2, 2, 0, 0, 2, 2, 2, 1, 0, 0, 0
Vincent Barrow         0, 0, 1, 0, 0, 0, 1, 0, 0, 0, 0, 0
Jos. Hernandes         0, 0, 0, 0, 0, 0, 0, 0, 0, 0, 3, 0
John Abshire           3, 0, 1, 0, 1, 0, 0, 1, 0, 1, 0, 0
Benjamin Abshire       0, 0, 1, 0, 0, 0, 0, 1, 0, 0, 0, 0
John Boyer             0, 0, 1, 0, 0, 1, 0, 1, 0, 0, 0, 0
Francois Robin         0, 1, 0, 1, 1, 0, 0, 0, 0, 1, 0,36
Jean H. Robin          1, 0, 1, 0, 0, 0, 0, 1, 0, 0, 0, 3
William Rogers         2, 0, 0, 1, 0, 1, 0, 2, 0, 0, 0, 6
George King            1, 0, 1, 1, 1, 2, 1, 0, 1, 0, 0,14

        Total          577  257  279  378  205  462  224  265  245  97  389  1,670
```

Total amount - 5,048
(singed) Geo King

Report of manufactories and manufactures

Taneries	2	1,000 hides $8,
Distileries	none	
Breweries	none	
Sugar Refeneries	none	
Paper mills	none	
Oil mills	none	
Snuff mills	none	
Chocolate mills	none	
Gun powder mills	none	
Glass works mills	none	
Fulling ? works mills	none	
Carding machines	none	
Spinning mills	none	
Rape ? works	none	

Iron works	none		
Cotton cloth		22,500 ells	$22,500
Stockings	none		
Indigo	none		
Tobacco	none		
Saw mills	none		
Cabinet work	none		
Carriages	none		
Harness	none		
Saddles & bridles	none		
Shoes & booths	3		1,000
Hatter	4	1,440 hats	7,000
Lacks	none		
Hinges	none		
Wraugh nails	none		
Soap	none		
Salt pitre	none		
Candles	(for family use only)		
Wax	do.		
Mattresses	do.		

Dec. 20th, 1810
(signed) George King

1820 Census
St. Landry Parish, Louisiana

The number of persons within my division, consisting of ten
thousand and eighty five souls, appears in a schedule hereto
annexed, subscribed this 26th day of July in the year one
thousand eight hundred and twenty one.

Sam Hamilton, Assistant to the Marshal of Louisiana

```
rsin LeBlue                    2, 0, 0, 0, 1, 0, 1, 0, 0, 1, 0, 0, 4,
      0, 0, 1, 2, 1, 0, 0, 0, 1, 0, 0, 0, 0, 0, 0, 0, 0, 0,10.
artin LeBlue                   1, 0, 0, 1, 1, 0, 3, 0, 0, 1, 0, 0, 3,
      0, 0, 1, 0, 0, 0, 1, 1, 0, 0, 0, 0, 0, 0, 0, 0, 0, 0,10.
ose Marie Cortez               1, 0, 0, 0, 0, 1, 1, 0, 0, 0, 1, 0, 1,
      0, 0, 0, 0, 0, 0, 0, 0, 0, 0, 0, 0, 0, 0, 0, 0, 0, 0, 4.
lenor Lafosse                  0, 0, 1, 3, 0, 0, 3, 1, 0, 0, 1, 0, 3,
      0, 0, 0, 0, 0, 0, 0, 0, 0, 0, 0, 0, 0, 0, 0, 0, 0, 0, 8.
ntoine Courville               1, 0, 0, 0, 1, 0, 0, 0, 0, 1, 0, 1, 2,
      0, 0, 0, 0, 0, 0, 0, 1, 0, 0, 0, 0, 0, 0, 0, 0, 0, 0, 4.
ean Courville                  2, 1, 1, 2, 0, 0, 0, 1, 0, 0, 1, 1, 3,
      0, 0, 0, 0, 0, 0, 0, 0, 0, 0, 0, 0, 0, 0, 0, 0, 0, 0, 7.
ean Bte. Felix                 0, 2, 0, 0, 1, 0, 0, 0, 0, 1, 1, 3,
      0, 0, 0, 0, 0, 0, 0, 0, 0, 0, 0, 0, 0, 0, 0, 0, 0, 0, 4.
aul Augustin                   0, 0, 0, 1, 1, 0, 2, 0, 1, 0, 1, 0, 2,
      0, 0, 0, 0, 0, 0, 0, 0, 0, 0, 0, 0, 0, 0, 0, 0, 0, 0, 6.
ntoine Deshotelle              0, 0, 0, 1, 0, 2, 0, 1, 0, 0, 0, 1,
      0, 0, 0, 0, 0, 0, 0, 0, 0, 0, 0, 0, 0, 0, 0, 0, 0, 0, 4.
oseph Dois                     0, 0, 0, 1, 0, 0, 0, 1, 0, 0, 1, 1,
      0, 0, 0, 0, 0, 0, 0, 0, 0, 0, 0, 0, 0, 0, 0, 0, 0, 0, 2.
harles Sallier                 1, 1, 1, 2, 0, 1, 3, 1, 0, 1, 0, 0, 5,
      0, 0, 0, 2, 0, 0, 3, 1, 0, 0, 0, 0, 0, 0, 0, 0, 0, 0,16.
oseph Rayon                    0, 0, 0, 1, 0, 0, 0, 1, 0, 0, 0, 1,
      0, 0, 0, 0, 0, 0, 0, 0, 0, 0, 0, 0, 0, 0, 0, 0, 0, 0, 2.
oseph Coranat                  1, 0, 0, 0, 0, 1, 1, 0, 0, 0, 1, 0, 1,
      0, 0, 0, 0, 0, 0, 0, 0, 0, 0, 0, 0, 0, 0, 0, 0, 0, 0, 4.
homas Berwick                  0, 0, 0, 1, 0, 1, 0, 0, 0, 1, 0, 0, 2,
      0, 0, 0, 0, 0, 0, 0, 0, 0, 0, 0, 0, 0, 0, 0, 0, 0, 0, 3.
eorge Orsis (Orr?)             1, 0, 0, 2, 1, 1, 0, 0, 1, 0, 0, 0, 3,
      1, 0, 0, 0, 0, 0, 0, 0, 0, 0, 0, 0, 0, 0, 0, 0, 0, 0, 6.
acob Hampshire                 1, 1, 0, 0, 0, 1, 0, 2, 0, 1, 0, 0, 2,
      0, 0, 0, 0, 0, 0, 0, 0, 0, 0, 0, 0, 0, 0, 0, 0, 0, 0, 6.
enjn. Felix                    0, 0, 0, 1, 2, 0, 0, 0, 0, 0, 0, 0, 3,
      0, 0, 0, 0, 0, 0, 0, 0, 0, 0, 0, 0, 0, 0, 0, 0, 0, 0, 3.
enrv Bosler                    0, 0, 0, 1, 1, 1, 0, 0, 0, 0, 0, 0, 3,
      0, 0, 0, 0, 0, 0, 0, 0, 0, 0, 0, 0, 0, 0, 0, 0, 0, 0, 3.
hilip P. Devers                2, 0, 0, 0, 2, 0, 0, 1, 1, 0, 0, 0, 3,
      0, 0, 0, 0, 0, 1, 0, 0, 0, 0, 0, 0, 0, 0, 0, 0, 0, 0, 7.
avid Choate                    2, 1, 0, 1, 2, 1, 1, 0, 0, 1, 0, 0, 2,
      1, 0, 1, 0, 0, 0, 0, 0, 0, 0, 0, 0, 0, 0, 0, 0, 0, 0,11.
rchibald Smith                 2, 3, 1, 4, 0, 1, 1, 0, 2, 0, 1, 0,10,
      0, 1, 2, 1, 1, 0, 2, 0, 1, 0, 0, 0, 0, 0, 0, 0, 0, 0,21.
illiam Smith                   2, 0, 0, 1, 0, 0, 0, 0, 1, 0, 0, 0, 1,
      0, 0, 0, 0, 0, 0, 0, 0, 0, 0, 0, 0, 0, 0, 0, 0, 0, 0, 4.
aron Cherry                    2, 1, 0, 0, 0, 1, 2, 1, 0, 1, 0, 0, 2,
      0, 0, 0, 0, 0, 0, 0, 0, 0, 0, 0, 0, 0, 0, 0, 0, 0, 0, 8.
illiam Isles                   0, 0, 0, 1, 0, 1, 0, 1, 0, 0, 1, 0, 2,
      0, 0, 0, 0, 0, 0, 0, 0, 0, 0, 0, 0, 0, 0, 0, 0, 0, 0, 4.
ohn Carter                     2, 0, 0, 1, 1, 0, 0, 2, 0, 1, 0, 0, 2,
      0, 0, 0, 0, 0, 0, 0, 0, 0, 0, 0, 0, 0, 0, 0, 0, 0, 0, 7.
rchibald Thompson              0, 0, 0, 1, 0, 0, 2, 0, 1, 0, 0, 0, 1,
      0, 0, 0, 0, 0, 0, 0, 0, 0, 0, 0, 0, 0, 0, 0, 0, 0, 0, 4.
ames Scott                     1, 0, 0, 1, 1, 0, 2, 0, 1, 0, 0, 0, 1,
      0, 1, 0, 0, 0, 0, 0, 0, 0, 0, 0, 0, 0, 0, 0, 0, 0, 0, 6.
```

James Ashworth   0, 0, 0, 0, 0, 0, 0, 0, 0, 0, 0, 0, 2
0, 0, 0, 0, 0, 0, 0, 0, 0, 0, 2, 0, 1, 0, 2, 0, 1, 0, 0, 6

James Going   0, 0, 0, 0, 0, 0, 0, 0, 0, 0, 0, 0, 2
0, 0, 0, 0, 0, 0, 0, 0, 0, 0, 2, 0, 1, 1, 2, 0, 1, 0, 0, 7

Jesse ? Ashworth ?   0, 0, 0, 0, 0, 0, 0, 0, 0, 0, 0, 1, 1
0, 0, 0, 0, 0, 0, 0, 0, 0, 3, 0, 1, 0, 2, 1, 0, 0, 1, 0, 7

Cade Perkins   0, 0, 0, 0, 0, 0, 0, 0, 0, 0, 0, 0, 1
0, 0, 0, 0, 0, 1, 0, 0, 0, 0, 0, 1, 0, 1, 1, 0, 0, 0, 0, 3

Jordan Perkins   0, 0, 0, 0, 0, 0, 0, 0, 0, 0, 0, 0, 1
0, 0, 0, 0, 0, 0, 0, 0, 0, 2, 0, 1, 0, 2, 0, 1, 0, 0, 0, 6

Pierre Vincent   2, 0, 0, 1, 0, 0, 0, 0, 1, 0, 0, 0, 1
0, 0, 0, 0, 0, 0, 0, 0, 0, 0, 0, 0, 0, 0, 0, 0, 0, 0, 0, 4

Jacob Ryan   1, 1, 0, 1, 1, 1, 2, 4, 2, 1, 0, 0, 6
0, 0, 2, 0, 1, 0, 1, 0, 1, 0, 0, 0, 0, 0, 0, 0, 0, 0, 0, 19

Henry Moss   1, 0, 0, 3, 0, 0, 3, 0, 1, 0, 0, 0, 2
0, 1, 0, 0, 0, 0, 0, 0, 0, 0, 0, 0, 0, 0, 0, 0, 0, 0, 0, 8

Burrell Franks   2, 0, 0, 1, 1, 1, 0, 0, 1, 0, 0, 0, 3
0, 0, 0, 0, 0, 0, 0, 0, 0, 0, 0, 0, 0, 0, 0, 0, 0, 0, 0, 6

John Gilchrist   2, 0, 0, 1, 1, 0, 3, 0, 1, 0, 1, 0, 2
0, 0, 0, 0, 0, 0, 0, 0, 0, 0, 0, 0, 0, 0, 0, 0, 0, 0, 0, 9

John Henderson   1, 1, 0, 1, 0, 1, 2, 1, 1, 1, 0, 0, 7
0, 0, 2, 0, 0, 0, 1, 2, 0, 0, 0, 0, 0, 0, 0, 0, 0, 0, 0, 15

Michel Neile   2, 0, 0, 0, 1, 0, 1, 0, 1, 0, 0, 0, 2
0, 0, 0, 1, 0, 0, 0, 0, 0, 0, 0, 0, 0, 0, 0, 0, 0, 0, 0, 6

James McFadgen   1, 0, 1, 1, 1, 0, 0, 0, 1, 0, 0, 0, 2
0, 0, 0, 0, 0, 0, 0, 0, 0, 0, 0, 0, 0, 0, 0, 0, 0, 0, 0, 4

Claudius Ramarez   1, 0, 0, 1, 1, 1, 0, 1, 0, 1, 0, 0, 3
0, 0, 0, 0, 0, 0, 0, 0, 0, 0, 0, 0, 0, 0, 0, 0, 0, 0, 0, 6

Leander Fontenot   1, 0, 0, 2, 0, 0, 2, 0, 1, 0, 0, 0, 2
0, 0, 0, 0, 0, 0, 0, 0, 0, 0, 0, 0, 0, 0, 0, 0, 0, 0, 0, 6

Samuel Reed   1, 2, 1, 1, 1, 0, 3, 1, 0, 1, 0, 0, 5
0, 0, 1, 1, 0, 0, 0, 1, 0, 0, 0, 0, 0, 0, 0, 0, 0, 0, 0, 13

Jacques Esclavan   0, 0, 0, 0, 0, 0, 0, 0, 0, 0, 0, 0, 1
0, 0, 0, 0, 0, 0, 0, 2, 0, 1, 0, 0, 1, 0, 0, 0, 0, 0, 0, 4

Francois Gallien   1, 0, 0, 1, 1, 1, 0, 2, 0, 0, 1, 0, 2
0, 0, 0, 0, 0, 0, 0, 0, 0, 0, 0, 0, 0, 0, 0, 0, 0, 0, 0, 7

James Asworth Sen.   0, 0, 0, 0, 0, 0, 0, 0, 0, 0, 0, 0, 4
0, 0, 0, 0, 0, 0, 0, 0, 1, 3, 0, 1, 0, 0, 0, 0, 0, 1, 0, 6

James Carr   0, 0, 0, 0, 0, 0, 0, 0, 0, 0, 0, 0, 1
0, 0, 0, 0, 0, 0, 0, 0, 1, 0, 0, 0, 1, 0, 0, 0, 0, 0, 0, 2

George Perkins   0, 0, 0, 0, 0, 0, 0, 0, 0, 0, 0, 0, 1
0, 0, 0, 0, 0, 0, 0, 0, 2, 0, 1, 0, 2, 0, 1, 0, 0, 0, 0, 6

Eli Guilliory   2, 1, 0, 0, 1, 0, 2, 1, 0, 1, 0, 0, 2
0, 0, 0, 0, 0, 0, 0, 0, 0, 0, 0, 0, 0, 0, 0, 0, 0, 0, 0, 8

Hugh Nelson   0, 0, 0, 0, 0, 1, 0, 0, 0, 0, 0, 0, 1
0, 0, 0, 0, 0, 0, 0, 4, 0, 0, 0, 4, 0, 1, 0, 0, 0, 0, 0, 10

Patrick Wisby   0, 0, 0, 0, 0, 1, 0, 0, 0, 0, 0, 0, 1
0, 0, 0, 0, 0, 0, 0, 2, 1, 0, 0, 1, 2, 0, 1, 0, 0, 0, 0, 8

Jacob Hayes   0, 0, 0, 0, 0, 0, 1, 0, 0, 0, 0, 0, 1
0, 0, 0, 0, 0, 0, 1, 0, 0, 0, 0, 0, 1, 0, 0, 0, 0, 0, 0, 3

James Dunman   4, 1, 1, 1, 1, 1, 1, 0, 0, 1, 0, 0, 8
0, 0, 0, 2, 0, 0, 1, 0, 1, 0, 0, 0, 0, 0, 0, 0, 0, 0, 0, 14

```
Enoch Harris            1, 1, 0, 0, 1, 0, 2, 0, 1, 0, 0, 0, 2,
    0, 0, 0, 0, 0, 0, 0, 0, 0, 0, 0, 0, 0, 0, 0, 0, 0, 0, 6.
William Harris          3, 2, 0, 0, 1, 0, 1, 0, 0, 1, 0, 0, 3,
    0, 0, 0, 0, 0, 0, 0, 0, 0, 0, 0, 0, 0, 0, 0, 0, 0, 0, 8.
Simon Bellaire          0, 0, 0, 0, 0, 2, 0, 0, 0, 0, 0, 0,11,
    0, 0, 6, 1, 0, 0, 3, 2, 2, 0, 3, 0, 0, 2, 0, 1, 0, 0, 0,22.
Alexis Janise           3, 0, 0, 0, 1, 1, 1, 0, 0, 1, 0, 0, 2,
    0, 0, 0, 0, 0, 0, 0, 0, 0, 0, 0, 0, 0, 0, 0, 0, 0, 0, 7.
Joseph Ozier            3, 0, 0, 0, 0, 1, 2, 1, 0, 1, 0, 0, 1,
    0, 0, 0, 0, 0, 0, 0, 0, 0, 0, 0, 0, 0, 0, 0, 0, 0, 0, 8.
Pierre Lafosse          0, 0, 0, 0, 1, 0, 3, 0, 0, 1, 0, 0, 1,
    0, 0, 0, 0, 0, 0, 0, 0, 0, 0, 0, 0, 0, 0, 0, 0, 0, 0, 5.
Nathaniel West          2, 1, 1, 2, 1, 0, 3, 0, 1, 1, 0, 0, 8,
    0, 0, 2, 2, 0, 0, 1, 1, 1, 0, 0, 0, 0, 0, 0, 0, 0, 0,18.
Lewis Perkins           0, 0, 0, 0, 0, 0, 0, 0, 0, 0, 0, 0, 1,
    0, 0, 0, 0, 0, 0, 0, 0, 1, 0, 2, 1, 0, 0, 0, 0, 0, 0, 4.
Louis Fruger            1, 0, 0, 1, 0, 0, 1, 1, 1, 0, 0, 0, 1,
    0, 0, 0, 0, 0, 0, 0, 0, 0, 0, 0, 0, 0, 0, 0, 0, 0, 0, 5.
Mariana Langley         2, 2, 0, 1, 0, 0, 1, 1, 0, 0, 1, 0, 3,
    0, 0, 0, 0, 0, 0, 0, 0, 0, 0, 0, 0, 0, 0, 0, 0, 0, 0, 8.
John F. Miller          1, 0, 0, 0, 1, 0, 3, 0, 0, 1, 0, 0, 1,
    0, 0, 0, 0, 0, 0, 0, 0, 0, 0, 0, 0, 0, 0, 0, 0, 0, 0, 6.
Lewel Richey            3, 1, 0, 1, 1, 0, 2, 1, 0, 1, 1, 0, 3,
    0, 0, 0, 0, 0, 0, 0, 0, 0, 0, 0, 0, 0, 0, 0, 0, 0, 0,11.
Joseph Lejeune fils     5, 1, 0, 1, 1, 0, 1, 1, 0, 1, 0, 0, 3,
    1, 0, 0, 0, 0, 0, 0, 0, 0, 0, 0, 0, 0, 0, 0, 0, 0, 0,12.
Moses Johnson           3, 0, 1, 3, 2, 1, 4, 2, 2, 0, 0, 0, 5,
    0, 0, 0, 0, 0, 0, 0, 0, 0, 0, 0, 0, 0, 0, 0, 0, 0, 0,17.
William Carroll         2, 1, 1, 1, 2, 0, 1, 0, 0, 1, 0, 0, 3,
    0, 0, 0, 0, 0, 0, 0, 0, 0, 0, 0, 0, 0, 0, 0, 0, 0, 0, 8.
Daniel Kennedy          1, 1, 0, 0, 1, 0, 1, 0, 0, 1, 0, 0, 0,
    0, 0, 0, 0, 0, 0, 0, 0, 0, 0, 0, 0, 0, 0, 0, 0, 0, 0, 5.
Thomas Peters           2, 0, 0, 1, 0, 1, 1, 0, 0, 1, 0, 0, 1,
    0, 0, 0, 0, 0, 0; 0, 0, 0, 0, 0, 0, 0, 0, 0, 0, 0, 0, 6.
Edward Kenny            1, 0, 0, 1, 0, 0, 1, 0, 1, 0, 0, 0, 1,
    0, 0, 0, 0, 0, 0, 0, 0, 0, 0, 0, 0, 0, 0, 0, 0, 0, 0, 4.
Joseph Hebert           2, 0, 0, 1, 0, 0, 1, 0, 1, 0, 0, 0, 1,
    0, 0, 0, 0, 0, 0, 0, 0, 0, 0, 0, 0, 0, 0, 0, 0, 0, 0, 5.
Joseph N. Hebert        0, 0, 0, 1, 0, 0, 1, 0, 1, 0, 0, 0, 1,
    0, 0, 0, 0, 0, 0, 0, 0, 0, 0, 0, 0, 0, 0, 0, 0, 0, 0, 3.
Joachim Hebert          1, 0, 0, 1, 1, 0, 3, 0, 0, 1, 0, 0, 2,
    0, 1, 1, 0, 0, 0, 1, 0, 1, 0, 0, 0, 0, 0, 0, 0, 0, 0,10.
Francois F.L. Fontenot  0, 1, 1, 2, 0, 1, 2, 0, 0, 0, 1, 0, 4,
    0, 0, 0, 0, 0, 0, 0, 0, 0, 0, 0, 0, 0, 0, 0, 0, 0, 0, 7.
Francois Fontenot fils  1, 0, 0, 1, 0, 0, 1, 0, 1, 0, 0, 0, 1,
    0, 0, 0, 0, 0, 0, 0, 0, 0, 0, 0, 0, 0, 0, 0, 0, 0, 0, 4.
Francois Fontenot pere  2, 0, 0, 0, 0, 1, 1, 1, 1, 1, 1, 0, 7,
    0, 0, 3, 1, 1, 0, 2, 1, 1, 0, 0, 0, 0, 0, 0, 0, 0, 0,17.
Charles B. Fontenot     2, 1, 0, 1, 0, 1, 2, 1, 0, 1, 0, 0, 3,
    0, 0, 0, 0, 0, 0, 0, 0, 0, 0, 0, 0, 0, 0, 0, 0, 0, 0, 9.
Ignatius Ouichim        0, 0, 0, 1, 0, 0, 0, 0, 1, 0, 0, 0, 1,
    0, 0, 0, 0, 0, 0, 0, 0, 0, 0, 0, 0, 0, 0, 0, 0, 0, 0, 2.
```

```
Jean Bte. Soileau          3, 2, 1, 1, 1, 0, 0, 1, 0, 1, 0, 0, 4
       0, 0, 1, 0, 0, 0, 1, 1, 0, 0, 0, 0, 0, 0, 0, 0, 0, 0, 0,12
Joseph Jeansonne           2, 1, 0, 0, 1, 0, 0, 0, 0, 1, 0, 0, 1
       0, 0, 0, 0, 0, 0, 0, 0, 0, 0, 0, 0, 0, 0, 0, 0, 0, 0, 0, 5
Joseph Darkson fils        1, 0, 0, 1, 0, 0, 1, 0, 1, 0, 0, 0, 1
       0, 0, 0, 0, 0, 0, 0, 0, 0, 0, 0, 0, 0, 0, 0, 0, 0, 0, 4
Louis Larose Fontenot      1, 0, 0, 1, 0, 0, 0, 0, 0, 1, 0, 0, 2
       0, 0, 1, 0, 0, 0, 0, 0, 0, 0, 0, 0, 0, 0, 0, 0, 0, 0, 4
Alex. Larose Fontenot      1, 0, 0, 1, 0, 0, 0, 0, 1, 0, 0, 0, 2
       0, 0, 0, 1, 0, 0, 0, 0, 0, 0, 0, 0, 0, 0, 0, 0, 0, 0, 4
Anthony McDaniel           0, 0, 0, 1, 0, 0, 0, 0, 1, 0, 0, 0, 1
       0, 0, 1, 0, 0, 0, 0, 1, 0, 0, 0, 0, 0, 0, 0, 0, 0, 0, 4
Jean B. Vidrine            1, 0, 0, 1, 0, 0, 1, 0, 1, 0, 0, 0, 1
       0, 0, 0, 0, 0, 0, 0, 0, 0, 0, 0, 0, 0, 0, 0, 0, 0, 0, 4
Elizabeth McDaniel         1, 0, 0, 0, 0, 0, 1, 1, 1, 0, 1, 0, 0
       0, 0, 0, 0, 0, 0, 0, 0, 0, 0, 0, 0, 0, 0, 0, 0, 0, 0, 5
Paul Ledoux                3, 1, 0, 0, 1, 0, 1, 0, 0, 1, 0, 0, 2
       0, 0, 0, 0, 0, 0, 0, 0, 0, 0, 0, 0, 0, 0, 0, 0, 0, 0, 7
Antoine Ouchim             0, 0, 0, 0, 1, 0, 2, 0, 1, 0, 0, 0, 1
       0, 0, 0, 0, 0, 0, 0, 0, 0, 0, 0, 0, 0, 0, 0, 0, 0, 0, 4
John Corkins               3, 1, 1, 1, 1, 1, 3, 0, 1, 1, 0, 0, 4
       0, 0, 0, 0, 0, 0, 0, 0, 0, 0, 0, 0, 0, 0, 0, 0, 0, 0,12
William G. Knox            0, 0, 0, 3, 6, 1, 1, 0, 1, 1, 1, 6, 4
       8, 3, 0, 3, 0, 0, 1, 0, 2, 0, 0, 0, 0, 0, 0, 0, 0, 0,20
William Simons             0, 0, 0, 2, 0, 0, 0, 0, 0, 0, 0, 2, 0
       2, 0, 0, 0, 0, 0, 0, 0, 2, 0, 0, 0, 0, 0, 0, 0, 0, 0, 4
James Winchester           0, 0, 0, 2, 1, 0, 0, 0, 0, 0, 0, 0, 3
       0, 0, 0, 0, 0, 0, 0, 0, 0, 0, 0, 0, 0, 0, 0, 0, 0, 0, 3
Agatha ? Birch ?           0, 0, 0, 0, 0, 0, 0, 0, 0, 0, 0, 0, 0
       0, 0, 0, 0, 0, 0, 0, 0, 1, 0, 0, 0, 0, 0, 0, 0, 0, 0, 3
Daniel Coker               0, 0, 0, 0, 1, 0, 0, 0, 0, 0, 0, 0, 0
       0, 1, 0, 0, 0, 0, 0, 0, 0, 0, 0, 0, 0, 0, 0, 0, 0, 0, 1
Charles Putnam             0, 0, 0, 1, 0, 0, 0, 0, 0, 0, 0, 0, 0
       0, 1, 0, 0, 0, 0, 0, 0, 0, 0, 0, 0, 0, 0, 0, 0, 0, 0, 1
James Neville              4, 0, 0, 1, 1, 0, 2, 1, 0, 1, 0, 0, 2
       0, 0, 0, 0, 0, 0, 0, 0, 0, 0, 0, 0, 0, 0, 0, 0, 0, 0,10
James Ferris               0, 0, 0, 0, 1, 0, 0, 0, 0, 0, 0, 0, 1
       0, 0, 0, 0, 0, 0, 0, 0, 0, 0, 0, 0, 0, 0, 0, 0, 0, 0, 1
William Long               0, 0, 0, 1, 0, 0, 0, 0, 0, 0, 0, 0, 1
       0, 0, 0, 0, 0, 0, 0, 0, 0, 0, 0, 0, 0, 0, 0, 0, 0, 0, 1
James McKenzie             0, 0, 0, 1, 0, 0, 0, 0, 0, 0, 0, 0, 0
       0, 1, 0, 0, 0, 0, 0, 0, 0, 0, 0, 0, 0, 0, 0, 0, 0, 0, 1
Paul Pamott (Parrot?)      0, 0, 0, 0, 1, 0, 0, 0, 0, 0, 0, 0, 1
       0, 0, 0, 0, 0, 0, 0, 0, 0, 0, 0, 0, 0, 0, 0, 0, 0, 0, 1
James Johnson              0, 0, 0, 1, 0, 0, 0, 0, 0, 0, 0, 1, 0
       0, 1, 0, 0, 0, 0, 0, 0, 0, 0, 0, 0, 0, 0, 0, 0, 0, 0, 1
Justin Cook                0, 0, 0, 0, 1, 0, 0, 0, 0, 0, 0, 0, 1
       0, 0, 0, 0, 0, 0, 0, 0, 0, 0, 0, 0, 0, 0, 0, 0, 0, 0, 1
Samuel Bratton             0, 0, 0, 0, 1, 0, 0, 0, 0, 0, 0, 0, 1
       0, 0, 0, 0, 0, 0, 0, 0, 0, 0, 0, 0, 0, 0, 0, 0, 0, 0, 1
Samuel Haddock             0, 0, 0, 0, 1, 0, 0, 0, 0, 0, 0, 0, 1
       0, 0, 0, 0, 0, 0, 0, 0, 0, 0, 0, 0, 0, 0, 0, 0, 0, 0, 1
```

```
ohn Walsler                 0, 0, 0, 1, 0, 0, 0, 0, 0, 0, 0, 0, 1,
      0, 0, 0, 0, 0, 0, 0,  0, 0, 0, 0, 0, 0, 0, 0, 0, 0, 0, 0, 1.
dmund McCollock             0, 0, 0, 0, 1, 0, 0, 0, 0, 0, 0, 1, 1,
      0, 0, 0, 0, 0, 0, 0,  0, 0, 0, 0, 0, 0, 0, 0, 0, 0, 0, 0, 1.
hos. O. Flanagan            0, 0, 0, 0, 0, 1, 0, 0, 0, 0, 0, I, 1,
      0, 0, 0, 0, 0, 0, 0,  0, 0, 0, 0, 0, 0, 0, 0, 0, 0, 0, 0, 1.
ohn Humble                  2, 0, 0, 0, 1, 0, 0, 0, 0, 1, 0, 0, 1,
      0, 0, 0, 0, 0, 0, 0,  0, 0, 0, 0, 0, 0, 0, 0, 0, 0, 0, 0, 4.
arah Lyons                  2, 0, 0, 0, 0, 0, 0, 0, 0, 1, 0, 1, 0,10,
      0, 0,10, 2, 2, 0, 5,  1, 2, 2, 0, 0, 0, 0, 0, 0, 0, 0, 0,28.
obert Taylor                0, 0, 0, 2, 1, 2, 0, 0, 0, 0, 0, 0, 0,
      5, 0, 0, 1, 1, 0, 0,  0, 1, 0, 0, 0, 0, 0, 0, 0, 0, 0, 0, 8.
ohn Lowry                   0, 0, 0, 1, 0, 0, 0, 0, 0, 0, 0, 0, 1,
      0, 0, 0, 0, 0, 0, 0,  0, 0, 0, 0, 0, 0, 0, 0, 0, 0, 0, 0, 1.
heophilus Elmer             1, 0, 1, 1, 0, 1, 0, 2, 0, 1, 0, 0, 3,
      0, 0, 2, 1, 0, 0, 1,  0, 1, 0, 0, 0, 0, 0, 0, 0, 0, 0, 0,11.
eo. H.W. Stephens           2, 0, 0, 1, 1, 0, 1, 0, 1, 0, 0, 0, 0,
      0, 2, 0, 0, 0, 0, 0,  0, 0, 0, 0, 0, 0, 0, 0, 0, 0, 0, 0, 6.
osiana Stephens             0, 0, 0, 1, 0, 0, 0, 0, 0, 1, 0, 2,
      0, 0, 0, 0, 0, 0, 0,  1, 0, 0, 0, 0, 0, 0, 0, 0, 0, 0, 0, 3.
arv Clark                   1, 0, 0, 1, 0, 0, 1, 2, 1, 0, 1, 0, 1,
      0, 2, 0, 1, 1, 0, 4,  1, 0, 0, 0, 0, 0, 0, 0, 0, 0, 0, 0,14.
ary Milbourne               0, 0, 0, 2, 0, 0, 0, 1, 1, 0, 1, 0, 3,
      0, 1, 1, 1, 0, 0, 0,  0, 1, 0, 0, 0, 0, 0, 0, 0, 0, 0, 0, 8.
ohn Moore                   0, 2, 0, 0, 1, 0, 1, 1, 0, 0, 0, 0, 2,
      0, 1, 0, 0, 0, 0, 0,  0, 0, 0, 0, 0, 0, 0, 0, 0, 0, 0, 0, 5.
aron Prather                0, 0, 0, 0, 1, 0, 1, 0, 1, 0, 0, 0, 0,
      0, 3, 0, 0, 2, 0, 0,  0, 1, 0, 0, 0, 0, 0, 0, 0, 0, 0, 0, 6.
lexander Duggins            0, 2, 0, 5, 1, 0, 2, 1, 0, 1, 0, 0, 2,
      0, 6, 1, 2, 0, 0, 0,  1, 0, 0, 0, 0, 0, 0, 0, 0, 0, 0, 0,16.
ames Brown                  0, 1, 0, 0, 0, 1, 2, 0, 0, 0, 1, 0, 1,
      0, 1, 0, 0, 0, 0, 0,  0, 0, 0, 0, 0, 0, 0, 0, 0, 0, 0, 0, 5.
eorge Marshall              3, 2, 0, 0, 0, 1, 1, 0, 0, 1, 0, 0, 3,
      0, 0, 0, 0, 0, 0, 0,  0, 0, 0, 0, 0, 0, 0, 0, 0, 0, 0, 0, 8.
obert Marrow                2, 1, 0, 1, 0, 1, 2, 1, 0, 1, 0, 0, 1,
      1, 0, 0, 0, 0, 0, 0,  0, 0, 0, 0, 0, 0, 0, 0, 0, 0, 0, 0, 9.
easar Bossier               1, 0, 0, 1, 1, 0, 2, 0, 0, 1, 1, 0, 1,
      0, 0, 0, 0, 0, 0, 0,  0, 0, 0, 0, 0, 0, 0, 0, 0, 0, 0, 0, 7.
enis Lamelle                0, 0, 0, 0, 0, 1, 0, 0, 0, 0, 1, 0, 8,
      0, 0, 2, 2, 1, 2, 2,  2, 0, 2, 0, 0, 0, 0, 1, 1, 2, 2, 0,21.
ouis Lamelle                0, 0, 0, 0, 0, 0, 0, 0, 0, 0, 0, 0, 4,
      0, 0, 0, 0, 0, 0, 1,  0, 1, 0, 1, 2, 0, 1, 5, 0, 1, 0, 0,12.
ernard McGary               1, 1, 0, 1, 2, 0, 3, 0, 0, 1, 0, 3, 2,
      0, 1, 0, 0, 0, 0, 0,  0, 1, 0, 0, 0, 0, 0, 0, 0, 0, 0, 0,10.
ean Pierre Wilds            2, 0, 0, 2, 1, 0, 2, 1, 1, 1, 0, 0, 2,
      0, 1, 0, 0, 0, 0, 0,  0, 0, 0, 0, 0, 0, 0, 0, 0, 0, 0, 0,10.
illiam Milbourne            2, 0, 0, 1, 2, 0, 0, 0, 1, 0, 0, 0, 2,
      0, 1, 0, 0, 0, 0, 0,  0, 0, 1, 0, 0, 0, 0, 0, 0, 0, 0, 0, 7.
gnatius Tear                0, 2, 0, 0, 1, 0, 1, 0, 1, 0, 0, 0, 2,
      0, 0, 0, 0, 0, 0, 0,  0, 0, 0, 0, 0, 0, 0, 0, 0, 0, 0, 0, 5.
sther Tear                  1, 0, 0, 0, 0, 0, 2, 1, 0, 0, 1, 0, 0,
      0, 0, 0, 0, 0, 0, 0,  0, 0, 0, 0, 0, 0, 0, 0, 0, 0, 0, 0, 5.
```

Page 44

```
Mary Lee                    1, 1, 1, 1, 0, 0, 0, 1, 1, 1, 0, 0,
          0, 0, 0, 0, 0, 0, 0, 0, 0, 0, 0, 0, 0, 0, 0, 0, 0, 0, 0,
Edmund Johnson              3, 1, 0, 1, 1, 1, 0, 0, 1, 0, 0, 0,
          0, 0, 1, 0, 1, 0, 3, 1, 2, 1, 0, 0, 0, 0, 0, 0, 0, 0, 0,1
Wade Kimball                0, 2, 0, 1, 0, 1, 1, 2, 1, 0, 1, 0,1
          0, 0, 6, 2, 0, 0,10, 3, 3, 0, 0, 0, 0, 0, 0, 0, 0, 0, 0,3
William Garrard             0, 0, 0, 0, 0, 1, 0, 0, 0, 0, 0, 0,1
          0, 0, 1, 4, 2, 0, 5, 7, 1, 0, 0, 0, 0, 0, 0, 0, 0, 0, 0,2
Jane LaBerge                0, 1, 0, 1, 0, 0, 0, 1, 1, 1, 0, 0,
          0, 0, 0, 0, 0, 0, 0, 0, 0, 0, 0, 0, 0, 0, 0, 0, 0, 0, 0,
Denis Clark                 2, 0, 0, 1, 2, 0, 2, 2, 0, 1, 0, 0,
          0, 1, 1, 0, 3, 0, 1, 2, 1, 0, 0, 0, 0, 0, 0, 0, 0, 0, 0,1
Mathew Bushnell             0, 0, 0, 0, 1, 0, 0, 0, 1, 0, 0, 0,
          0, 0, 0, 0, 0, 0, 0, 0, 0, 0, 0, 0, 0, 0, 0, 0, 0, 0, 0,
Jean Bte. Wilds             1, 0, 0, 1, 0, 1, 1, 0, 1, 0, 0, 0,
          0, 0, 0, 0, 0, 0, 1, 0, 0, 0, 0, 0, 0, 0, 0, 0, 0, 0, 0,
Alexander Rosat             3, 2, 0, 0, 1, 0, 1, 0, 1, 0, 0, 0,
          0, 0, 0, 0, 0, 0, 0, 0, 0, 0, 0, 0, 0, 0, 0, 0, 0, 0, 0,
Jean Ponsony                1, 0, 0, 0, 0, 1, 1, 0, 1, 0, 1, 0,
          0, 0, 0, 1, 0, 0, 1, 1, 0, 1, 0, 0, 0, 0, 0, 0, 0, 0, 0,
Francois Ardoin             3, 3, 0, 0, 0, 1, 2, 0, 1, 1, 0, 0,
          0, 0, 0, 1, 0, 0, 0, 1, 0, 0, 0, 0, 0, 0, 0, 0, 0, 0, 0,1
Joseph D. Roy               1, 0, 0, 0, 1, 0, 2, 0, 0, 1, 0, 0,
          0, 0, 0, 0, 0, 0, 0, 0, 0, 0, 0, 0, 0, 0, 0, 0, 0, 0, 0,
Jean Bte. Lafosse           0, 0, 0, 0, 0, 0, 0, 0, 0, 0, 0, 0,
          0, 0, 0, 1, 0, 0, 1, 1, 0, 1, 0, 1, 0, 3, 1, 0, 1, 0,1
Jean Lafleur                1, 0, 0, 0, 0, 3, 2, 1, 0, 0, 1, 0,
          0, 0, 2, 2, 1, 0, 2, 2, 1, 0, 0, 2, 0, 0, 0, 0, 0, 0,2
Joseph Deshotelle           0, 0, 0, 1, 0, 0, 1, 0, 1, 0, 1, 0,
          0, 0, 0, 0, 0, 0, 0, 1, 0, 0, 0, 0, 0, 0, 0, 0, 0, 0, 0,
Henry Soileau               1, 0, 0, 0, 1, 0, 2, 0, 1, 0, 0, 0,
          0, 0, 0, 0, 0, 0, 0, 0, 0, 0, 0, 0, 0, 0, 0, 0, 0, 0, 0,
Charles Soileau             1, 0, 0, 0, 1, 0, 1, 0, 0, 1, 0, 0,
          0, 0, 0, 0, 0, 0, 0, 0, 0, 0, 0, 0, 0, 0, 0, 0, 0, 0, 0,
Jean B.S. Fontenot          1, 0, 0, 0, 1, 0, 2, 0, 0, 1, 0, 0,
          0, 0, 0, 0, 0, 0, 1, 1, 0, 0, 0, 0, 0, 0, 0, 0, 0, 0, 0,
Louis Guilliory fils        2, 4, 3, 3, 1, 0, 1, 2, 0, 1, 0, 0,1
          0, 0, 2, 3, 0, 2, 2, 2, 0, 0, 0, 0, 0, 0, 0, 0, 0, 0,2
Louis Clotot                0, 0, 0, 1, 0, 0, 0, 0, 1, 0, 0, 0,
          0, 0, 0, 0, 0, 0, 0, 1, 0, 0, 0, 0, 0, 0, 0, 0, 0, 0, 0,
Hilliare Bordelon           1, 1, 2, 3, 0, 2, 3, 2, 0, 1, 0, 0,1
          0, 0, 0, 1, 2, 1, 2, 2, 0, 1, 0, 0, 0, 0, 0, 0, 0, 0,2
Ve. Noel Soileau            0, 0, 0, 0, 0, 0, 0, 0, 1, 0, 1, 0,
          0, 0, 2, 1, 1, 2, 1, 1, 1, 0, 0, 0, 0, 0, 0, 0, 0, 0,1
Etienne Soileau             3, 0, 0, 0, 1, 0, 0, 1, 0, 1, 0, 0,
          0, 0, 0, 0, 0, 0, 0, 1, 0, 0, 0, 0, 0, 0, 0, 0, 0, 0, 0,
Louis Soileau               2, 1, 0, 0, 1, 0, 2, 0, 0, 1, 0, 0,
          0, 0, 1, 1, 2, 0, 3, 0, 1, 0, 0, 0, 0, 0, 0, 0, 0, 0,1
Amas Rolls                  0, 0, 0, 1, 1, 0, 0, 2, 0, 0, 0, 0,
          0, 0, 2, 0, 1, 0, 1, 0, 1, 0, 0, 0, 0, 0, 0, 0, 0, 0, 0,
Baptiste Tiseneaus          0, 0, 0, 0, 0, 0, 0, 0, 0, 0, 0, 0,
          0, 1, 0, 0, 0, 0, 0, 0, 0, 0, 2, 0, 0, 2, 0, 0, 1, 1, 0,
```

Zenon Luice ?   0, 0, 0, 0, 0, 0, 0, 0, 0, 0, 0, 0, 1,
  0, 0, 0, 0, 0, 1, 0, 0, 0, 0, 0, 1, 0, 0, 1, 1, 0, 0, 0, 3.
Joseph Sylvestre   1, 0, 0, 0, 1, 0, 0, 0, 1, 0, 1, 0, 1,
  0, 0, 0, 0, 0, 0, 0, 0, 0, 0, 0, 0, 0, 0, 0, 0, 0, 0, 0, 4.
Joseph Boileau   1, 2, 0, 0, 0, 1, 1, 0, 0, 1, 1, 0, 3,
  0, 0, 0, 0, 0, 0, 0, 0, 0, 0, 0, 0, 0, 0, 0, 0, 0, 0, 0, 7.
Pierre Sylvestre   1, 0, 0, 0, 1, 0, 0, 0, 1, 0, 0, 0, 1,
  0, 0, 0, 0, 0, 0, 0, 0, 0, 0, 0, 0, 0, 0, 0, 0, 0, 0, 0, 3.
Augustin Doucet   1, 1, 0, 0, 1, 0, 1, 1, 0, 1, 0, 0, 2,
  0, 0, 0, 0, 0, 0, 0, 0, 0, 0, 0, 0, 0, 0, 0, 0, 0, 0, 0, 6.
Hebert Doucet   0, 0, 0, 0, 1, 0, 3, 0, 1, 0, 0, 0, 1,
  0, 0, 0, 0, 0, 0, 0, 0, 0, 0, 0, 0, 0, 0, 0, 0, 0, 0, 0, 5.
Pierre Doucet   0, 0, 0, 1, 0, 1, 0, 0, 0, 1, 1, 0, 3,
  0, 0, 0, 1, 0, 1, 0, 1, 1, 2, 0, 0, 0, 0, 0, 0, 0, 0, 0,10.
Etienne Hy. Fontenot   0, 0, 0, 0, 1, 0, 0, 0, 1, 0, 0, 0, 3,
  0, 0, 0, 1, 0, 0, 0, 0, 0, 0, 0, 0, 0, 0, 0, 0, 0, 0, 0, 4.
Ve. Joseph Ortego   1, 1, 0, 1, 0, 0, 2, 0, 0, 1, 0, 0, 2,
  0, 0, 0, 0, 0, 0, 0, 0, 0, 0, 0, 0, 0, 0, 0, 0, 0, 0, 0, 6.
Ve. Ignace Fontenot   1, 0, 0, 0, 0, 0, 2, 0, 0, 1, 0, 0, 2,
  0, 0, 0, 1, 0, 0, 0, 1, 0, 0, 1, 0, 0, 1, 1, 0, 0, 0, 0, 9.
Laurent B. Fontenot   0, 0, 0, 0, 0, 1, 0, 1, 0, 0, 1, 0, 2,
  0, 0, 0, 1, 0, 0, 0, 0, 0, 0, 0, 0, 0, 0, 0, 0, 0, 0, 0, 4.
Jean Bte. Demarest   0, 0, 0, 2, 0, 0, 0, 0, 0, 0, 0, 0, 2,
  0, 0, 0, 0, 0, 0, 0, 0, 0, 1, 0, 0, 1, 1, 0, 1, 0, 0, 0, 6.
Augustin Berjac   3, 2, 1, 1, 0, 1, 2, 0, 0, 1, 0, 0, 5,
  0, 0, 0, 0, 0, 0, 1, 0, 0, 0, 0, 0, 0, 0, 0, 0, 0, 0, 0,11.
Francois Guillory   2, 0, 0, 0, 1, 0, 1, 1, 0, 1, 0, 0, 2,
  0, 0, 0, 0, 0, 0, 1, 0, 0, 0, 0, 0, 0, 0, 0, 0, 0, 0, 0, 8.
Donatien Guilliory   1, 1, 0, 1, 0, 0, 0, 0, 1, 0, 0, 0, 3,
  0, 0, 0, 2, 0, 0, 0, 0, 0, 0, 0, 0, 0, 0, 0, 0, 0, 0, 0, 6.
Louis L. Fontenot   1, 0, 0, 2, 0, 0, 1, 0, 1, 0, 0, 0, 2,
  0, 0, 0, 0, 0, 0, 0, 0, 0, 0, 0, 0, 0, 0, 0, 0, 0, 0, 0, 5.
Pierre Bte. Fontenot   0, 0, 0, 1, 0, 0, 0, 0, 0, 1, 0, 0, 2,
  0, 0, 0, 0, 0, 0, 0, 0, 1, 0, 0, 0, 0, 0, 0, 0, 0, 0, 0, 3.
Don Diego Lafleur   0, 0, 0, 1, 0, 0, 0, 1, 0, 0, 0, 0, 2,
  0, 0, 0, 0, 0, 0, 2, 1, 0, 0, 0, 0, 0, 0, 0, 0, 0, 0, 0, 5.
Alex. Bte. Fontenot   0, 1, 0, 0, 1, 0, 1, 0, 0, 1, 0, 0, 7,
  0, 0, 1, 2, 3, 0, 3, 1, 0, 0, 0, 0, 0, 0, 0, 0, 0, 0, 0,14.
Joseph Lemoine   0, 0, 0, 1, 0, 0, 1, 1, 0, 0, 0, 0, 1,
  0, 0, 0, 0, 0, 0, 0, 0, 0, 0, 0, 0, 0, 0, 0, 0, 0, 0, 0, 3.
Louis Hy. Fontenot   0, 0, 0, 0, 1, 0, 1, 1, 0, 1, 0, 0, 2,
  0, 0, 0, 0, 0, 1, 0, 0, 0, 0, 0, 0, 0, 0, 0, 0, 0, 0, 0, 5.
Zenon (Jacques) Fontenot   2, 1, 0, 1, 0, 0, 1, 0, 1, 0, 0, 0, 6,
  0, 0, 0, 1, 1, 1, 1, 0, 0, 0, 0, 0, 0, 0, 0, 0, 0, 0, 0,11.
Michel Pappillon   0, 0, 0, 0, 0, 0, 0, 0, 0, 0, 0, 1, 1,
  0, 0, 0, 0, 0, 0, 0, 0, 1, 0, 0, 0, 0, 0, 1, 0, 0, 0, 2.
Charles Simon   0, 0, 0, 0, 1, 0, 0, 0, 0, 0, 0, 1,15,
  0, 0, 2, 0, 6, 2, 4, 3, 2, 1, 3, 1, 1, 0, 5, 1, 1, 1, 0,34.
Denis Guilliory   0, 0, 0, 0, 0, 0, 0, 0, 0, 0, 0, 0, 2,
  0, 0, 0, 0, 0, 0, 1, 1, 0, 0, 1, 1, 0, 1, 1, 0, 0, 0, 6.
Hillaire Gradenigo   3, 1, 0, 0, 2, 0, 3, 0, 0, 1, 0, 1,11,
  0, 0, 1, 4, 0, 1, 1, 2, 1, 1, 0, 1, 0, 0, 0, 0, 0, 0,22. .

Emanuel Meunier ?	0, 1, 0, 0, 0, 1, 2, 0, 0, 0, 1, 0,												
	0, 0, 0, 0, 0, 1, 0,	0, 0, 0, 0, 0, 0, 0, 0, 0, 0, 0, 0,											
Ursin Veillon	0, 0, 0, 1, 0, 0, 0, 0, 1, 0, 0, 0,												
	0, 0, 0, 0, 0, 0, 0,	0, 0, 0, 0, 0, 0, 0, 0, 0, 0, 0, 0,											
Pierre Savant	1, 1, 0, 0, 1, 0, 3, 0, 0, 1, 0, 0,												
	0, 0, 0, 0, 0, 0, 0,	0, 0, 0, 0, 0, 0, 0, 0, 0, 0, 0, 0,											
Antoine Guilliory	1, 0, 0, 1, 0, 0, 0, 1, 0, 0, 0, 0,												
	0, 0, 0, 0, 0, 0, 0,	0, 0, 0, 0, 0, 0, 0, 0, 0, 0, 0, 0,											
Louis Guilliory	0, 1, 1, 1, 0, 1, 0, 0, 0, 0, 1, 0,												
	0, 0, 3, 3, 3, 0, 4,	3, 0, 0, 0, 0, 0, 0, 0, 0, 0, 0, 0,20											
Cesar Lafleur	1, 0, 0, 2, 0, 2, 0, 0, 1, 0, 0, 2												
	0, 0, 1, 0, 0, 0, 2,	0, 0, 1, 0, 0, 0, 0, 0, 0, 0, 0, 0,10											
Jean Louis Guilliory	2, 1, 0, 0, 1, 0, 1, 1, 0, 1, 0, 0, 4												
	0, 0, 0, 0, 1, 0, 1,	1, 0, 0, 0, 0, 0, 0, 0, 0, 0, 0, 0,10											
Ve. Simon Fontenot	0, 1, 0, 1, 0, 0, 1, 1, 0, 1, 1, 0, 4												
	0, 0, 0, 1, 0, 0,	1, 0, 0, 0, 0, 0, 0, 0, 0, 0, 0, 0, 8											
Ve. Louis Simon	0, 0, 0, 0, 0, 0, 0, 0, 0, 0, 0, 0,												
	0, 0, 0, 1, 0, 0, 0,	0, 0, 0, 1, 1, 0, 0, 2, 1, 1, 0, 0,											
Celestin S. Fontenot	0, 0, 0, 1, 0, 0, 1, 0, 1, 0, 0, 0,												
	0, 0, 0, 0, 0, 0, 0,	0, 0, 0, 0, 0, 0, 0, 0, 0, 0, 0, 0, 3											
Augustin Guilliory	0, 0, 0, 1, 0, 0, 0, 0, 1, 0, 0, 0,												
	0, 0, 3, 0, 0, 0, 1,	0, 1, 0, 0, 0, 0, 0, 0, 0, 0, 0, 0,											
Manuel Lowe	0, 0, 0, 0, 0, 0, 0, 0, 0, 0, 0, 0, 1												
	0, 0, 0, 0, 0, 0, 1,	0, 0, 0, 1, 0, 0, 1, 3, 1, 0, 0, 0, 6											
Augustin Bre. Fontenot	0, 0, 0, 0, 0, 1, 0, 0, 0, 0, 0, 0,27												
	0, 0, 4, 6, 6, 4, 6,	5, 5, 2, 0, 1, 1, 0, 2, 1, 1, 1, 0,46											
Hilaire LeRough	0, 0, 0, 0, 0, 0, 0, 0, 0, 1, 0, 1,												
	0, 0, 0, 0, 0, 0, 0,	0, 0, 0, 0, 0, 0, 0, 0, 0, 0, 0, 0,											
Louis Reynaud	0, 0, 0, 1, 1, 0, 0, 0, 0, 0, 0, 1, 0												
	3, 0, 1, 1, 0, 0, 1,	0, 1, 0, 0, 0, 0, 0, 0, 0, 0, 0, 0, 6											
Louis Be. Fontenot	1, 0, 0, 0, 0, 1, 1, 0, 0, 1, 0, 0, 9												
	0, 0, 2, 2, 4, 0, 2,	2, 1, 2, 0, 0, 0, 0, 0, 0, 0, 1, 0,20											
Henry Rider	2, 2, 1, 1, 1, 0, 3, 2, 0, 0, 1, 0, 6												
	0, 0, 0, 1, 0, 0, 1,	0, 1, 0, 0, 0, 0, 0, 0, 0, 0, 0, 0,1?											
Francois N.G.L. Fontenot	1, 0, 0, 2, 0, 0, 0, 2, 0, 0, 0, 0, 2												
	0, 0, 0, 0, 0, 0, 0,	0, 0, 0, 0, 0, 0, 0, 0, 0, 0, 0, 0, 5											
Jacob Bte. Fontenot	1, 1, 0, 1, 0, 1, 1, 1, 0, 0, 0, 0, 6												
	0, 0, 2, 2, 0, 0, 1,	1, 1, 0, 0, 0, 0, 0, 0, 0, 0, 0, 0,13											
Gilbert Lejeune	2, 0, 0, 1, 0, 0, 1, 0, 1, 0, 0, 0, 1												
	0, 0, 0, 0, 0, 0, 0,	0, 0, 0, 0, 0, 0, 0, 0, 0, 0, 0, 0, 5											
Valerein Lafleur	1, 0, 0, 1, 0, 0, 1, 0, 1, 0, 0, 0, 1												
	0, 0, 0, 0, 0, 0, 0,	0, 0, 0, 0, 0, 0, 0, 0, 0, 0, 0, 0, 4											
Olivier Lafleur	0, 0, 0, 1, 0, 0, 0, 1, 0, 0, 0, 0, 1												
	0, 0, 0, 0, 0, 0, 0,	0, 0, 0, 0, 0, 0, 0, 0, 0, 0, 0, 0, 2											
Joseph Lafleur	1, 0, 0, 0, 1, 0, 1, 0, 1, 0, 0, 0, 1												
	0, 0, 1, 0, 0, 0, 0,	0, 0, 0, 0, 0, 0, 0, 0, 0, 0, 0, 0, 5											
Marcelin Lafleur	1, 0, 0, 0, 1, 0, 1, 0, 1, 0, 0, 0, 1												
	0, 0, 0, 0, 0, 0, 0,	0, 0, 0, 0, 0, 0, 0, 0, 0, 0, 0, 0, 4											
Cyprien Larose Fontenot	0, 0, 0, 1, 0, 0, 0, 0, 1, 0, 0, 0, 3												
	0, 0, 1, 0, 0, 0, 0,	0, 0, 0, 0, 0, 0, 0, 0, 0, 0, 0, 0, 9											
William Richie	3, 3, 0, 0, 0, 1, 1, 0, 0, 1, 0, 0, 1												
	0, 1, 0, 0, 0, 0, 0,	0, 0, 0, 0, 0, 0, 0, 0, 0, 0, 0, 0, 9											

```
Andre Deshotels              0, 0, 0, 0, 1, 0, 1, 0, 0, 1, 0, 0, 2,
      0, 0, 1, 1, 0, 0, 0, 0, 0, 0, 1, 0, 0, 0, 0, 0, 0, 0, 6.
Marie Louise Brigniac        0, 2, 0, 1, 0, 0, 3, 1, 2, 1, 0, 0, 5,
      0, 0, 0, 1, 0, 0, 0, 0, 1, 0, 0, 0, 0, 0, 0, 0, 0, 0,12.
Joseph Buhler                3, 3, 0, 1, 1, 0, 2, 0, 1, 1, 0, 0, 4,
      0, 0, 0, 0, 0, 0, 0, 0, 0, 0, 0, 0, 0, 0, 0, 0, 0, 0,12.
Don Deigeo L. Fontenot       0, 0, 0, 1, 0, 0, 0, 2, 1, 0, 0, 0, 1,
      0, 0, 0, 0, 0, 0, 0, 0, 0, 0, 0, 0, 0, 0, 0, 0, 0, 0, 4.
Nicholas Deshotels           1, 0, 0, 0, 0, 1, 1, 0, 0, 0, 1, 0, 2,
      0, 0, 0, 1, 0, 0, 0, 0, 0, 0, 0, 0, 0, 0, 0, 0, 0, 0, 5.
Maxn. Deshotels              1, 0, 1, 1, 1, 0, 2, 2, 0, 1, 0, 0, 4,
      0, 0, 1, 1, 0, 1, 0, 0, 1, 0, 0, 0, 0, 0, 0, 0, 0, 0,12.
Louis Deville                3, 1, 0, 0, 0, 1, 0, 2, 2, 1, 0, 0, 2,
      0, 0, 0, 0, 0, 0, 0, 0, 0, 0, 0, 0, 0, 0, 0, 0, 0, 0,10.
Jean Bte. Cormier            0, 0, 0, 0, 1, 0, 0, 0, 1, 0, 0, 0, 1,
      0, 0, 0, 0, 0, 0, 0, 0, 0, 0, 0, 0, 0, 0, 0, 0, 0, 0, 2.
Joseph Vernat                4, 1, 0, 0, 0, 1, 1, 1, 0, 1, 0, 0, 2,
      0, 0, 0, 0, 0, 0, 0, 0, 0, 0, 0, 0, 0, 0, 0, 0, 0, 0, 9.
Antoine J. Fontenot          3, 0, 0, 0, 1, 0, 0, 0, 1, 0, 0, 0, 1,
      0, 0, 0, 0, 0, 0, 0, 0, 0, 0, 0, 0, 0, 0, 0, 0, 0, 0, 5.
Joseph L.B. Fontenot         1, 0, 0, 1, 0, 0, 1, 0, 1, 0, 0, 0, 1,
      0, 0, 0, 0, 0, 0, 1, 0, 0, 0, 0, 0, 0, 0, 0, 0, 0, 0, 5.
Augustin Ledoux              0, 0, 0, 0, 1, 0, 1, 0, 1, 0, 0, 0, 2,
      0, 0, 0, 0, 1, 0, 0, 0, 0, 0, 0, 0, 0, 0, 0, 0, 0, 0, 4.
John Chapman                 2, 2, 0, 0, 0, 1, 2, 1, 0, 1, 0, 0, 3,
      0, 0, 0, 0, 0, 0, 0, 0, 0, 0, 0, 0, 0, 0, 0, 0, 0, 0, 9.
Julien J. Fontenot           3, 0, 0, 0, 1, 0, 0, 0, 1, 0, 0, 0, 1,
      0, 0, 0, 0, 0, 0, 0, 0, 0, 0, 0, 0, 0, 0, 0, 0, 0, 0, 5.
Pierre Lajeune               2, 0, 0, 0, 1, 0, 2, 0, 1, 0, 0, 0, 2,
      0, 0, 0, 1, 0, 0, 4, 0, 1, 0, 0, 0, 0, 0, 0, 0, 0, 0,12.
Baptiste Demarest            0, 0, 0, 1, 0, 0, 0, 0, 1, 0, 1, 0, 1,
      0, 0, 0, 0, 0, 0, 0, 0, 0, 0, 0, 0, 0, 0, 0, 0, 0, 0, 3.
Ursin Manuel                 4, 1, 0, 0, 1, 1, 0, 0, 0, 1, 0, 0, 3,
      0, 0, 0, 0, 0, 0, 0, 0, 0, 0, 0, 0, 0, 0, 0, 0, 0, 0, 8.
Francois Demarest            0, 0, 0, 0, 0, 1, 2, 0, 1, 0, 0, 0, 1,
      0, 0, 0, 0, 0, 0, 0, 0, 0, 0, 0, 0, 0, 0, 0, 0, 0, 0, 4.
Ve. Jean Joubert             0, 0, 0, 0, 0, 0, 1, 0, 0, 1, 0, 0, 3,
      0, 0, 1, 1, 1, 0, 2, 0, 1, 0, 0, 0, 0, 0, 0, 0, 0, 0, 8.
Louis Jeansonne              0, 0, 0, 0, 1, 0, 2, 0, 1, 0, 0, 0, 1,
      0, 0, 0, 0, 0, 0, 0, 0, 0, 0, 0, 0, 0, 0, 0, 0, 0, 0, 4.
Joseph P. Pitre              1, 0, 1, 1, 1, 0, 0, 0, 1, 0, 0, 0, 3,
      0, 0, 1, 0, 1, 0, 0, 0, 0, 0, 0, 0, 0, 0, 0, 0, 0, 0, 6.
Louis J. Fontenot            0, 0, 0, 1, 1, 2, 0, 0, 1, 0, 0, 0, 4,
      0, 0, 0, 0, 0, 0, 0, 0, 0, 0, 0, 0, 0, 0, 0, 0, 0, 0, 5.
Augustin J. Fontenot         3, 0, 0, 0, 1, 0, 1, 1, 0, 1, 1, 0, 2,
      0, 0, 0, 0, 0, 0, 0, 0, 0, 0, 0, 0, 0, 0, 0, 0, 0, 0, 8.
Alexre. Rouzat               0, 1, 0, 0, 1, 1, 0, 0, 1, 0, 1, 0, 2,
      0, 0, 0, 0, 0, 0, 0, 0, 0, 0, 0, 0, 0, 0, 0, 0, 0, 0, 5.
Calistre Rouzat              3, 0, 0, 0, 1, 0, 0, 0, 1, 0, 0, 0, 1,
      0, 0, 0, 0, 0, 0, 0, 0, 0, 0, 0, 0, 0, 0, 0, 0, 0, 0, 5.
Alex. J. Fontenot            0, 0, 0, 0, 1, 1, 0, 0, 0, 0, 0, 0, 0,
      1, 0, 0, 0, 0, 0, 0, 0, 0, 0, 0, 0, 0, 0, 0, 0, 0, 0, 2.
```

Joseph Lejeune	0, 1, 0, 0, 0, 1, 0, 1, 0, 0, 1, 0,10
	0, 0, 6, 3, 1, 0, 6, 1, 4, 1, 0, 0, 0, 0, 0, 0, 0, 0, 0,26
Joseph M. Ortago	0, 1, 0, 0, 1, 0, 2, 0, 1, 0, 0, 0, 2
	0, 0, 0, 0, 0, 0, 0, 0, 0, 0, 0, 0, 0, 0, 0, 0, 0, 0, 0, 5
Leander Landre	1, 0, 0, 0, 1, 0, 5, 0, 0, 1, 0, 0,
	0, 0, 0, 1, 0, 0, 0, 0, 0, 0, 0, 0, 0, 0, 0, 0, 0, 0, 0, 0
Pierre Savoye	1, 1, 0, 0, 1, 0, 1, 3, 0, 1, 0, 0,
	0, 0, 1, 0, 0, 0, 0, 0, 0, 0, 0, 0, 0, 0, 0, 0, 0, 0, 0, 9
Francois Gillard	1, 0, 0, 0, 1, 0, 0, 0, 1, 0, 0, 0, 0
	0, 1, 0, 0, 0, 0, 0, 0, 0, 0, 0, 0, 0, 0, 0, 0, 0, 0, 0, 2
Baptiste Lejeune	1, 2, 0, 0, 1, 0, 2, 0, 0, 1, 0, 0, 8
	0, 0, 4, 1, 1, 1, 4, 0, 2, 0, 0, 0, 0, 0, 0, 0, 0, 0, 0,20
William Hamilton	0, 0, 0, 0, 1, 0, 0, 0, 0, 0, 0, 0, 1
	0, 0, 0, 0, 0, 0, 0, 0, 0, 0, 0, 0, 0, 0, 0, 0, 0, 0, 0, 1
Noel Roy	1, 2, 1, 1, 0, 1, 4, 0, 0, 1, 0, 0, 4
	0, 1, 1, 0, 0, 0, 2, 1, 0, 0, 0, 0, 0, 0, 0, 0, 0, 0, 0,14
Xavier Miller	0, 0, 0, 1, 0, 0, 0, 1, 0, 0, 0, 0, 1
	0, 0, 0, 0, 0, 0, 0, 0, 0, 0, 0, 0, 0, 0, 0, 0, 0, 0, 0, 2
Pierre Courville	3, 1, 0, 0, 0, 1, 2, 2, 0, 1, 0, 0, 2
	0, 0, 0, 0, 0, 0, 0, 0, 0, 0, 0, 0, 0, 0, 0, 0, 0, 0, 0,10
Frederick Miller	1, 2, 1, 2, 0, 1, 1, 0, 0, 0, 1, 0, 5
	0, 0, 0, 0, 0, 0, 0, 1, 0, 0, 0, 0, 0, 0, 0, 0, 0, 0, 0, 9
Joseph Boutin	1, 0, 0, 1, 0, 0, 0, 0, 1, 0, 0, 0, 1
	0, 0, 0, 0, 0, 0, 0, 0, 0, 0, 0, 0, 0, 0, 0, 0, 0, 0, 0, 3
M. Francois Fruger	0, 1, 0, 0, 0, 1, 0, 0, 0, 0, 2, 0, 2
	0, 0, 0, 0, 0, 0, 0, 0, 0, 0, 0, 0, 0, 0, 0, 0, 0, 0, 0, 4
Ve. John Taylor	1, 1, 1, 2, 0, 1, 1, 2, 0, 1, 0, 0, 3
	0, 0, 0, 0, 0, 0, 0, 0, 0, 0, 0, 0, 0, 0, 0, 0, 0, 0, 0, 9
John Miller, fils	1, 0, 0, 1, 0, 0, 0, 0, 1, 0, 0, 0, 1
	0, 0, 0, 0, 0, 0, 0, 0, 0, 0, 0, 0, 0, 0, 0, 0, 0, 0, 0, 3
John Miller, pere	5, 2, 1, 1, 0, 1, 1, 0, 1, 0, 1, 0, 5
	0, 0, 1, 0, 0, 0, 0, 1, 0, 0, 0, 0, 0, 0, 0, 0, 0, 0, 0,14
Joseph Berjeau	1, 1, 0, 0, 1, 0, 2, 1, 0, 2, 1, 0, 2
	0, 0, 0, 0, 0, 0, 0, 0, 0, 0, 0, 0, 0, 0, 0, 0, 0, 0, 0, 9
Antoine Marcantel	2, 0, 0, 0, 1, 0, 1, 0, 1, 0, 0, 0, 1
	0, 0, 0, 0, 0, 0, 0, 0, 0, 0, 0, 0, 0, 0, 0, 0, 0, 0, 0, 5
Joseph Bradley	0, 0, 1, 1, 1, 0, 0, 1, 0, 1, 0, 0, 2
	0, 0, 0, 0, 0, 0, 0, 0, 0, 0, 0, 0, 0, 0, 0, 0, 0, 0, 0, 4
Augustin Fruger	0, 0, 0, 1, 0, 0, 1, 0, 1, 0, 0, 0, 1
	0, 0, 0, 0, 0, 0, 0, 0, 0, 0, 0, 0, 0, 0, 0, 0, 0, 0, 0, 3
Jean Lejeune	1, 0, 0, 0, 1, 0, 3, 0, 1, 0, 0, 0, 1
	0, 0, 0, 0, 0, 0, 0, 0, 0, 0, 0, 0, 0, 0, 0, 0, 0, 0, 0, 6
William Moore	0, 0, 0, 0, 1, 3, 2, 0, 1, 0, 0, 0, 1
	0, 0, 0, 0, 0, 0, 0, 0, 0, 0, 0, 0, 0, 0, 0, 0, 0, 0, 0, 7
Michel Prudhome pere	2, 1, 1, 2, 1, 0, 0, 1, 0, 1, 0, 0,16
	0, 0, 3, 5, 3, 0, 7, 4, 1, 0, 0, 0, 0, 0, 0, 0, 0, 0, 0,31
Louis Lejeune	0, 0, 0, 2, 1, 0, 2, 0, 1, 0, 0, 1, 3
	0, 0, 0, 1, 0, 0, 0, 0, 1, 0, 0, 0, 0, 0, 0, 0, 0, 0, 0, 8
Louis Jadoine	0, 0, 0, 0, 0, 0, 0, 0, 0, 0, 0, 0, 0
	0, 1, 0, 0, 0, 0, 0, 0, 0, 0, 2, 0, 1, 0, 1, 1, 0, 0, 0, 5
Cazimer Rougeau	0, 0, 0, 0, 0, 0, 0, 0, 0, 0, 0, 0, 1
	0, 1, 0, 0, 0, 0, 0, 0, 0, 0, 1, 0, 1, 1, 3, 1, 1, 0, 0, 8

```
oseph Estre            5, 3, 0, 0, 0, 1, 0, 0, 0, 1, 0, 0, 4,
     0, 0, 0, 0, 0, 0, 0, 0, 0, 0, 0, 0, 0, 0, 0, 0, 0, 0,10.
zier Lejeune           0, 4, 0, 0, 1, 0, 0, 0, 0, 1, 0, 0, 6,
     0, 0, 1, 1, 0, 0, 1, 0, 0, 0, 0, 0, 0, 0, 0, 0, 0, 0,10.
enon Carriere          1, 0, 0, 1, 0, 0, 2, 0, 0, 1, 0, 0, 3,
     0, 0, 2, 0, 0, 0, 0, 1, 0, 0, 0, 0, 0, 0, 0, 0, 0, 8.
e. Michel Carriere     0, 0, 1, 1, 0, 0, 0, 0, 0, 0, 1, 0, 4,
     0, 0, 1, 0, 0, 1, 1, 0, 2, 0, 0, 0, 0, 0, 0, 0, 0, 0.
nselm Doucet           1, 3, 0, 0, 1, 0, 0, 1, 0, 1, 0, 0, 4,
     0, 0, 0, 0, 0, 0, 0, 0, 0, 0, 0, 0, 0, 0, 0, 0, 0, 7.
aptiste B. Lejeune     2, 1, 0, 0, 1, 0, 0, 1, 0, 1, 0, 0, 2,
     0, 0, 0, 0, 0, 0, 0, 0, 0, 0, 0, 0, 0, 0, 0, 0, 0, 6.
rancois Fruger         2, 0, 0, 0, 0, 1, 0, 1, 0, 1, 0, 0, 0,
     0, 1, 0, 0, 0, 0, 0, 0, 0, 0, 0, 0, 0, 0, 0, 0, 0, 5.
hristopher Lacomb      1, 0, 0, 2, 0, 0, 1, 0, 1, 0, 0, 0, 2,
     0, 0, 0, 0, 0, 0, 0, 0, 0, 0, 0, 0, 0, 0, 0, 0, 0, 5.
eorge Boak             0, 1, 0, 0, 0, 1, 2, 1, 1, 0, 1, 0, 2,
     0, 0, 0, 0, 0, 0, 0, 0, 0, 0, 0, 0, 0, 0, 0, 0, 0, 7.
ylvain Saunier fils    1, 0, 0, 0, 1, 0, 2, 0, 0, 1, 0, 0, 1,
     0, 0, 0, 0, 0, 0, 0, 0, 0, 0, 0, 0, 0, 0, 0, 0, 0, 5.
ary Perkins            0, 0, 0, 0, 0, 0, 0, 0, 0, 0, 0, 0, 1,
     0, 0, 0, 0, 0, 0, 1, 0, 0, 3, 1, 0, 1, 0, 0, 0, 0, 6.
ean Pierre Fruger      2, 1, 0, 1, 0, 0, 1, 0, 1, 0, 0, 0, 2,
     0, 0, 0, 0, 0, 0, 0, 0, 0, 0, 0, 0, 0, 0, 0, 0, 0, 6.
ntoine Pierre Fruger   2, 0, 0, 1, 0, 0, 2, 0, 1, 0, 0, 0, 1,
     0, 0, 0, 0, 0, 0, 0, 0, 0, 0, 0, 0, 0, 0, 0, 0, 0, 6.
ames Lee               0, 0, 1, 1, 1, 0, 0, 0, 2, 1, 0, 0, 2,
     0, 0, 0, 0, 0, 0, 0, 0, 0, 0, 0, 0, 0, 0, 0, 0, 0, 5.
acob Bhim              2, 1, 0, 0, 1, 0, 3, 0, 0, 1, 0, 0, 4,
     0, 0, 1, 0, 1, 0, 1, 0, 2, 0, 0, 0, 0, 0, 0, 0, 0,13.
ichel Bhim             1, 0, 0, 0, 1, 0, 2, 0, 1, 0, 0, 0, 3,
     0, 0, 0, 0, 0, 1, 0, 0, 2, 0, 1, 0, 0, 0, 0, 0, 0, 9.
illiam Link            2, 0, 0, 0, 1, 1, 2, 1, 0, 1, 0, 0, 3,
     0, 0, 2, 1, 0, 0, 1, 0, 1, 0, 0, 0, 0, 0, 0, 0, 0,13.
e. Sarah Lacomb        0, 1, 1, 2, 0, 0, 0, 0, 0, 0, 1, 0, 3,
     0, 0, 0, 0, 0, 0, 0, 0, 0, 0, 0, 0, 0, 0, 0, 0, 0, 4.
ary Cochran            0, 0, 0, 0, 2, 0, 0, 1, 0, 1, 0, 0, 2,
     0, 0, 0, 0, 0, 0, 0, 0, 0, 0, 0, 0, 0, 0, 0, 0, 0, 4.
rancois Durosier       2, 2, 0, 0, 0, 1, 2, 0, 0, 1, 0, 0, 4,
     0, 0, 0, 0, 0, 1, 0, 0, 1, 0, 0, 0, 0, 0, 0, 0, 0,10.
ean Bte. Guilliory     0, 0, 0, 0, 0, 0, 0, 0, 0, 0, 0, 0,10,
     0, 0, 3, 2, 0, 0, 1, 4, 1, 1, 3, 3, 0, 1, 1, 1, 0, 1, 0,22.
arie Guilliory         0, 0, 0, 0, 0, 0, 0, 0, 0, 0, 0, 0, 1,
     0, 0, 0, 0, 0, 0, 3, 1, 0, 0, 0, 2, 1, 0, 0, 0, 0, 7.
ustace Moreau          2, 0, 0, 2, 0, 1, 1, 0, 2, 0, 1, 0, 3,
     0, 0, 0, 0, 0, 0, 0, 0, 0, 0, 0, 0, 0, 0, 0, 0, 0, 9.
arie Hisler            2, 0, 0, 0, 0, 1, 1, 1, 0, 0, 1, 0, 1,
     0, 0, 0, 0, 0, 0, 0, 0, 0, 0, 0, 0, 0, 0, 0, 0, 0, 6.
oseph Guilliory        0, 0, 0, 0, 0, 0, 0, 0, 0, 0, 0, 0, 3,
     0, 0, 0, 0, 0, 3, 0, 0, 1, 3, 1, 1, 0, 0, 0, 0, 0, 9.
oseph Guilliory fils   0, 0, 0, 0, 0, 0, 0, 0, 0, 0, 0, 0, 1,
     0, 0, 0, 0, 0, 1, 0, 0, 1, 0, 0, 1, 1, 0, 0, 0, 0, 3.
```

Page 50

```
Valarie Bello              2, 0, 0, 0, 1, 0, 4, 1, 0, 1, 0, 0,
      0, 0, 0, 1, 0, 0, 0, 0, 0, 0, 0, 0, 0, 0, 0, 0, 0, 0,1
Sylvain Saunier            1, 3, 0, 1, 0, 1, 1, 0, 1, 0, 0, 0,
      0, 0, 0, 1, 1, 0, 0, 0, 0, 0, 0, 0, 0, 0, 0, 0, 0, 0,1
Francisco Vanarius         1, 0, 0, 0, 0, 1, 2, 0, 1, 0, 0,
      0, 0, 0, 0, 0, 0, 0, 0, 0, 0, 0, 0, 0, 0, 0, 0, 0, 0,
Jean Ortelon               0, 0, 1, 2, 0, 1, 0, 0, 1, 0, 0, 0,
      0, 0, 0, 0, 0, 0, 0, 0, 0, 0, 0, 0, 0, 0, 0, 0, 0, 0,
Ve. William McKoy          0, 2, 0, 0, 0, 0, 2, 1, 1, 1, 0, 0,
      0, 0, 0, 0, 0, 0, 0, 0, 0, 0, 0, 0, 0, 0, 0, 0, 0, 0,
Baptiste Dubroga           0, 0, 0, 0, 0, 0, 0, 0, 0, 0, 0, 0,
      0, 0, 0, 0, 0, 0, 0, 0, 1, 0, 0, 0, 1, 0,
Pierre Carriere pere       1, 0, 0, 1, 0, 1, 1, 0, 3, 0, 0,
      0, 0, 0, 0, 1, 0, 0, 0, 0, 0, 0, 0, 0, 0,
Louis Bello                0, 0, 0, 1, 2, 0, 0, 0, 0, 0, 1, 0,
      0, 0, 1, 1, 1, 0, 1, 1, 0, 0, 0, 0, 0, 0, 0,
Ursin Carriere             1, 0, 0, 1, 0, 2, 0, 1, 0, 0, 0,
      0, 0, 0, 0, 0, 0, 0, 0, 0, 0, 0, 0,
Lamant Derbanne            2, 1, 0, 1, 1, 0, 0, 0, 1, 0, 2, 0,
      0, 0, 0, 0, 0, 0, 0, 0, 0, 0, 0, 0,
Hyacinthe Martino          0, 0, 0, 0, 1, 0, 2, 0, 1, 0, 0,
      0, 1, 0, 0, 0, 0, 0, 0, 0, 0, 0, 0,
Jean Allen                 0, 0, 0, 0, 1, 1, 0, 0, 0, 0, 0, 0,
      0, 0, 0, 1, 0, 1, 0, 2, 0, 1, 0, 0,
Jean Bte. Guilliory        0, 0, 0, 0, 0, 0, 0, 0, 0, 0, 0,
      0, 0, 0, 2, 1, 1, 0, 2, 1, 0, 0, 0,
Jean Lacaze                1, 0, 0, 0, 0, 1, 1, 3, 0, 0, 1, 0,
      0, 0, 0, 0, 0, 0, 0, 0, 0, 0, 0, 0,
Jacques Trevine            0, 0, 0, 0, 0, 0, 0, 0, 0, 0, 0,
      0, 0, 0, 0, 0, 0, 1, 0, 1, 1, 0, 0,
Augn. R. Boudreaux         2, 1, 0, 1, 2, 1, 1, 1, 2, 0, 1, 0,
      0, 0, 0, 0, 0, 0, 0, 0, 0, 0, 0, 0,1
Pierre Duruseau            2, 1, 0, 0, 1, 2, 2, 1, 1, 0, 0, 0,
      0, 0, 0, 0, 0, 0, 0, 0, 0, 0, 0, 0,1
Philip Lacaze              2, 2, 0, 3, 1, 1, 2, 1, 1, 0, 1, 0,1
      0, 1, 5, 0, 1, 0, 2, 3, 0, 0, 0, 1, 0, 0, 0, 0, 0, 0, 0,2
Cyprien Escofier           2, 1, 0, 1, 0, 3, 0, 0, 1, 0, 0,
      0, 0, 0, 0, 0, 0, 0, 0, 0, 0, 0, 0,
Soalange Lacaze            1, 0, 0, 1, 0, 0, 0, 0, 1, 0, 0,
      0, 0, 0, 0, 0, 0, 0, 0, 0, 0, 0, 0,
Jacques Comeau             0, 0, 0, 0, 0, 0, 0, 0, 0, 0, 0, 0,
      0, 0, 0, 0, 1, 0, 2, 0, 1, 0, 1, 0, 0, 1, 0, 0, 1, 1, 0,
Joseph M. Cortkins         0, 0, 0, 1, 0, 1, 0, 0, 0, 1, 0, 0,
      0, 0, 0, 0, 0, 0, 0, 0, 0, 0, 0, 0,
Thomas Cortkins            0, 0, 0, 0, 0, 0, 0, 0, 0, 0, 0, 0,
      0, 0, 0, 0, 0, 1, 0, 0, 0, 1, 0, 0,
Augustin Mallett           0, 0, 0, 0, 0, 0, 0, 0, 0, 0, 0, 0,
      0, 0, 0, 0, 0, 0, 1, 0, 0, 0, 0, 0,
Martin Mallett             0, 0, 0, 0, 0, 0, 0, 0, 0, 0, 0, 0,
      0, 0, 0, 0, 0, 1, 0, 1, 0, 0, 0, 1, 0,
Guilliaume Cherrin         1, 0, 0, 0, 1, 0, 0, 0, 0, 1, 0, 0,
      0, 0, 0, 0, 0, 0, 0, 0, 0, 0, 0, 0,
```

```
essant Ceast                    0, 0, 0, 1, 2, 0, 3, 0, 1, 0, 0, 0, 3,
    0, 0, 0, 0, 0, 0, 0, 0, 0, 0, 0, 0, 0, 0, 0, 0, 0, 0, 7.
eorge Simeon                    0, 0, 0, 0, 1, 0, 0, 0, 0, 0, 0, 0,10,
    0, 2, 4, 2, 3, 0, 8, 1, 4, 0, 4, 3, 1, 0, 2, 3, 1, 1, 0,36.
illiam Moore                    1, 0, 0, 2, 1, 0, 2, 0, 0, 1, 0, 0, 5,
    1, 0, 3, 0, 3, 0, 1, 0, 0, 0, 0, 0, 0, 0, 0, 0, 0, 0,14.
ephania Walker                  2, 0, 0, 1, 0, 0, 0, 0, 0, 1, 1, 0, 0,
    0, 1, 0, 0, 0, 0, 0, 0, 0, 0, 0, 0, 0, 0, 0, 0, 0, 0, 5.
eorge King                      0, 1, 0, 0, 1, 1, 2, 1, 2, 1, 0, 0, 8,
    0, 0, 1, 1, 3, 1, 3, 1, 3, 0, 0, 0, 0, 0, 0, 0, 0, 0,22.
ylvestre Bossier                0, 0, 0, 2, 0, 1, 0, 2, 2, 1, 0, 1, 3,
    3, 0, 2, 2, 0, 1, 4, 1, 0, 0, 0, 0, 0, 0, 0, 0, 0, 0,18.
uke Lesassier                   0, 0, 0, 1, 2, 0, 0, 0, 2, 0, 0, 0, 8,
    0, 0, 1, 1, 4, 0, 1, 1, 0, 0, 0, 0, 0, 0, 0, 0, 0, 0,13.
avid L. Todd                    0, 0, 0, 0, 1, 0, 1, 0, 0, 0, 0, 0, 1,
    1, 0, 2, 1, 0, 0, 5, 1, 1, 0, 0, 0, 0, 0, 0, 0, 0, 0,12.
heophilus Collins               0, 0, 0, 2, 0, 0, 0, 0, 0, 0, 0, 0, 9,
    0, 0, 1, 1, 2, 1, 2, 1, 2, 0, 0, 0, 0, 0, 0, 0, 0, 0,12.
sabella Philips                 0, 0, 0, 2, 2, 0, 0, 0, 0, 0, 1, 0,13,
    0, 0, 5, 2, 2, 2, 5, 2, 1, 0, 0, 0, 0, 0, 0, 0, 0, 0,24.
ntoine Lambert                  0, 0, 0, 0, 0, 1, 0, 0, 0, 0, 0, 0,14,
    0, 0, 1, 2, 2, 1,10, 3, 1, 0, 0, 2, 0, 0, 2, 0, 1, 0,26.
eter O'Connor                   1, 1, 0, 2, 0, 1, 1, 2, 0, 0, 1, 0, 4,
    0, 0, 0, 0, 0, 0, 0, 0, 0, 1, 0, 0, 0, 0, 0, 0, 0, 0,10.
ean Franchebois                 0, 2, 0, 1, 0, 1, 1, 0, 1, 1, 1, 1, 9,
    0, 0, 1, 1, 2, 0, 2, 2, 3, 0, 0, 0, 0, 0, 0, 0, 0, 0,19.
ouis Therry fils                0, 0, 0, 0, 0, 0, 0, 0, 1, 0, 0, 0, 1,
    0, 0, 0, 0, 0, 0, 0, 0, 0, 1, 0, 0, 0, 0, 0, 0, 0, 0, 2.
ouis Therry pere                0, 0, 0, 0, 0, 0, 0, 0, 0, 0, 0, 0, 9,
    0, 1, 3, 0, 1, 1, 2, 2, 0, 1, 4, 3, 1, 1, 4, 0, 0, 1, 0,24.
ouis Cartier                    0, 0, 0, 0, 0, 1, 0, 0, 0, 0, 1, 0, 2,
    0, 0, 2, 0, 1, 0, 0, 1, 0, 0, 0, 0, 0, 0, 0, 0, 0, 0, 6.
ierre Joubert                   1, 2, 0, 0, 0, 1, 3, 1, 0, 1, 0, 0,10,
    0, 0, 5, 3, 1, 1, 4, 3, 1, 0, 0, 0, 0, 0, 0, 0, 0, 0,27.
oseph Sylvain                   0, 0, 0, 1, 1, 1, 0, 0, 0, 1, 0, 2,
    0, 0, 0, 0, 0, 0, 0, 0, 0, 0, 0, 0, 0, 0, 0, 0, 0, 0, 4.
rancois Bateau                  0, 0, 0, 0, 0, 1, 0, 0, 0, 0, 0, 0, 3,
    0, 0, 1, 0, 0, 0, 1, 0, 1, 0, 0, 2, 0, 0, 0, 0, 1, 0, 7.
ean Bte. Malveaux               0, 0, 0, 0, 0, 0, 0, 0, 0, 0, 0, 0, 2,
    0, 0, 0, 0, 0, 0, 1, 0, 0, 1, 3, 0, 0, 1, 1, 0, 1, 0, 8.
aurent Malveaux                 0, 0, 0, 0, 0, 0, 0, 0, 0, 0, 0, 0, 6,
    0, 0, 1, 0, 1, 1, 0, 1, 1, 1, 1, 0, 0, 1, 2, 0, 1, 1, 0,12.
oseph Brunet                    0, 0, 0, 1, 2, 1, 1, 0, 1, 0, 0, 0, 3,
    0, 0, 0, 0, 0, 0, 0, 0, 0, 0, 0, 0, 0, 0, 0, 0, 0, 0, 6.
lorentine Poiret(Poirel?) 0, 0, 0, 3, 0, 1, 1, 2, 1, 0, 0, 0,45,
    0, 1,11, 9,14, 3,17, 9, 6, 2, 0, 0, 0, 0, 0, 0, 2, 0,81.
ouis Pitre                      4, 1, 0, 0, 1, 1, 0, 0, 1, 0, 0, 0, 4,
    0, 0, 1, 1, 0, 0, 1, 1, 0, 0, 0, 0, 0, 0, 0, 1, 0, 0,13.
ean (Negre libre)               0, 0, 0, 0, 0, 0, 0, 0, 0, 0, 0, 0, 2,
    0, 0, 0, 1, 0, 0, 0, 0, 0, 0, 0, 1, 0, 0, 0, 0, 0, 0, 2.
ean Bte. Riviere                1, 0, 0, 0, 2, 1, 0, 0, 0, 1, 0, 1,15,
    0, 1, 4, 2, 4, 1, 1, 2, 4, 0, 0, 0, 0, 0, 0, 0, 0, 0,23.
```

```
Jose Saturdiez                       1, 0, 0, 0, 0, 1, 1, 1, 1, 0, 0, 0,
        0, 0, 0, 0, 0, 0, 0,  0, 0, 0, 0, 0, 0, 0, 0, 0, 0, 0, 0,
Michel Gallant                       0, 0, 0, 0, 1, 0, 1, 0, 1, 0, 0, 1,
        0, 1, 0, 0, 0, 0, 0,  0, 0, 0, 0, 0, 0, 0, 0, 0, 0, 0, 0,
Antoine Perrez                       0, 0, 0, 0, 0, 1, 0, 0, 1, 1, 0, 1,
        0, 1, 0, 0, 0, 0, 0,  0, 0, 0, 0, 0, 0, 0, 0, 0, 0, 0, 0,
Sarah Bundick                        0, 2, 0, 0, 0, 0, 1, 2, 0, 1, 0, 0,
        0, 0, 0, 0, 0, 0, 0,  0, 0, 0, 0, 0, 0, 0, 0, 0, 0, 0, 0,
John Whittington                     0, 0, 0, 1, 0, 0, 0, 0, 0, 0, 0, 0,
        0, 0, 0, 0, 0, 0, 0,  0, 0, 0, 1, 0, 0, 0, 1, 0, 1, 0, 0,
Denis McDaniel                       0, 1, 0, 1, 1, 0, 4, 1, 1, 1, 0, 0,
        0, 0, 1, 1, 0, 0, 1,  0, 1, 0, 0, 0, 0, 0, 0, 0, 0, 0, 0,14
Andrew Row                           1, 1, 0, 1, 1, 0, 2, 1, 1, 0, 0, 0,
        0, 0, 0, 0, 0, 0, 0,  0, 0, 0, 0, 0, 0, 0, 0, 0, 0, 0, 0, 8
David Glenn                          0, 0, 0, 0, 0, 1, 0, 0, 0, 0, 0, 0,
        0, 0, 2, 0, 1, 0, 1,  0, 1, 0, 0, 0, 0, 0, 0, 0, 0, 0, 0,
William Glenn                        0, 1, 0, 1, 1, 0, 0, 0, 0, 0, 0, 0,
        0, 0, 0, 1, 1, 0, 0,  0, 1, 0, 0, 0, 0, 0, 0, 0, 0, 0, 0,
James Coe                            2, 1, 0, 0, 1, 0, 1, 2, 0, 1, 0, 0,
        0, 0, 2, 0, 0, 0, 3,  0, 1, 0, 0, 0, 0, 0, 0, 0, 0, 0, 0,14
Bradley Garner                       3, 1, 0, 1, 0, 1, 1, 1, 1, 1, 0, 0,
        0, 0, 0, 1, 0, 0, 0,  2, 0, 0, 0, 0, 0, 0, 0, 0, 0, 0, 0,1?
John Thompson                        2, 1, 0, 1, 1, 1, 4, 0, 0, 1, 1, 0,
        0, 1, 0, 0, 0, 0, 0,  0, 1, 0, 0, 0, 0, 0, 0, 0, 0, 0, 0,1?
Benjamin Thompson                    0, 0, 0, 0, 1, 0, 0, 0, 0, 0, 0, 0,
        0, 1, 0, 0, 0, 0, 0,  0, 0, 0, 0, 0, 0, 0, 0, 0, 0, 0, 0,
William Humm                         1, 1, 0, 0, 0, 1, 0, 0, 3, 0, 1, 0,
        0, 0, 1, 0, 0, 0, 2,  1, 0, 1, 0, 0, 0, 0, 0, 0, 0, 0, 0,12
Drury Thompson                       1, 1, 0, 1, 0, 1, 1, 1, 1, 0, 1, 0,
        0, 0, 0, 0, 0, 0, 0,  0, 0, 0, 0, 0, 0, 0, 0, 0, 0, 0, 0, 8
William Davis                        0, 1, 0, 0, 2, 1, 1, 0, 0, 1, 0, 0,
        0, 0, 0, 1, 0, 0, 1,  0, 0, 1, 0, 0, 0, 0, 0, 0, 0, 0, 0,
Robert Bundick                       3, 0, 0, 0, 1, 0, 2, 0, 0, 1, 0, 0,
        0, 0, 0, 0, 2, 0, 0,  1, 1, 0, 0, 0, 0, 0, 0, 0, 0, 0, 0,1?
John McDaniel                        1, 0, 1, 1, 1, 0, 0, 0, 0, 0, 0, 0,
        0, 0, 0, 0, 0, 1, 0,  1, 1, 0, 0, 0, 0, 1, 0, 0, 0, 0, 0,
William G. Dalton                    0, 0, 0, 2, 0, 1, 0, 1, 0, 0, 1, 0,
        0, 0, 2, 1, 0, 0, 1,  4, 1, 0, 0, 0, 0, 0, 0, 0, 0, 0, 0,14
Susanah Butler                       1, 2, 1, 3, 0, 0, 0, 0, 0, 0, 1, 0,
        0, 0, 0, 0, 0, 0, 0,  0, 0, 0, 0, 0, 0, 0, 0, 0, 0, 0, 0,
William Sales                        1, 0, 0, 0, 0, 1, 0, 0, 0, 1, 0, 0,
        0, 0, 0, 0, 0, 0, 0,  0, 0, 0, 0, 0, 0, 0, 0, 0, 0, 0, 0,
Pralery Berry ?                      0, 0, 0, 0, 0, 1, 0, 2, 0, 0, 1, 0,
        0, 0, 0, 1, 0, 0, 0,  0, 1, 0, 0, 0, 0, 0, 0, 0, 0, 0, 0,
Solomon Bonds                        1, 0, 0, 0, 1, 0, 0, 0, 1, 1, 0, 0,
        0, 0, 0, 1, 0, 0, 0,  0, 0, 0, 0, 0, 0, 0, 0, 0, 0, 0, 0,
William Noland                       1, 0, 0, 1, 0, 0, 1, 1, 2, 0, 0, 0,
        0, 0, 0, 0, 0, 0, 0,  0, 0, 0, 0, 0, 0, 0, 0, 0, 0, 0, 0,
Henry Wade                           0, 0, 0, 2, 2, 0, 0, 0, 1, 0, 0, 0,
        0, 0, 0, 0, 0, 0, 0,  0, 0, 0, 0, 0, 0, 0, 0, 0, 0, 0, 0,
Zackariah Martin                     1, 0, 0, 0, 2, 0, 1, 0, 0, 1, 0, 0,
        0, 0, 0, 0, 0, 0, 0,  0, 0, 0, 0, 0, 0, 0, 0, 0, 0, 0, 0,
```

```
Simon Burney              0, 1, 2, 2, 0, 1, 0, 0, 2, 0, 1, 0, 3,
        0, 0, 0, 0, 0, 0, 0, 0, 0, 0, 0, 0, 0, 0, 0, 0, 0, 0, 7.
Thomas Gary               2, 2, 0, 0, 1, 0, 3, 0, 0, 1, 0, 0, 8,
        0, 0, 2, 2, 0, 0, 3, 3, 1, 0, 0, 0, 0, 0, 0, 0, 0, 0,20.
John Callaghan            1, 2, 2, 3, 0, 1, 0, 1, 1, 0, 1, 0, 6,
        0, 0, 0, 0, 0, 0, 0, 0, 0, 0, 0, 0, 0, 0, 0, 0, 0, 0,10.
Anthony Reed              1, 0, 0, 0, 2, 0, 1, 0, 1, 0, 0, 0, 2,
        0, 0, 0, 0, 0, 0, 0, 0, 0, 1, 0, 0, 0, 0, 0, 0, 0, 0, 6.
Joseph Callaghan          2, 1, 0, 1, 1, 0, 0, 1, 0, 1, 0, 0, 2,
        0, 0, 1, 0, 0, 0, 0, 0, 0, 0, 0, 0, 0, 0, 0, 0, 0, 0, 8.
John Hoozer               4, 0, 1, 1, 0, 1, 1, 0, 0, 0, 1, 0, 2,
        0, 0, 0, 0, 0, 0, 0, 0, 0, 0, 0, 0, 0, 0, 0, 0, 0, 0, 8.
James Wilson              2, 0, 0, 0, 0, 1, 1, 0, 0, 1, 0, 0, 1,
        0, 0, 0, 0, 0, 0, 0, 0, 0, 0, 0, 0, 0, 0, 0, 0, 0, 0, 5.
John Arrington            2, 1, 0, 0, 0, 1, 3, 1, 0, 1, 0, 0, 2,
        0, 0, 0, 0, 0, 0, 0, 0, 0, 0, 0, 0, 0, 0, 0, 0, 0, 0, 9.
John Eveing               1, 0, 0, 0, 1, 0, 0, 0, 1, 0, 0, 0, 1,
        0, 0, 0, 0, 0, 0, 0, 0, 0, 0, 0, 0, 0, 0, 0, 0, 0, 0, 3.
William Koonze            2, 1, 0, 0, 1, 0, 1, 1, 0, 1, 0, 0, 2,
        0, 0, 0, 0, 0, 0, 0, 0, 0, 0, 0, 0, 0, 0, 0, 0, 0, 0, 7.
William Davis             0, 0, 0, 1, 0, 0, 0, 0, 1, 0, 0, 0, 1,
        0, 0, 0, 0, 0, 0, 0, 0, 0, 0, 0, 0, 0, 0, 0, 0, 0, 0, 2.
James Graham              0, 1, 1, 1, 1, 1, 0, 1, 2, 0, 1, 0, 3,
        0, 0, 0, 0, 0, 0, 0, 0, 0, 0, 0, 0, 0, 0, 0, 0, 0, 0, 8.
Isaac Carpenter           0, 0, 2, 2, 0, 1, 0, 0, 0, 0, 1, 0, 3,
        0, 0, 0, 0, 0, 0, 0, 0, 0, 0, 0, 0, 0, 0, 0, 0, 0, 0, 4.
William Nelson            0, 0, 0, 0, 0, 0, 0, 0, 0, 0, 0, 0, 1,
        0, 0, 0, 0, 0, 0, 0, 0, 0, 1, 0, 0, 0, 1, 0, 0, 0, 0, 2.
Susanah Johnson           1, 1, 0, 0, 0, 0, 2, 1, 0, 0, 1, 0, 1,
        0, 0, 0, 0, 0, 0, 0, 0, 0, 0, 0, 0, 0, 0, 0, 0, 0, 0, 6.
Elizabeth Martin          2, 1, 1, 1, 0, 0, 1, 0, 0, 1, 0, 0, 2,
        0, 0, 0, 0, 0, 0, 0, 0, 0, 0, 0, 0, 0, 0, 0, 0, 0, 0, 6.
Zebubon Robinett          2, 1, 0, 0, 1, 0, 2, 2, 0, 1, 0, 0, 2,
        0, 0, 0, 0, 0, 0, 0, 0, 0, 0, 0, 0, 0, 0, 0, 0, 0, 0, 9.
William Beasley           1, 1, 0, 1, 0, 1, 1, 1, 0, 1, 0, 0, 2,
        0, 0, 0, 0, 0, 0, 0, 0, 0, 0, 0, 0, 0, 0, 0, 0, 0, 0, 7.
Joseph House              1, 2, 1, 1, 0, 1, 2, 2, 0, 1, 0, 0, 4,
        0, 0, 0, 0, 0, 0, 0, 0, 0, 0, 0, 0, 0, 0, 0, 0, 0, 0,11.
George House              3, 0, 0, 0, 1, 0, 2, 0, 0, 1, 0, 0, 1,
        0, 0, 0, 0, 0, 0, 0, 0, 0, 0, 0, 0, 0, 0, 0, 0, 0, 0, 7.
James House               0, 0, 0, 0, 1, 0, 0, 0, 1, 0, 0, 0, 1,
        0, 0, 0, 0, 0, 0, 0, 0, 0, 0, 0, 0, 0, 0, 0, 0, 0, 0, 2.
Razin Bowie Sen.          0, 0, 0, 0, 0, 1, 0, 1, 0, 0, 1, 0, 5,
        0, 1, 1, 0, 0, 1, 4, 2, 0, 2, 0, 0, 0, 0, 0, 0, 0, 0,13.
Isaac Johnson             2, 1, 1, 1, 0, 1, 2, 1, 0, 0, 1, 0, 4,
        0, 0, 3, 0, 2, 0, 1, 0, 1, 0, 0, 0, 0, 0, 0, 0, 0, 0,16.
David Johnson             2, 0, 0, 1, 0, 0, 1, 0, 0, 1, 0, 0, 1,
        0, 0, 1, 0, 0, 0, 0, 0, 0, 0, 0, 0, 0, 0, 0, 0, 0, 0, 6.
Simon Miricle             2, 0, 0, 0, 1, 0, 0, 0, 1, 0, 0, 0, 1,
        0, 0, 0, 0, 0, 0, 0, 0, 0, 0, 0, 0, 0, 0, 0, 0, 0, 0, 4.
Frederick R. Washington   0, 1, 0, 0, 1, 0, 2, 0, 1, 1, 0, 0, 4,
        0, 0, 0, 0, 1, 0, 2, 2, 0, 0, 0, 0, 0, 0, 0, 0, 0, 0,11.
```

Page 54

```
Francois Hebert          1, 2, 0, 1, 0, 1, 3, 1, 3, 1, 0, 0, 4
       0, 0, 0, 0, 0, 0, 0, 0, 0, 0, 0, 0, 0, 0, 0, 0, 0, 0,13
Stephen Lang             0, 1, 0, 1, 0, 0, 1, 1, 0, 1, 0, 0, 1
       0, 0, 0, 0, 0, 0, 0, 0, 0, 0, 0, 0, 0, 0, 0, 0, 0, 0, 5
Gideon Johnson           0, 0, 0, 0, 0, 0, 0, 0, 0, 0, 0, 0, 2
       0, 0, 0, 0, 0, 0, 0, 0, 0, 0, 3, 0, 1, 0, 1, 1, 1, 0, 7
Noah Tevis               2, 0, 0, 2, 1, 0, 2, 0, 1, 0, 0, 0, 0
       0, 3, 0, 0, 0, 0, 0, 0, 0, 0, 0, 0, 0, 0, 0, 0, 0, 0, 8
John Shannon             1, 0, 0, 0, 1, 0, 2, 0, 0, 1, 1, 0, 1
       0, 0, 0, 0, 0, 0, 0, 0, 0, 0, 0, 0, 0, 0, 0, 0, 0, 0, 6
Eli Schoff               2, 0, 0, 0, 1, 0, 0, 0, 1, 0, 0, 0, 0
       0, 1, 0, 0, 0, 0, 0, 0, 0, 0, 0, 0, 0, 0, 0, 0, 0, 0, 4
William Gardnor          0, 0, 0, 0, 0, 1, 0, 0, 0, 0, 1, 0, 0
       0, 1, 0, 0, 0, 0, 0, 0, 0, 0, 0, 0, 0, 0, 0, 0, 0, 0, 2
Ezekiel Hight            0, 0, 0, 0, 0, 1, 0, 0, 1, 0, 1, 0, 1
       0, 0, 0, 0, 0, 0, 0, 0, 0, 0, 0, 0, 0, 0, 0, 0, 0, 0, 3
Joseph Valadois          0, 0, 0, 0, 0, 1, 0, 0, 0, 0, 0, 0, 1
       0, 0, 0, 0, 0, 0, 0, 0, 0, 0, 0, 0, 0, 0, 0, 0, 0, 0, 1
Hemhick Singleton        1, 1, 0, 1, 1, 0, 3, 1, 1, 0, 0, 0, 2
       0, 0, 0, 0, 0, 0, 0, 1, 0, 0, 0, 0, 0, 0, 0, 0, 0, 0,10
John Reed                2, 1, 0, 0, 1, 0, 3, 1, 0, 1, 0, 0, 2
       0, 0, 0, 0, 0, 0, 0, 0, 0, 0, 0, 0, 0, 0, 0, 0, 0, 0, 9
Seth Singleton           4, 0, 0, 1, 0, 1, 0, 0, 0, 1, 0, 0, 5
       0, 0, 0, 1, 1, 0, 2, 0, 2, 0, 0, 0, 0, 0, 0, 0, 0, 0,13
Johnson Sweat            0, 0, 0, 0, 0, 0, 0, 0, 0, 0, 0, 0, 1
       0, 0, 0, 0, 0, 0, 0, 1, 0, 0, 1, 0, 1, 3, 2, 1, 0, 0, 8
John Montgomery          0, 1, 0, 0, 0, 1, 3, 2, 1, 1, 0, 0,14
       0, 0, 8, 5, 0, 2, 9, 2, 3, 0, 0, 0, 0, 0, 0, 0, 0, 0,38
Jemison Strother         0, 0, 0, 2, 0, 0, 0, 0, 0, 1, 0, 0, 3
       0, 0, 1, 0, 0, 0, 0, 1, 0, 0, 0, 0, 0, 0, 0, 0, 0, 0, 5
George Nelson            1, 0, 0, 0, 0, 1, 3, 1, 0, 1, 0, 0, 1
       0, 0, 0, 0, 0, 0, 0, 0, 0, 0, 0, 0, 0, 0, 0, 0, 0, 0, 7
William Scott            0, 0, 0, 1, 0, 0, 0, 1, 0, 1, 0, 0, 4
       0, 0, 1, 0, 1, 0, 0, 2, 0, 0, 0, 0, 0, 0, 0, 0, 0, 0, 7
Rebeca Hay               1, 1, 2, 2, 0, 0, 0, 0, 2, 0, 1, 0, 3
       0, 0, 0, 0, 0, 0, 0, 0, 0, 0, 0, 0, 0, 0, 0, 0, 0, 0, 7
Philip Bundick           0, 1, 0, 0, 1, 0, 0, 2, 0, 1, 0, 0, 3
       0, 0, 0, 2, 0, 0, 0, 0, 0, 0, 0, 0, 0, 0, 0, 0, 0, 0, 7
Charles Bundick          0, 0, 0, 0, 1, 1, 2, 0, 0, 1, 0, 0, 2
       0, 0, 1, 0, 0, 0, 0, 0, 0, 0, 0, 0, 0, 0, 0, 0, 0, 0, 6
Gedi Sweat               0, 0, 0, 0, 0, 0, 0, 0, 0, 0, 0, 0, 1
       0, 0, 0, 0, 0, 0, 0, 0, 0, 2, 0, 1, 0, 4, 1, 1, 1, 0,10
Rebecca Thomas           0, 2, 0, 0, 0, 0, 0, 2, 0, 0, 1, 0, 2
       0, 0, 0, 0, 0, 0, 0, 0, 0, 0, 0, 0, 0, 0, 0, 0, 0, 0, 5
William Henderson        0, 0, 0, 0, 1, 0, 2, 0, 0, 1, 0, 0, 1
       0, 0, 0, 0, 0, 0, 0, 0, 0, 0, 0, 0, 0, 0, 0, 0, 0, 0, 4
William Campbell         1, 0, 0, 1, 0, 0, 1, 0, 0, 1, 0, 0, 1
       0, 0, 0, 0, 0, 0, 0, 0, 0, 0, 0, 0, 0, 0, 0, 0, 0, 0, 4
Henry Hergenroider pere  2, 0, 0, 2, 0, 1, 1, 0, 1, 0, 1, 0, 3
       0, 0, 0, 0, 0, 0, 1, 0, 1, 0, 0, 0, 0, 0, 0, 0, 0,10
James Campbell           0, 1, 1, 3, 0, 1, 0, 1, 0, 0, 0, 0, 4
       0, 0, 0, 0, 0, 0, 0, 0, 0, 0, 0, 0, 0, 0, 0, 0, 0, 0, 7
```

```
apley Dick                       0, 0, 0, 0, 0, 0, 0, 0, 0, 0, 0, 0, 1,
    0, 0, 0, 0, 0, 0, 0,  0, 0, 0, 1, 0, 0, 1, 1, 0, 1, 0, 0, 4.
homas Insil                      2, 0, 0, 1, 1, 0, 3, 0, 0, 1, 0, 0, 2,
    0, 0, 0, 0, 0, 0, 0,  0, 0, 0, 0, 0, 0, 0, 0, 0, 0, 0, 0, 8.
homas Younger                    1, 0, 0, 0, 1, 0, 1, 0, 0, 1, 0, 0, 1,
    0, 0, 0, 0, 0, 0, 0,  0, 0, 0, 0, 0, 0, 0, 0, 0, 0, 0, 0, 4.
zekiel Mixter                    0, 0, 0, 0, 1, 0, 5, 1, 0, 1, 0, 0, 2,
    0, 0, 1, 0, 0, 0, 0,  1, 0,'0, 0, 0, 0, 0, 0, 0, 0, 0, 0,10.
ohn Whittington Sen.             0, 0, 0, 0, 1, 0, 1, 0, 1, 0, 0, 0, 1,
    0, 0, 0, 0, 0, 0, 0,  0, 0, 0, 0, 0, 0, 0, 0, 0, 0, 0, 0, 3.
phraim Sweat                     0, 0, 0, 0, 0, 0, 0, 0, 0, 0, 0, 0, 0,
    0, 0, 0, 0, 0, 0, 0,  0, 0, 0, 0, 1, 1, 1, 0, 0, 1, 0, 0, 4.
mas Avery                        0, 0, 0, 0, 0, 1, 0, 0, 0, 0, 0, 0, 0,
    0, 0, 0, 0, 0, 0, 0,  0, 0, 0, 1, 1, 0, 0, 2, 0, 1, 0, 0, 6.
ilbert Sweat                     0, 0, 0, 0, 0, 0, 0, 0, 0, 0, 0, 0, 3,
    0, 0, 0, 0, 2, 0, 0,  0, 0, 0, 1, 0, 1, 0, 0, 0, 1, 0, 5.
obert Singleton                  2, 2, 0, 0, 1, 1, 0, 0, 0, 1, 0, 0, 5,
    0, 2, 2, 0, 2, 0, 1,  2, 0, 0, 0, 0, 0, 0, 0, 0, 0, 0, 0,14.
aron Dial                        0, 0, 0, 0, 0, 0, 0, 0, 0, 0, 0, 0, 3,
    0, 0, 0, 0, 0, 0, 0,  0, 0, 0, 5, 0, 0, 1, 1, 1, 1, 0, 0, 9.
ary Bundick                      0, 0, 0, 0, 0, 0, 0, 0, 0, 0, 0, 1, 0,
    0, 0, 0, 0, 0, 0, 0,  0, 1, 0, 0, 0, 0, 0, 0, 0, 0, 0, 0, 2.
lizabeth Dial                    0, 0, 0, 0, 0, 0, 0, 0, 0, 0, 0, 0, 3,
    0, 0, 0, 0, 0, 0, 0,  0, 0, 0, 0, 2, 1, 0, 0, 0, 0, 1, 0, 4.
onathan Woods                    2, 0, 0, 0, 1, 0, 1, 0, 0, 1, 0, 0, 1,
    0, 0, 0, 0, 0, 0, 0,  0, 0, 0, 0, 0, 0, 0, 0, 0, 0, 0, 0, 5.
rury R. Prichard ?               0, 0, 0, 0, 1, 0, 0, 0, 0, 1, 0, 0, 1,
    0, 0, 0, 0, 0, 0, 0,  0, 0, 0, 0, 0, 0, 0, 0, 0, 0, 0, 0, 2.
reen Robertson                   1, 0, 0, 0, 1, 0, 0, 0, 0, 1, 0, 0, 1,
    0, 0, 0, 0, 0, 0, 0,  0, 0, 0, 0, 0, 0, 0, 0, 0, 0, 0, 0, 3.
lizabeth Dial                    0, 0, 0, 0, 0, 0, 0, 0, 0, 0, 0, 0, 0,
    0, 0, 0, 0, 0, 0, 0,  0, 0, 0, 1, 0, 0, 0, 0, 0, 1, 0, 0, 2.
ohn Ryan                         1, 1, 0, 0, 1, 0, 2, 0, 0, 1, 0, 0, 2,
    0, 0, 0, 0, 0, 0, 0,  0, 0, 0, 0, 0, 0, 0, 0, 0, 0, 0, 0, 6.
riffin Whittington               2, 1, 0, 0, 0, 1, 0, 0, 0, 1, 0, 0, 2,
    0, 0, 0, 0, 0, 0, 0,  0, 0, 0, 0, 0, 0, 0, 0, 0, 0, 0, 0, 5.
illis Perkins                    0, 0, 0, 0, 0, 0, 0, 0, 0, 0, 0, 0, 1,
    0, 0, 0, 0, 0, 0, 0,  0, 0, 0, 1, 0, 1, 0, 2, 0, 1, 0, 0, 5.
tephen Perkins                   0, 0, 0, 0, 0, 0, 0, 0, 0, 0, 0, 0, 1,
    0, 0, 0, 0, 0, 0, 0,  0, 0, 0, 0, 0, 1, 0, 1, 0, 1, 0, 0, 3.
ewis Perkins                     0, 0, 0, 0, 0, 0, 0, 0, 0, 0, 0, 0, 1,
    0, 0, 0, 0, 0, 0, 0,  0, 0, 0, 0, 0, 1, 0, 2, 0, 1, 0, 0, 4.
eorge Perkins                    0, 0, 0, 0, 0, 0, 0, 0, 0, 0, 0, 0, 1,
    0, 0, 0, 0, 0, 0, 0,  0, 0, 0, 2, 0, 1, 0, 1, 0, 1, 0, 0, 5.
oseph Willis Sen.                0, 0, 0, 0, 0, 0, 0, 0, 0, 0, 0, 0, 6,
    0, 0, 1, 0, 0, 0, 2,  1, 0, 0, 1, 2, 0, 1, 4, 2, 0, 1, 0,15.
oseph Willis Jun.                0, 0, 0, 0, 0, 0, 0, 0, 0, 0, 0, 0, 1,
    0, 0, 0, 0, 0, 0, 0,  0, 0, 0, 0, 1, 0, 1, 1, 1, 0, 0, 4.
ssac Griffith                    2, 0, 0, 0, 1, 0, 0, 0, 1, 0, 0, 0, 2,
    0, 0, 0, 0, 0, 0, 0,  1, 0, 0, 0, 0, 0, 0, 0, 0, 0, 0, 5.
sabel & Cabral                   0, 0, 0, 0, 2, 0, 0, 0, 0, 0, 0, 0, 0,
    2, 0, 0, 0, 0, 0, 0,  0, 0, 0, 0, 0, 0, 0, 0, 0, 0, 0, 2.
```

Page 56

```
Desportes & Duchamp         0, 0, 0, 0, 1, 1, 0, 0, 0, 0, 0, 2,
      2, 0, 0, 0, 0, 0, 0,  0, 0, 0, 0, 0, 0, 0, 0, 0, 0, 0, 0,
John F. Heath               0, 0, 0, 1, 1, 0, 0, 0, 0, 0, 0, 0,1
      5, 5, 4, 0, 2, 4, 2,  4, 2, 0, 0, 0, 0, 0, 0, 0, 0, 0, 0,2
Laclaire Fuselier           1, 0, 0, 0, 1, 0, 2, 0, 1, 0, 0, 0,
      0, 0, 0, 1, 0, 0, 1,  1, 0, 0, 0, 0, 0, 0, 0, 0, 0, 0, 0,
Cesar Lafleur               1, 0, 0, 0, 1, 0, 2, 0, 1, 0, 0, 0,
      0, 0, 1, 0, 0, 0, 2,  0, 1, 0, 0, 0, 0, 0, 0, 0, 0, 0, 0,
Etienne N. Fuselier         2, 0, 0, 0, 1, 0, 2, 1, 0, 1, 0, 0,
      0, 0, 0, 1, 1, 0, 0,  0, 0, 0, 0, 0, 0, 0, 0, 0, 0, 0, 0,1
Antoine Deshotels           1, 0, 0, 1, 0, 0, 2, 0, 1, 0, 0, 0,
      0, 0, 0, 0, 0, 0, 0,  0, 0, 0, 0, 0, 0, 0, 0, 0, 0, 0, 0,
Zenon Bordelon              0, 0, 0, 1, 0, 0, 1, 0, 1, 0, 0, 0,
      0, 0, 0, 0, 0, 0, 0,  0, 0, 0, 0, 0, 0, 0, 0, 0, 0, 0, 0,
Valarie Bordelon            0, 0, 0, 1, 0, 0, 0, 0, 0, 0, 0, 0,
      0, 0, 0, 0, 0, 0, 0,  0, 0, 0, 0, 0, 0, 0, 0, 0, 0, 0, 0,
Etienne Vidrine fils        0, 0, 0, 1, 0, 0, 0, 0, 0, 0, 0, 0,
      0, 0, 0, 0, 0, 0, 0,  0, 0, 0, 0, 0, 0, 0, 0, 0, 0, 0, 0,
Joseph Guilliory            3, 0, 0, 0, 1, 0, 1, 0, 1, 0, 0, 0,
      0, 0, 0, 0, 0, 0, 0,  0, 0, 0, 0, 0, 0, 0, 0, 0, 0, 0, 0,
Valarie Veillon             0, 0, 0, 1, 0, 0, 1, 0, 0, 1, 0, 0,
      0, 0, 0, 0, 0, 0, 0,  0, 0, 0, 0, 0, 0, 0, 0, 0, 0, 0, 0,
Francois Hebert fils        0, 0, 0, 1, 0, 0, 0, 1, 0, 0, 0, 0,
      0, 0, 0, 0, 0, 0, 0,  0, 0, 0, 0, 0, 0, 0, 0, 0, 0, 0, 0,
Louis Fuselier              3, 0, 0, 0, 1, 0, 4, 0, 0, 1, 0, 0,
      0, 0, 0, 1, 0, 0, 0,  0, 0, 1, 0, 0, 0, 0, 0, 0, 0, 0, 0,1
William Reed                3, 1, 1, 1, 1, 0, 2, 0, 1, 0, 0, 0,
      0, 0, 0, 0, 0, 0, 0,  0, 0, 0, 0, 0, 0, 0, 0, 0, 0, 0, 0,
William Ritter              0, 0, 0, 0, 1, 0, 2, 0, 1, 0, 0, 0,
      0, 1, 0, 0, 0, 0, 0,  0, 0, 0, 0, 0, 0, 0, 0, 0, 0, 0, 0,
James Anderson              1, 0, 0, 2, 0, 1, 2, 0, 0, 0, 1, 0,
      0, 0, 0, 0, 0, 0, 0,  0, 0, 0, 0, 0, 0, 0, 0, 0, 0, 0, 0,
Joseph Histapes             3, 0, 0, 0, 1, 1, 1, 0, 0, 0, 0, 0,
      0, 0, 0, 0, 0, 0, 0,  0, 0, 0, 0, 0, 0, 0, 0, 0, 0, 0, 0,
John Chavers                0, 0, 0, 0, 0, 0, 0, 0, 0, 0, 0, 0,
      0, 0, 0, 0, 0, 0, 0,  0, 0, 0, 0, 2, 1, 0, 1, 2, 0, 0,
Boatright & Glaize          0, 0, 1, 2, 1, 0, 0, 0, 0, 0, 0, 0,4
      0, 0,12,12, 8, 3, 2,  6, 9, 1, 0, 0, 0, 0, 0, 0, 0, 0, 0,5
Darcos Clark                0, 0, 0, 0, 0, 0, 0, 0, 0, 0, 0, 0,
      0, 0, 0, 0, 0, 0, 0,  1, 0, 0, 0, 1, 2, 0, 1, 0,
Dolly Ann Thompson          0, 0, 0, 1, 0, 0, 2, 2, 1, 0, 1, 0,
      0, 0, 0, 0, 0, 0, 0,  0, 0, 0, 0, 0, 0, 0, 0, 0, 0, 0,
John Bass                   0, 0, 0, 0, 0, 0, 0, 0, 0, 0, 0, 0,
      0, 0, 0, 0, 0, 0, 0,  0, 0, 3, 0, 0, 1, 1, 1, 0, 1, 0,
George G. Rogers            0, 0, 0, 1, 0, 0, 0, 0, 2, 0, 0, 0,
      0, 0, 3, 1, 1, 0, 2,  2, 0, 0, 0, 0, 0, 0, 0, 0, 0, 0, 0,1
Stephen Reed                2, 0, 0, 0, 1, 0, 1, 0, 1, 0, 0, 0,
      0, 0, 1, 0, 0, 0, 1,  0, 0, 0, 0, 0, 0, 0, 0, 0, 0, 0, 0,
Cadick Gober                2, 0, 0, 0, 1, 1, 2, 0, 0, 1, 0, 0,
      0, 0, 1, 0, 0, 0, 1,  1, 0, 0, 0, 0, 0, 0, 0, 0, 0, 0, 0,1
John Simmons                1, 0, 0, 1, 0, 1, 1, 1, 0, 1, 0, 0,
      0, 0, 0, 0, 0, 0, 1,  1, 0, 0, 0, 0, 0, 0, 0, 0, 0, 0, 0,
```

Vincent Simmons   0, 0, 0, 0, 0, 1, 2, 1, 0, 0, 0, 0, 4,
          0, 0, 2, 2, 0, 0, 3, 1, 0, 0, 0, 0, 0, 0, 0, 0, 0, 0, 0,12.
George Smith   0, 2, 0, 0, 0, 1, 0, 0, 0, 0, 1, 0, 3,
          0, 0, 0, 0, 0, 0, 0, 0, 0, 0, 0, 0, 0, 0, 0, 0, 0, 0, 4.
William B. Wilbourne   5, 1, 0, 0, 1, 0, 0, 1, 0, 1, 0, 0, 3,
          0, 1, 1, 0, 1, 0, 1, 1, 0, 0, 0, 0, 0, 0, 0, 0, 0, 0, 0,13.
Joshua Miller   1, 0, 0, 1, 0, 1, 0, 2, 1, 0, 1, 0, 3,
          0, 0, 0, 0, 0, 0, 0, 0, 1, 0, 0, 0, 0, 0, 0, 0, 0, 0, 8.
Nathan Hazleton   2, 0, 0, 0, 1, 0, 1, 1, 0, 1, 0, 0, 1,
          0, 0, 0, 0, 0, 0, 0, 0, 0, 0, 0, 0, 0, 0, 0, 0, 0, 0, 6.
James Ferguson   3, 0, 0, 1, 0, 1, 3, 0, 0, 0, 1, 0, 8,
          0, 0, 3, 3, 1, 0, 2, 2, 0, 0, 0, 0, 0, 0, 0, 0, 0, 0,20.
Daniel Ferguson   1, 0, 1, 3, 0, 1, 2, 2, 0, 1, 0, 0, 6,
          0, 4, 3, 1, 3, 0, 3, 2, 1, 0, 0, 0, 0, 0, 0, 0, 0, 0,23.
James Graves   0, 0, 0, 0, 0, 0, 0, 0, 0, 0, 0, 0, 1,
          0, 0, 0, 0, 0, 0, 0, 1, 0, 1, 0, 1, 0, 1, 0, 4.
William Taylor   0, 0, 0, 0, 1, 0, 0, 0, 0, 0, 0, 0, 3,
          0, 0, 0, 1, 1, 0, 0, 0, 0, 0, 1, 0, 0, 0, 1, 1, 0, 0, 0, 6.
Issac Perkins   0, 0, 0, 0, 0, 0, 0, 0, 0, 0, 0, 0, 1,
          0, 0, 0, 0, 0, 0, 0, 0, 0, 0, 1, 0, 1, 1, 0, 0, 0, 3.
Moses Ashworth   0, 0, 0, 0, 0, 0, 0, 0, 0, 0, 0, 0, 1,
          0, 0, 0, 0, 0, 0, 1, 0, 1, 0, 4, 0, 1, 0, 7.
Isaac Perkins Sen.   0, 0, 0, 0, 0, 0, 0, 0, 0, 0, 0, 0, 0,
          0, 1, 0, 0, 0, 0, 0, 0, 0, 0, 0, 0, 1, 0, 0, 0, 0, 1.
Joshua Perkins   0, 0, 0, 0, 0, 0, 0, 0, 0, 0, 0, 0, 1,
          0, 0, 0, 0, 0, 0, 0, 0, 0, 1, 0, 0, 0, 0, 0, 0, 1.
Nancy Perkins   0, 0, 0, 0, 0, 0, 0, 0, 0, 0, 0, 0, 1,
          0, 0, 0, 0, 0, 0, 1, 1, 0, 0, 2, 2, 0, 1, 0, 7.
Jeremiah Walker   0, 0, 0, 0, 1, 1, 1, 0, 1, 0, 1, 0, 3,
          0, 0, 0, 0, 0, 1, 0, 0, 0, 0, 0, 0, 0, 0, 0, 0, 6.
James Sivan   0, 0, 0, 0, 1, 0, 2, 0, 1, 0, 0, 0, 1,
          0, 0, 0, 0, 0, 0, 0, 0, 0, 0, 0, 0, 0, 0, 0, 0, 4.
Esther Lacky   0, 1, 0, 0, 0, 0, 3, 3, 0, 1, 0, 0, 1,
          0, 0, 0, 0, 0, 0, 0, 0, 0, 0, 0, 0, 0, 0, 0, 0, 8.
Elizabeth O'Bannon   0, 2, 1, 1, 0, 0, 0, 0, 0, 1, 0, 0, 3,
          0, 0, 0, 0, 0, 0, 0, 0, 0, 0, 0, 0, 0, 0, 0, 0, 4.
Joseph Whitmore   0, 0, 0, 1, 0, 0, 0, 0, 1, 0, 0, 0, 1,
          0, 0, 0, 0, 0, 0, 0, 0, 0, 0, 0, 0, 0, 0, 0, 0, 2.
William Isles   2, 0, 0, 0, 1, 0, 0, 0, 1, 0, 0, 0, 1,
          0, 0, 0, 0, 0, 0, 0, 0, 0, 0, 0, 0, 0, 0, 0, 0, 4.
James Marlow   4, 1, 1, 1, 0, 1, 1, 0, 1, 1, 0, 0, 4,
          0, 0, 0, 0, 0, 0, 1, 0, 0, 0, 0, 0, 0, 0, 0, 0, 0, 0,11.
John Thompson   0, 0, 0, 0, 0, 1, 0, 0, 1, 0, 1, 0, 3,
          0, 0, 1, 1, 0, 0, 0, 0, 1, 0, 0, 0, 0, 0, 0, 0, 6.
Solomon Cole   1, 1, 0, 1, 0, 1, 2, 0, 0, 0, 1, 0, 3,
          0, 0, 0, 0, 0, 1, 0, 0, 0, 0, 0, 0, 0, 0, 8.
William Foreman   1, 1, 0, 0, 1, 0, 2, 0, 1, 0, 0, 0, 3,
          0, 0, 0, 0, 0, 0, 0, 1, 0, 0, 0, 0, 0, 0, 0, 0, 7.
James Mitchell   3, 1, 1, 1, 1, 0, 1, 1, 0, 1, 0, 0, 3,
          0, 0, 0, 0, 0, 0, 0, 0, 0, 0, 0, 0, 0, 0, 0, 0, 9.
John Dove   0, 0, 0, 0, 1, 0, 0, 0, 1, 0, 0, 0, 1,
          0, 0, 0, 0, 0, 0, 0, 0, 0, 0, 0, 0, 0, 0, 0, 0, 2.

```
John Simmons              0, 0, 0, 1, 0, 0, 0, 1, 0, 0, 0, 0, 1
     0, 0, 0, 0, 0, 0, 0, 0, 0, 0, 0, 0, 0, 0, 0, 2
James Cole                2, 0, 0, 2, 1, 1, 2, 0, 0, 1, 0, 0, 2
     0, 1, 0, 0, 0, 0, 0, 0, 0, 0, 0, 0, 0, 0, 0, 9
John Stewart              1, 0, 1, 1, 0, 1, 0, 1, 1, 0, 1, 0, 2
     0, 0, 0, 0, 0, 0, 0, 0, 0, 0, 0, 0, 0, 0, 0, 6
Stephen Jeth ?            3, 1, 0, 0, 1, 0, 3, 1, 0, 1, 0, 0, 2
     0, 0, 0, 0, 0, 0, 0, 0, 0, 0, 0, 0, 0, 0, 0,10
James Simmons             2, 0, 1, 3, 0, 1, 0, 1, 0, 0, 1, 0, 5
     0, 0, 1, 0, 0, 1, 3, 1, 0, 1, 0, 0, 0, 0, 0,15
David Simmons             1, 1, 0, 1, 1, 0, 4, 0, 0, 1, 0, 0, 3
     0, 0, 0, 1, 0, 0, 0, 0, 0, 0, 0, 0, 0, 0, 0,10
Absalom Cole              1, 0, 0, 0, 1, 0, 2, 0, 0, 1, 0, 0, 1
     0, 0, 0, 0, 0, 0, 0, 0, 0, 0, 0, 0, 0, 0, 0, 5
James R. Cole             0, 0, 0, 1, 0, 0, 1, 0, 1, 0, 0, 0, 1
     0, 0, 0, 0, 0, 0, 0, 0, 0, 0, 0, 0, 0, 0, 0, 3
James R. Cole Sen.        0, 2, 1, 1, 1, 1, 1, 0, 0, 0, 1, 0, 5
     0, 0, 1, 0, 0, 0, 1, 1, 0, 0, 0, 0, 0, 0, 0,10
Jacob Cole                2, 0, 0, 1, 0, 0, 0, 0, 1, 0, 0, 0, 1
     0, 0, 0, 0, 0, 0, 0, 0, 0, 0, 0, 0, 0, 0, 0, 4
James Curtis              2, 1, 1, 1, 1, 0, 1, 0, 0, 1, 0, 0, 3
     0, 0, 0, 0, 0, 0, 0, 0, 0, 0, 0, 0, 0, 0, 0, 7
Drury Bunch               0, 0, 0, 0, 0, 0, 0, 0, 0, 0, 0, 0, 1
     0, 0, 0, 0, 0, 0, 0, 0, 0, 0, 1, 0, 4, 1, 1, 0, 7
Margaret Morice           0, 1, 0, 0, 0, 1, 1, 1, 0, 0, 1, 0, 1
     0, 0, 0, 0, 0, 0, 0, 0, 0, 0, 0, 0, 0, 0, 0, 5
Julien Guilliory          4, 0, 0, 0, 1, 0, 1, 2, 0, 1, 0, 0, 2
     0, 0, 0, 1, 0, 0, 0, 0, 0, 0, 0, 0, 0, 0, 0,10
Baptiste L. Guilliory     0, 0, 0, 1, 1, 0, 1, 2, 1, 0, 0, 0, 2
     0, 0, 0, 0, 0, 0, 0, 1, 0, 0, 0, 0, 0, 0, 0, 7
Baptiste A. Fontenot      0, 0, 0, 0, 0, 0, 0, 1, 0, 1, 0, 0, 2
     0, 0, 1, 0, 1, 0, 1, 1, 0, 0, 0, 0, 0, 0, 0, 7
Augustin A. Fontenot      0, 0, 0, 0, 0, 0, 0, 0, 0, 0, 0, 0, 1
     0, 0, 0, 0, 0, 0, 0, 1, 0, 0, 1, 0, 0, 0, 0, 2
Charles Boleau            1, 0, 0, 0, 1, 0, 3, 0, 1, 0, 0, 0, 1
     0, 0, 0, 0, 0, 0, 0, 0, 0, 0, 0, 0, 0, 0, 0, 6
Simon Ber. Fontenot       0, 0, 1, 3, 1, 1, 0, 1, 0, 0, 0, 0, 4
     0, 0, 0, 0, 0, 0, 0, 0, 0, 0, 0, 0, 0, 0, 0, 7
Pierre Aucoin             1, 0, 0, 1, 0, 1, 1, 1, 0, 1, 0, 0, 2
     0, 0, 0, 0, 0, 0, 0, 0, 0, 0, 0, 0, 0, 0, 0, 6
Paul Fontenot             2, 1, 0, 0, 0, 1, 2, 0, 1, 1, 0, 0, 3
     0, 0, 0, 1, 0, 0, 0, 1, 0, 0, 0, 0, 0, 0, 0,10
Louis Sooier              1, 1, 0, 0, 0, 1, 2, 1, 0, 1, 0, 0, 2
     0, 0, 0, 0, 0, 0, 0, 0, 0, 0, 0, 0, 0, 0, 0, 7
Jose Manuel               1, 0, 0, 0, 0, 1, 2, 1, 0, 1, 0, 0, 1
     0, 0, 0, 0, 0, 0, 0, 0, 0, 0, 0, 0, 0, 0, 0, 6
Goerge Hudson             1, 0, 0, 0, 1, 1, 1, 0, 0, 1, 1, 0, 2
     0, 1, 0, 1, 0, 0, 1, 0, 1, 0, 0, 0, 0, 0, 0,11
Marie Therese             0, 0, 0, 0, 0, 0, 0, 0, 0, 0, 0, 0, 3
     0, 0, 0, 0, 0, 0, 2, 0, 0, 0, 0, 0, 1, 0, 2
Joseph Marie              0, 0, 0, 0, 0, 0, 0, 0, 0, 0, 0, 0, 2
     0, 0, 0, 0, 0, 0, 1, 1, 0, 2, 0, 1, 0, 0, 5
```

```
Ve. Roman Lafosse          2, 0, 0, 0, 0, 0, 0, 1, 1, 1, 0, 0, 0,
    0, 0, 0, 0, 0, 0, 0,   0, 0, 0, 0, 0, 0, 0, 0, 0, 0, 0, 0, 5.
Jean Louis Fontenot        1, 0, 0, 0, 1, 0, 1, 0, 1, 0, 0, 0, 1,
    0, 0, 0, 0, 0, 0, 0,   0, 0, 0, 0, 0, 0, 0, 0, 0, 0, 0, 0, 4.
Francois Gallien fils      1, 0, 0, 2, 0, 0, 0, 0, 1, 0, 0, 0, 2,
    0, 0, 0, 0, 0, 0, 0,   0, 0, 0, 0, 0, 0, 0, 0, 0, 0, 0, 0, 4.
Francois Veillon           3, 0, 0, 0, 1, 0, 0, 0, 1, 0, 0, 0, 1,
    0, 0, 0, 0, 0, 0, 0,   0, 0, 0, 0, 0, 0, 0, 0, 0, 0, 0, 0, 5.
Joseph L. Guilliory        3, 2, 0, 0, 1, 0, 2, 2, 0, 1, 0, 0, 3,
    0, 0, 0, 0, 0, 0, 0,   0, 0, 0, 0, 0, 0, 0, 0, 0, 0, 0, 0,11.
Samuel Laughlin            0, 0, 0, 1, 0, 1, 0, 0, 0, 0, 0, 0, 4,
    0, 1, 1, 2, 0, 0, 1,   1, 1, 0, 1, 0, 0, 0, 0, 0, 0, 0, 0,10.
Andrew Weaver              1, 0, 0, 1, 2, 1, 0, 0, 0, 1, 0, 0, 1,
    0, 3, 0, 0, 0, 0, 0,   0, 0, 0, 0, 0, 1, 0, 0, 0, 0, 0, 0, 7.
Elizabeth Yaw              1, 2, 0, 0, 0, 0, 1, 1, 0, 1, 0, 0, 2,
    0, 0, 0, 0, 0, 0, 0,   0, 0, 0, 0, 0, 0, 0, 0, 0, 0, 0, 0, 6.
Augustin Chs. Fontenot     1, 0, 0, 1, 0, 0, 0, 0, 1, 0, 0, 0, 1,
    0, 0, 0, 0, 0, 0, 0,   0, 0, 0, 0, 0, 0, 0, 0, 0, 0, 0, 0, 3.
Charles Bre. Fontenot      1, 0, 0, 2, 1, 1, 0, 1, 2, 0, 0, 0, 4,
    0, 0, 0, 0, 0, 0, 0,   0, 0, 0, 0, 0, 0, 0, 0, 0, 0, 0, 0, 8.
Etienne Vidrine Pere       3, 2, 1, 4, 1, 1, 1, 0, 0, 1, 0, 1, 7,
    1, 0, 0, 0, 0, 0, 0,   0, 0, 0, 0, 0, 0, 0, 0, 0, 0, 0, 0,13.
Pierre Vidrine Pere        1, 1, 0, 3, 0, 1, 1, 1, 1, 0, 1, 0, 5,
    0, 0, 0, 0, 0, 0, 0,   0, 0, 0, 0, 0, 0, 0, 0, 0, 0, 0, 0,10.
Henry Fontenot             2, 0, 1, 2, 0, 1, 2, 2, 1, 1, 0, 0, 3,
    0, 0, 1, 1, 0, 0, 0,   1, 0, 0, 0, 0, 0, 0, 0, 0, 0, 0, 0,14.
Joseph Bordelon            2, 0, 0, 0, 1, 0, 1, 0, 1, 0, 0, 0, 2,
    0, 0, 0, 0, 0, 0, 1,   0, 1, 0, 0, 0, 0, 0, 0, 0, 0, 0, 0, 7.
Godfroi Soilleau           1, 1, 0, 1, 1, 1, 3, 0, 0, 1, 0, 0, 7,
    0, 0, 4, 2, 0, 0, 1,   2, 0, 0, 0, 0, 0, 0, 0, 0, 0, 0, 0,18.
Catharine McDaniel         1, 1, 1, 1, 0, 0, 2, 2, 3, 0, 1, 0, 2,
    0, 0, 0, 0, 0, 0, 0,   0, 0, 0, 0, 0, 0, 0, 0, 0, 0, 0, 0,11.
Nicholas Bordelon          3, 0, 0, 1, 0, 1, 1, 4, 1, 1, 0, 0,10,
    0, 0, 3, 0, 4, 1, 4,   1, 2, 0, 0, 0, 0, 0, 0, 0, 0, 0, 0,27.
Eloi Luccas Fontenot       3, 0, 0, 0, 1, 0, 1, 0, 0, 1, 0, 0, 5,
    0, 0, 1, 1, 0, 0, 3,   1, 0, 0, 0, 0, 0, 0, 0, 0, 0, 0, 0,12.
Philip J. L. Fontenot      0, 1, 2, 3, 0, 1, 0, 1, 0, 0, 1, 0,15,
    0, 0, 4, 2, 3, 1, 3,   2, 1, 0, 0, 0, 0, 0, 0, 0, 0, 0, 0,23.
Paulin J. L. Fontenot      1, 0, 0, 1, 0, 0, 2, 0, 1, 0, 0, 0, 1,
    0, 0, 0, 0, 0, 0, 0,   0, 0, 0, 0, 0, 0, 0, 0, 0, 0, 0, 0, 5.
Michel Pappillon           0, 0, 0, 0, 0, 0, 0, 0, 0, 0, 0, 0, 2,
    0, 0, 0, 0, 0, 0, 0,   0, 0, 1, 0, 1, 0, 1, 0, 0, 0, 0, 0, 3.
Ve. Adam Tate              0, 1, 1, 2, 0, 0, 1, 0, 0, 1, 0, 0, 7,
    0, 0, 0, 1, 2, 1, 4,   0, 1, 0, 0, 0, 0, 0, 0, 0, 0, 0, 0,14.
Philip Larose Fontenot     2, 3, 0, 0, 1, 1, 2, 2, 0, 1, 0, 0, 5,
    0, 0, 0, 0, 1, 0, 1,   0, 0, 0, 0, 0, 0, 0, 0, 0, 0, 0, 0,14.
Joseph Larose Fontenot     0, 0, 0, 1, 1, 1, 0, 0, 0, 0, 1, 0,34,
    0, 0, 5, 6,14, 5,10,   5, 3, 3, 0, 0, 0, 0, 0, 0, 0, 0, 0,55.
Ve. Michel Jenise          0, 0, 0, 0, 0, 0, 1, 0, 0, 2, 0, 1, 2,
    0, 0, 0, 0, 0, 1, 0,   0, 0, 1, 0, 0, 0, 0, 0, 0, 0, 0, 0, 6.
Denis Ortago               0, 0, 0, 0, 1, 0, 2, 0, 0, 1, 0, 0, 1,
    0, 0, 0, 0, 0, 0, 0,   0, 0, 0, 0, 0, 0, 0, 0, 0, 0, 0, 0, 4.
```

```
Manuel Ortago              0, 0, 0, 1, 0, 0, 0, 0, 1, 0, 0, 0,
    0, 0, 0, 0, 0, 0, 0,   0, 0, 0, 0, 0, 0, 0, 0, 0, 0, 0, 0, 2
Jose Marie Ortago          3, 0, 0, 1, 0, 0, 0, 0, 1, 0, 0, 0,
    0, 0, 0, 0, 0, 0, 0,   0, 0, 0, 0, 0, 0, 0, 0, 0, 0, 0, 0,
Anazette Ortago            0, 0, 0, 0, 2, 0, 4, 0, 0, 1, 0, 0, 2
    0, 0, 0, 0, 0, 0, 0,   0, 0, 0, 0, 0, 0, 0, 0, 0, 0, 0, 0, 2
Charles Hervery            0, 0, 0, 0, 1, 0, 0, 0, 0, 0, 0, 0, 2
    0, 0, 0, 0, 0, 0, 0,   0, 0, 0, 0, 0, 0, 0, 0, 2, 0, 0, 0, 3
Narcissus Lavigne          0, 0, 0, 0, 0, 0, 0, 0, 0, 0, 0, 0,
    0, 0, 0, 0, 0, 0, 0,   0, 1, 0, 0, 3, 2, 0, 0, 0, 0, 0, 0, 6
Joseph Ogier               3, 0, 0, 0, 0, 1, 2, 1, 0, 1, 0, 0,
    0, 0, 0, 0, 0, 0, 0,   0, 0, 0, 0, 0, 0, 0, 0, 0, 0, 0, 0, 8
Louise Laviolette          0, 0, 0, 0, 0, 0, 0, 0, 0, 0, 0, 0, 4
    0, 0, 0, 0, 0, 0, 0,   0, 0, 0, 2, 3, 1, 0, 1, 0, 1, 0, 0, 8
Terephina Proux            0, 0, 0, 0, 1, 0, 0, 0, 0, 0, 1, 0, 2
    0, 1, 0, 0, 0, 2, 1,   0, 0, 0, 0, 0, 0, 0, 0, 0, 0, 0, 0, 6
Baptiste Prevost           0, 0, 0, 0, 0, 0, 0, 0, 0, 0, 0, 0, 2
    0, 0, 0, 0, 0, 0, 0,   0, 0, 0, 3, 0, 1, 0, 3, 2, 1, 0, 0,10
Joseph Desire              0, 0, 0, 0, 0, 0, 0, 0, 0, 0, 0, 0, 1
    0, 0, 0, 0, 0, 0, 0,   0, 0, 0, 0, 1, 0, 0, 0, 1, 0, 0, 0, 2
Babet Lamirande            0, 0, 0, 0, 0, 0, 0, 0, 0, 0, 0, 0, 1
    0, 0, 0, 0, 0, 0, 0,   0, 0, 0, 0, 0, 1, 0, 0, 0, 1, 1, 0, 3
Baptiste Pero              1, 1, 0, 1, 1, 0, 2, 1, 1, 0, 0, 0, 2
    0, 0, 0, 0, 0, 0, 0,   0, 0, 0, 0, 0, 0, 0, 0, 0, 0, 0, 0, 8
Ve. Jacques Deshotels      0, 0, 0, 2, 0, 0, 0, 0, 2, 0, 1, 0, 2
    0, 0, 1, 0, 0, 0, 0,   1, 0, 0, 0, 0, 0, 0, 0, 0, 0, 0, 0, 7
Ve. Baptiste Lafleur       1, 0, 0, 0, 0, 0, 0, 0, 0, 0, 1, 0, 0
    0, 0, 0, 0, 0, 0, 0,   0, 0, 0, 0, 0, 0, 0, 0, 0, 0, 0, 0, 2
Jacob Bogard               1, 1, 0, 0, 1, 1, 0, 0, 1, 0, 1, 0, 3
    0, 0, 0, 0, 0, 0, 0,   0, 0, 0, 0, 0, 0, 0, 0, 0, 0, 0, 0, 6
William Lee                2, 0, 0, 0, 1, 0, 1, 0, 2, 0, 0, 0, 0
    0, 1, 0, 0, 0, 0, 0,   0, 0, 0, 0, 0, 0, 0, 0, 0, 0, 0, 0, 6
Cesar Hanchett             0, 0, 0, 0, 2, 0, 0, 0, 0, 0, 0, 0, 5
    0, 0, 0, 2, 1, 0, 0,   0, 0, 0, 0, 0, 0, 0, 0, 0, 0, 0, 0, 5
Mame Jany                  1, 0, 0, 0, 1, 0, 4, 2, 0, 0, 1, 0, 3
    0, 0, 0, 0, 2, 0, 0,   0, 0, 0, 0, 0, 0, 0, 0, 0, 0, 0, 0,11
Charles F. Pitre           0, 2, 0, 0, 2, 0, 3, 0, 0, 1, 0, 0, 4
    0, 1, 1, 0, 1, 1, 0,   1, 0, 0, 0, 0, 0, 0, 0, 0, 0, 0, 0,12
Charles Viger              1, 0, 0, 1, 1, 0, 0, 0, 1, 0, 0, 0, 2
    0, 0, 0, 0, 0, 0, 0,   0, 0, 0, 0, 0, 0, 0, 0, 0, 0, 0, 0, 4
Pierre Pitre               2, 0, 0, 0, 1, 1, 0, 0, 1, 0, 0, 0, 2
    0, 0, 1, 0, 0, 0, 1,   1, 0, 0, 0, 0, 0, 0, 0, 0, 0, 0, 0, 8
Pierre Viger               2, 1, 0, 0, 1, 0, 2, 0, 0, 1, 0, 0, 1
    0, 0, 0, 0, 0, 0, 0,   0, 0, 0, 0, 0, 0, 0, 0, 0, 0, 0, 0, 7
Olivier Richard            0, 2, 0, 1, 0, 1, 1, 1, 2, 1, 0, 0, 8
    0, 0, 1, 1, 1, 1, 3,   1, 1, 0, 0, 0, 0, 0, 0, 0, 0, 0, 0,18
Ceselia Comeau             0, 0, 0, 1, 1, 0, 0, 0, 0, 0, 1, 0, 1
    0, 0, 0, 0, 0, 0, 4,   0, 1, 0, 0, 0, 0, 0, 0, 0, 0, 0, 0, 8
Joseph Pitre               1, 0, 0, 0, 1, 0, 3, 0, 0, 1, 0, 0, 2
    0, 0, 1, 0, 1, 0, 0,   1, 0, 0, 0, 0, 0, 0, 0, 0, 0, 0, 0, 9
Charles Normand            1, 0, 0, 0, 1, 0, 2, 0, 1, 0, 0, 0, 1
    0, 0, 0, 0, 0, 0, 0,   0, 0, 0, 0, 0, 0, 0, 0, 0, 0, 0, 0, 5
```

```
ugene Ledoux              3, 1, 0, 0, 1, 0, 3, 0, 0, 1, 0, 0, 6,
  0, 0, 3, 2, 0, 1, 1,    0, 0, 1, 0, 0, 0, 0, 0, 0, 0, 0, 0,17.
rancois Joubert           1, 0, 0, 0, 1, 1, 0, 2, 0, 1, 0, 0, 5,
  0, 0, 2, 1, 0, 0, 0,    0, 2, 0, 0, 0, 0, 0, 0, 0, 0, 0, 0,11.
enrv Viger                2, 2, 0, 0, 0, 1, 2, 2, 0, 1, 0, 0, 5,
  0, 0, 2, 0, 1, 0, 3,    0, 1, 0, 0, 0, 0, 0, 0, 0, 0, 0, 0,17.
icholas Morin             0, 0, 0, 0, 0, 1, 0, 0, 0, 0, 1, 0, 1,
  0, 0, 0, 0, 0, 0, 0,    0, 0, 0, 0, 0, 0, 0, 0, 0, 0, 0, 0, 2.
esfroi Guilliory          1, 0, 0, 1, 1, 0, 1, 0, 0, 1, 0, 0, 2,
  0, 0, 0, 0, 0, 0, 0,    0, 1, 0, 0, 0, 0, 0, 0, 0, 0, 0, 0, 6.
alarie Guilliory          0, 0, 0, 0, 1, 0, 4, 0, 1, 0, 0, 0, 1,
  0, 0, 0, 0, 0, 0, 0,    0, 0, 0, 0, 0, 0, 0, 0, 0, 0, 0, 0, 6.
dward Manuel              1, 0, 0, 1, 0, 0, 0, 0, 1, 0, 0, 0, 1,
  0, 0, 0, 0, 0, 0, 0,    0, 0, 0, 0, 0, 0, 0, 0, 0, 0, 0, 0, 3.
aphial Manuel             1, 1, 0, 1, 0, 0, 0, 0, 1, 0, 0, 2, 1,
  0, 0, 0, 0, 0, 0, 0,    0, 0, 0, 0, 0, 0, 0, 0, 0, 0, 0, 0, 3.
odfroi Manuel             0, 1, 0, 0, 1, 0, 0, 1, 0, 0, 1, 0, 2,
  0, 0, 0, 0, 0, 0, 0,    0, 0, 0, 0, 0, 0, 0, 0, 0, 0, 0, 0, 4.
ierre Manuel              0, 0, 0, 0, 2, 0, 1, 0, 1, 0, 0, 0, 2,
  0, 0, 0, 0, 0, 0, 0,    1, 0, 0, 0, 0, 0, 0, 0, 0, 0, 0, 0, 5.
in Ouichin                1, 0, 0, 0, 1, 0, 0, 0, 1, 0, 0, 0, 1,
  0, 0, 0, 0, 0, 0, 0,    0, 0, 0, 0, 0, 0, 0, 0, 0, 0, 0, 0, 3.
oel Vasseur               2, 0, 0, 0, 1, 0, 2, 2, 1, 1, 0, 0, 2,
  0, 0, 1, 0, 0, 0, 1,    0, 0, 0, 0, 0, 0, 0, 0, 0, 0, 0, 0,11.
illiam Flutell            3, 0, 0, 0, 0, 1, 1, 0, 0, 1, 0, 0, 1,
  0, 0, 0, 0, 0, 0, 0,    0, 0, 0, 0, 0, 0, 0, 0, 0, 0, 0, 0, 6.
oseph Andrepont           1, 1, 0, 1, 0, 1, 1, 1, 4, 0, 1, 0, 5,
  0, 0, 1, 1, 1, 1, 0,    0, 0, 0, 0, 0, 0, 0, 0, 0, 0, 0, 0,15.
ierre Bellaire            0, 0, 0, 1, 0, 0, 0, 0, 1, 0, 0, 0, 1,
  0, 0, 0, 0, 0, 0, 0,    0, 0, 0, 0, 0, 0, 0, 0, 0, 0, 0, 0, 2.
aptiste Jeansonne         0, 0, 1, 1, 0, 1, 1, 2, 0, 0, 1, 0, 8,
  0, 0, 0, 2, 2, 0, 1,    1, 1, 0, 0, 0, 0, 0, 0, 0, 0, 0, 0,13.
ugustin Jeansonne         2, 0, 0, 0, 1, 0, 1, 0, 1, 0, 0, 0, 2,
  0, 0, 2, 0, 0, 0, 1,    0, 1, 0, 0, 0, 0, 0, 0, 0, 0, 0, 0, 9.
ean Jeansonne             0, 0, 0, 0, 0, 1, 0, 0, 0, 0, 1, 0, 2,
  0, 0, 0, 1, 1, 0, 1,    0, 1, 0, 0, 0, 0, 0, 0, 0, 0, 0, 0, 6.
ohn Kevs                  0, 0, 0, 1, 2, 0, 1, 2, 0, 0, 0, 0, 7,
  0, 0, 0, 1, 0, 1, 0,    0, 2, 1, 0, 0, 0, 0, 0, 0, 0, 0, 0,12.
lavius H. Rossi           0, 0, 0, 0, 1, 0, 0, 0, 0, 0, 1, 0, 
  0, 0, 1, 1, 0, 0, 1,    0, 1, 0, 0, 0, 0, 0, 0, 0, 0, 0, 0, 5.
arv Prudhomme             0, 0, 0, 0, 1, 1, 0, 0, 0, 1, 1, 0,20,
  0, 0, 3, 8, 3, 2, 2,    6, 2, 0, 0, 0, 0, 0, 0, 0, 0, 0, 0,30.
artin Donatto             0, 0, 0, 2, 0, 0, 0, 0, 0, 0, 0, 0,33,
  0, 5,14, 5,10, 2, 8,    1,14, 1, 2, 1, 2, 1, 2, 2, 1, 1, 0,69.
arie Jeanne Bollard       0, 0, 0, 0, 0, 0, 0, 0, 0, 0, 0, 0, 3,
  0, 0, 0, 1, 1, 1, 0,    1, 1, 1, 0, 0, 0, 0, 0, 0, 1, 0, 7.
artin Donatto fils        0, 0, 0, 0, 0, 0, 0, 0, 0, 0, 0, 0, 2,
  0, 1, 0, 1, 0, 0, 0,    1, 0, 0, 0, 2, 1, 0, 1, 0, 0, 0, 0, 6.
rancois Lemelle           0, 0, 0, 1, 0, 0, 0, 0, 0, 0, 0, 0, 1,
  0, 3, 0, 0, 1, 0, 1,    1, 0, 0, 6, 1, 0, 1, 2, 2, 1, 0, 0,17.
oseph Andrus              0, 0, 0, 1, 0, 1, 0, 0, 0, 0, 0, 0,28,
  0, 4, 5, 5,11, 1, 9,    6, 6, 1, 0, 0, 0, 0, 0, 0, 0, 0, 0,46.
```

```
Jesse Andrus              0, 0, 0, 0, 1, 0, 3, 0, 1, 0, 0, 0,
       0, 2, 4, 0, 3, 1, 3, 1, 2, 0, 0, 0, 0, 0, 0, 0, 0, 0,1
Solomon Andrus            0, 0, 0, 1, 0, 0, 0, 0, 1, 0, 0, 0,
       0, 0, 5, 1, 1, 0, 3, 2, 1, 0, 0, 0, 0, 0, 0, 0, 0, 0,1
Murthough Collins         0, 3, 1, 1, 3, 0, 4, 3, 0, 2, 0, 0,2
       0, 0, 7, 0, 7, 0,14, 5, 7, 0, 0, 0, 0, 0, 0, 0, 0, 0,5
Reuben Andrus             3, 0, 0, 0, 1, 0, 1, 0, 0, 1, 0, 0,
       0, 0, 0, 0, 0, 0, 1, 0, 1, 0, 0, 0, 0, 0, 0, 0, 0, 0,
Luke W. Collins           0, 0, 0, 0, 1, 0, 0, 0, 1, 0, 0, 0,
       0, 0, 0, 0, 0, 0, 0, 0, 0, 0, 0, 0, 0, 0, 0, 0, 0, 0,
Augustin Godeau           0, 1, 1, 2, 1, 1, 0, 0, 0, 0, 1, 0,
       0, 1, 0, 1, 0, 0, 0, 1, 0, 0, 0, 1, 0, 0, 0, 0, 0, 0,
Pierre Jourdin            0, 0, 0, 0, 1, 0, 1, 0, 1, 0, 0, 0,
       0, 0, 1, 0, 0, 0, 0, 1, 0, 0, 0, 0, 0, 0, 0, 0, 0, 0,
Rene Bouvet               0, 0, 0, 1, 1, 1, 0, 0, 0, 0, 1, 0,
       0, 1, 0, 0, 0, 0, 0, 1, 0, 0, 0, 0, 0, 0, 0, 0, 0, 0,
Francois Espagne          0, 0, 0, 0, 1, 0, 0, 0, 0, 0, 0, 0,
       0, 1, 0, 0, 0, 0, 0, 0, 0, 0, 0, 0, 0, 0, 1, 0, 0,
? ? ? Carin ?             2, 0, 0, 0, 0, 0, 0, 0, 1, 0, 0, 0,
       0, 0, 0, 0, 0, 0, 0, 0, 0, 0, 0, 0, 0, 0, 0, 0, 0, 0,
Henry Lastrapes           0, 2, 1, 6, 0, 1, 0, 1, 1, 0, 1, 1,3
       0, 0, 6, 4,14, 1, 4,10, 0, 1, 0, 0, 0, 0, 0, 0, 0, 0,5
Jean B. Figurant          1, 0, 0, 1, 2, 0, 2, 0, 0, 1, 0, 0,
       0, 0, 0, 1, 0, 0, 1, 0, 1, 0, 0, 0, 0, 0, 0, 0, 0, 0,1
Louis Fontenot fils       1, 0, 0, 0, 1, 1, 5, 2, 0, 1, 1, 6,
       0, 0, 3, 2, 1, 0, 0, 2, 1, 0, 0, 0, 0, 0, 0, 0, 0, 0,2
Frozine Decuir            1, 0, 0, 0, 0, 0, 0, 0, 0, 1, 0, 0,
       0, 0, 0, 0, 0, 0, 0, 1, 0, 0, 0, 1, 1, 0, 0, 0, 0, 0,
Sophie Decuir             0, 0, 0, 0, 0, 0, 0, 0, 0, 0, 0, 0,
       0, 0, 0, 0, 0, 0, 0, 0, 0, 0, 0, 1, 1, 1, 0, 0,
Jean Bte. Chaisson        1, 1, 1, 1, 0, 1, 0, 1, 1, 1, 1, 0,
       0, 0, 0, 0, 0, 0, 0, 0, 0, 0, 0, 0, 0, 0, 0, 0, 0, 0,
Joseph Chaisson           1, 0, 0, 0, 1, 0, 0, 0, 1, 0, 0, 0,
       0, 0, 0, 0, 0, 0, 0, 0, 0, 0, 0, 0, 0, 0, 0, 0, 0, 0,
Louis Bellestre           0, 0, 0, 0, 0, 1, 1, 0, 0, 1, 0, 0,
       0, 0, 0, 1, 0, 1, 1, 0, 1, 1, 0, 0, 0, 0, 0, 0, 0, 0,
Ve. Donatte Bello         1, 0, 0, 0, 0, 0, 2, 0, 0, 1, 1, 0,
       0, 0, 0, 0, 0, 1, 0, 1, 1, 0, 0, 0, 0, 0, 0, 0, 0, 0,
Blaize Brasseur           0, 0, 0, 0, 0, 1, 0, 0, 0, 0, 1, 0,
       0, 0, 4, 4, 2, 0, 2, 2, 2, 0, 0, 0, 0, 0, 0, 0, 0, 0,1
William Wood              0, 0, 0, 0, 1, 0, 3, 1, 0, 1, 0, 0,
       0, 0, 0, 0, 0, 0, 0, 0, 0, 0, 0, 0, 0, 0, 0, 0, 0, 0,
Baptiste David            1, 1, 1, 3, 0, 1, 2, 1, 1, 0, 1, 0,1
       0, 1, 3, 3, 5, 0, 1, 2, 2, 0, 0, 0, 0, 0, 0, 0, 0, 0,2
Ve. Joseph Landre         0, 0, 0, 1, 0, 0, 0, 0, 1, 0, 1, 0,1
       0, 0, 2, 3, 2, 0, 2, 5, 1, 0, 0, 0, 0, 0, 0, 0, 0, 0,1
William Wikoff Jun.       0, 0, 0, 1, 0, 0, 0, 0, 1, 0, 0, 0,1
       0, 0,11, 1, 4, 0, 3, 4, 1, 1, 0, 0, 0, 0, 0, 0, 0, 0,2
Pierre S. Richard         2, 0, 0, 1, 1, 0, 2, 0, 1, 0, 0, 0,
       0, 0, 0, 0, 0, 0, 0, 0, 0, 0, 0, 0, 0, 0, 0, 0, 0, 0,
Jean F. Richard           1, 1, 1, 1, 1, 0, 1, 0, 0, 1, 0, 0,
       0, 0, 3, 0, 1, 0, 1, 0, 1, 0, 0, 0, 0, 0, 0, 0, 0, 0,1
```

```
Joseph V. Richard            1, 1, 0, 0, 1, 0, 4, 0, 1, 0, 0, 0, 3,
     0, 0, 1, 0, 0, 0, 1, 1, 0, 0, 0, 0, 0, 0, 0, 0, 0, 0, 0,11.
Julien Leandre               2, 0, 0, 1, 1, 0, 0, 0, 1, 0, 0, 1, 3,
     0, 0, 0, 1, 0, 0, 1, 0, 0, 0, 0, 0, 0, 0, 0, 0, 0, 0, 7.
Pierre Lavergne              1, 1, 0, 0, 1, 0, 1, 0, 1, 0, 0, 0, 3,
     0, 0, 0, 0, 1, 0, 0, 0, 0, 0, 0, 0, 0, 0, 0, 0, 0, 0, 6.
Pierre F. Richard            0, 0, 0, 0, 1, 0, 2, 0, 0, 1, 0, 0, 1,
     0, 0, 0, 0, 0, 0, 0, 0, 0, 0, 0, 0, 0, 0, 0, 0, 0, 0, 4.
Louis Chachere pere          1, 1, 1, 3, 3, 1, 0, 1, 1, 0, 1, 3,10,
     0, 4, 3, 1, 1, 1, 3, 0, 1, 2, 0, 0, 0, 0, 0, 0, 0, 0,24.
Antoine Boutte               1, 0, 0, 1, 1, 0, 1, 0, 0, 1, 0, 0, 2,
     0, 0, 0, 0, 0, 0, 0, 0, 0, 0, 0, 0, 0, 0, 0, 0, 0, 0, 5.
Julien Chachare              0, 0, 1, 2, 0, 0, 0, 0, 0, 0, 0, 0, 0,
     0, 3, 0, 1, 0, 0, 0, 0, 0, 0, 0, 0, 0, 0, 0, 0, 0, 0, 3.
Vidal Estillette             1, 1, 0, 0, 1, 0, 1, 0, 0, 1, 0, 0, 5,
     0, 0, 1, 0, 2, 0, 3, 1, 0, 0, 0, 0, 0, 0, 0, 0, 0, 0,12.
Hebert Jany                  2, 2, 0, 0, 1, 0, 1, 0, 1, 1, 0, 0, 4,
     0, 0, 2, 1, 0, 0, 1, 0, 0, 0, 0, 0, 0, 0, 0, 0, 0, 0,12.
Simon Richard                1, 0, 0, 1, 1, 0, 1, 0, 0, 1, 0, 0, 0,
     0, 2, 0, 0, 0, 0, 0, 0, 0, 0, 0, 0, 0, 0, 0, 0, 0, 0, 5.
Baptiste Richard             0, 1, 0, 1, 0, 1, 2, 1, 0, 1, 0, 0, 6,
     0, 1, 3, 1, 1, 0, 4, 1, 1, 0, 0, 0, 0, 0, 0, 0, 0, 0,18.
Joseph Richard               0, 0, 1, 2, 0, 0, 1, 0, 1, 0, 0, 0, 1,
     0, 1, 0, 0, 0, 0, 0, 0, 0, 0, 0, 0, 0, 0, 0, 0, 0, 0, 4.
Louis Richard                1, 0, 1, 2, 0, 1, 1, 0, 0, 0, 2, 0,10,
     0, 0, 3, 0, 2, 0, 9, 1, 1, 2, 0, 0, 0, 0, 0, 0, 0, 0,25.
James Stille                 2, 1, 0, 0, 1, 1, 2, 1, 0, 0, 1, 0,50,
     0, 0,17,11,16, 2, 6,18, 2, 0, 0, 0, 0, 0, 0, 0, 0, 0,81.
Samuel Owens                 2, 0, 1, 2, 1, 0, 1, 0, 1, 0, 0, 0, 3,
     0, 0, 0, 0, 0, 0, 0, 1, 0, 0, 0, 0, 0, 0, 0, 0, 0, 0, 8.
Samuel Perry                 1, 0, 0, 1, 1, 0, 0, 1, 0, 1, 0, 0, 0,
     1, 1, 0, 0, 0, 0, 0, 0, 0, 0, 0, 0, 0, 0, 0, 0, 0, 0, 5.
Joseph Irwin                 0, 0, 0, 0, 1, 0, 0, 2, 0, 1, 0, 0, 2,
     0, 0, 0, 1, 0, 0, 2, 1, 0, 0, 0, 0, 0, 0, 0, 0, 0, 0, 8.
Jean Jose Chabaud            0, 0, 0, 0, 0, 1, 0, 0, 0, 0, 1, 0, 1,
     0, 0, 0, 0, 0, 0, 0, 0, 0, 0, 0, 0, 0, 0, 0, 0, 0, 0, 2.
Samuel Hamilton              1, 0, 0, 0, 1, 0, 0, 1, 1, 0, 0, 0, 0,
     0, 0, 0, 0, 0, 0, 0, 0, 0, 0, 0, 0, 0, 0, 0, 0, 0, 0, 4.
Seth Hanchett                0, 0, 0, 0, 0, 1, 0, 0, 0, 1, 0, 0, 0,
     0, 1, 0, 0, 0, 0, 0, 0, 0, 0, 0, 0, 0, 0, 0, 0, 0, 0, 2.
Susanna Emmons               3, 0, 0, 0, 0, 0, 0, 0, 0, 1, 0, 0, 0,
     0, 1, 0, 0, 0, 0, 0, 0, 0, 0, 0, 0, 0, 0, 0, 0, 0, 0, 4.
Jeremie Rister               1, 0, 0, 1, 2, 1, 1, 1, 1, 0, 0, 2, 0,
     2, 2, 0, 0, 0, 0, 0, 1, 0, 0, 0, 0, 0, 0, 0, 0, 0, 0, 9.
Moses Littell                1, 1, 1, 1, 1, 0, 0, 0, 2, 1, 0, 0, 3,
     1, 1, 2, 1, 2, 0, 2, 0, 1, 0, 0, 0, 0, 0, 0, 0, 0, 0,15.
Eliakem Littell              0, 0, 0, 0, 1, 0, 0, 0, 0, 0, 1, 0,14,
     0, 2, 3, 4, 3, 2, 2, 3, 1, 0, 0, 0, 0, 0, 0, 0, 0, 0,20.
William T. Hatton            1, 2, 0, 0, 1, 0, 2, 0, 0, 1, 0, 0, 3,
     0, 0, 0, 0, 0, 0, 0, 0, 0, 0, 0, 0, 0, 0, 0, 0, 0, 0, 7.
Daniel Zerringues            4, 2, 0, 1, 0, 1, 1, 1, 0, 1, 0, 0,13,
     0, 0, 1, 1, 3, 1, 4, 2, 2, 0, 0, 0, 0, 0, 0, 0, 0, 0,25.
```

```
Levin Wailes            2, 0, 0, 1, 0, 1, 0, 2, 2, 0, 1, 1,
        0, 0, 3, 0, 0, 1, 3, 1, 1, 0, 0, 0, 0, 0, 0, 0, 0, 0, 0,1
Tvlor Prather           2, 0, 0, 0, 1, 0, 0, 0, 1, 0, 0, 0,
        0, 1, 0, 0, 0, 0, 0, 0, 0, 0, 0, 0, 0, 0, 0, 0, 0, 0, 0,
Alexander Robb          0, 0, 0, 1, 0, 0, 0, 0, 0, 0, 0, 0,
        0, 0, 1, 4, 0, 0, 1, 1, 0, 0, 0, 0, 0, 0, 0, 0, 0, 0, 0,
Augustin Gradenigo      1, 0, 1, 1, 1, 1, 1, 1, 0, 1, 0, 1,
        1, 0, 1, 1, 1, 1, 1, 3, 0, 0, 0, 0, 0, 0, 0, 0, 0, 0, 0,1
Antoine Paillette       0, 0, 0, 0, 0, 0, 0, 0, 0, 0, 0, 0,
        0, 0, 2, 3, 1, 1, 1, 1, 1, 0, 4, 1, 0, 1, 3, 2, 1, 0, 0,2
Michel Waible           1, 0, 0, 0, 0, 1, 3, 0, 0, 1, 0, 0,
        0, 0, 1, 1, 0, 2, 0, 1, 0, 0, 0, 0, 0, 0, 0, 0, 0, 0,0,1
Antoine Arnaud          2, 0, 0, 0, 1, 0, 2, 0, 1, 0, 0, 0,
        0, 0, 0, 0, 0, 0, 0, 0, 0, 0, 0, 0, 0, 0, 0, 0, 0, 0, 0,
Valarie Roy             1, 2, 0, 0, 1, 0, 3, 2, 0, 1, 0, 0,10
        0, 0, 2, 2, 1, 5, 2, 2, 1, 1, 0, 0, 0, 0, 0, 0, 0, 0, 0,2
Simon Gonar             1, 1, 0, 0, 1, 0, 1, 0, 1, 0, 0, 0,1
        0, 0, 1, 0, 1, 0, 2, 3, 0, 0, 0, 0, 0, 0, 0, 0, 0, 0, 0,1
Ve. Joseph Roy          0, 0, 0, 0, 0, 0, 0, 0, 0, 0, 1, 0,
        0, 0, 1, 0, 2, 0, 3, 0, 1, 1, 0, 0, 0, 0, 0, 0, 0, 0, 0,9
Elastie Dupre           0, 0, 0, 0, 1, 0, 0, 1, 0, 0, 0,
        0, 0, 4, 2, 0, 1, 2, 2, 1, 0, 0, 0, 0, 0, 0, 0, 0, 0, 0,14
Jean B. Roy             1, 0, 0, 0, 1, 0, 0, 1, 1, 1, 0, 0,
        0, 0, 0, 0, 0, 0, 1, 0, 0, 0, 0, 0, 0, 0, 0, 0, 0, 0, 0,
Ve. Michel Bordelon     0, 0, 0, 0, 0, 0, 0, 2, 2, 0, 1, 0, 0
        0, 0, 0, 0, 0, 0, 0, 0, 0, 0, 0, 0, 0, 0, 0, 0, 0, 0, 0,
Michel Bordelon         0, 0, 0, 1, 0, 0, 1, 0, 0, 1, 0, 0,
        0, 0, 0, 0, 0, 0, 0, 1, 0, 0, 0, 0, 0, 0, 0, 0, 0, 0, 0,4
John Waible             0, 0, 0, 1, 0, 1, 0, 0, 0, 1, 0, 2
        0, 0, 0, 0, 0, 1, 0, 0, 0, 0, 0, 0, 0, 0, 0, 0, 0, 0, 0,4
William Collins         0, 0, 0, 0, 0, 0, 0, 0, 0, 0, 0, 2
        0, 0, 0, 0, 0, 0, 0, 0, 2, 0, 1, 1, 3, 1, 0, 0, 0, 0,8
Marianne Pickarie       0, 0, 0, 0, 0, 0, 0, 0, 0, 0, 0, 1
        0, 0, 0, 0, 0, 0, 0, 0, 1, 0, 0, 0, 1, 0, 1, 0, 2
Zenon Pierre Dios       0, 0, 0, 0, 0, 0, 0, 0, 0, 0, 0, 2
        0, 0, 0, 0, 0, 0, 0, 0, 0, 0, 2, 0, 0, 1, 0, 0, 0,2
Andre Fournier          0, 0, 0, 0, 0, 0, 0, 0, 0, 0, 0, 3
        0, 0, 0, 0, 0, 0, 0, 0, 0, 3, 1, 0, 1, 3, 1, 1, 0, 0,10
Baptiste Lafleur        0, 0, 0, 0, 0, 0, 0, 0, 0, 0, 0, 5
        0, 0, 0, 0, 0, 2, 1, 0, 0, 2, 1, 1, 0, 1, 1, 0, 0, 0,11
Damas Carriere Pere     0, 0, 0, 0, 0, 0, 0, 0, 0, 0, 0, 5
        0, 0, 0, 0, 0, 0, 0, 0, 0, 0, 2, 4, 0, 1, 2, 0, 0, 1, 0,10
Clemence ? Eamar ?      0, 0, 0, 0, 0, 0, 0, 0, 0, 0, 0, 0
        0, 0, 0, 0, 0, 0, 0, 0, 0, 1, 1, 0, 0, 0, 2, 0, 0, 1, 0,5
Joseph Balauer          0, 0, 0, 0, 0, 0, 0, 0, 0, 0, 0, 6
        0, 0, 0, 0, 2, 0, 4, 2, 1, 0, 1, 1, 1, 0, 2, 0, 1, 0,15
Therese Laurent         0, 0, 0, 0, 0, 0, 0, 0, 0, 0, 0, 1
        0, 0, 0, 0, 0, 0, 0, 0, 0, 0, 0, 0, 1, 0, 0, 0, 1, 0,2
Ve. Pierre Dios         0, 0, 0, 0, 0, 0, 0, 0, 0, 0, 0, 2
        0, 0, 0, 0, 0, 0, 0, 0, 0, 0, 2, 1, 1, 0, 4, 0, 1, 1, 0,10
Marie Jeanne Lamelle    0, 0, 0, 0, 0, 0, 0, 0, 0, 0, 0, 6
        0, 0, 0, 0, 3, 0, 1, 2, 0, 1, 0, 0, 1, 0, 0, 1, 1, 1, 0,11
```

```
Baptiste Brunet              0, 0, 0, 0, 0, 0, 0, 0, 0, 0, 0, 0, 6,
      0, 0, 2, 2, 0, 0, 1, 0, 1, 0, 0, 1, 1, 1, 1, 1, 1, 0, 0,11.
Jean Lesassier               0, 0, 0, 0, 1, 0, 0, 0, 0, 0, 0, 0,12,
      0, 0, 2, 1, 4, 0, 1, 5, 0, 0, 2, 0, 0, 1, 3, 1, 1, 0, 0,22.
Baptiste Meillon             0, 0, 0, 0, 0, 0, 0, 0, 0, 0, 0, 0,23,
      0, 0, 5, 2, 5, 3, 8, 5, 1, 5, 0, 2, 0, 1, 0, 2, 0, 1, 0,39.
Valarien Auzenne             0, 0, 0, 0, 0, 0, 0, 0, 0, 0, 0, 0,11,
      0, 0, 2, 2, 2, 1, 3, 3, 2, 0, 3, 0, 1, 0, 2, 0, 1, 0, 0,22.
Francois Robin Pere          0, 1, 0, 1, 0, 1, 2, 1, 0, 0, 1, 0,28,
      0, 0, 9, 4, 9, 3, 8, 7, 3, 2, 0, 0, 0, 0, 0, 0, 0, 0, 0,52.
Jean Bte. Dejean             2, 3, 1, 3, 1, 0, 4, 0, 1, 1, 1, 0,35,
      0, 0, 5, 5,14, 1, 2, 3,10, 1, 0, 0, 0, 0, 0, 0, 0, 0, 0,57.
Charles Pain                 0, 0, 0, 0, 0, 0, 0, 0, 0, 0, 0, 0, 2,
      0, 1, 1, 0, 1, 0, 1, 0, 0, 1, 3, 0, 1, 0, 4, 2, 2, 1, 0,17.
Andre Marcs                  0, 2, 0, 0, 0, 1, 2, 2, 0, 1, 0, 0, 4,
      0, 0, 0, 0, 0, 1, 0, 0, 0, 0, 0, 0, 0, 0, 0, 0, 0, 0, 0, 9.
Louis Guilbert               1, 0, 0, 0, 0, 1, 2, 0, 0, 1, 0, 0, 0,
      0, 1, 0, 0, 0, 0, 0, 0, 1, 0, 0, 0, 0, 0, 0, 0, 0, 0, 0, 6.
Ve. Andre Mayer              0, 1, 1, 1, 0, 0, 0, 0, 0, 0, 0, 1, 0, 8,
      0, 0, 3, 0, 1, 1, 2, 2, 2, 0, 0, 0, 0, 0, 0, 0, 0, 0, 0,14.
Jacques Arnaud               2, 1, 0, 0, 2, 0, 2, 0, 0, 1, 1, 0, 8,
      0, 0, 3, 0, 1, 1, 0, 1, 1, 0, 0, 0, 0, 0, 0, 0, 0, 0, 0,16.
Ve. Joseph Lambre            2, 0, 1, 1, 0, 0, 2, 2, 0, 1, 1, 0, 0,
      0, 0, 0, 0, 0, 0, 1, 0, 0, 0, 0, 0, 0, 0, 0, 0, 0, 0, 0,10.
Henry Prevost                0, 0, 0, 0, 0, 0, 0, 0, 0, 0, 0, 0, 5,
      0, 0, 0, 1, 2, 1, 0, 0, 0, 1, 0, 1, 0, 1, 0, 0, 0, 0, 0, 7.
Jeannes Souber               0, 0, 0, 0, 0, 1, 1, 2, 0, 1, 0, 1, 0, 1,
      0, 0, 0, 0, 0, 0, 0, 0, 0, 0, 0, 0, 0, 0, 0, 0, 0, 0, 0, 5.
Andre Nerault                0, 0, 1, 2, 1, 1, 0, 2, 0, 0, 1, 1,22,
      0, 2,12, 7, 1, 1, 6, 2, 7, 0, 0, 0, 0, 0, 0, 0, 0, 0, 0,43.
Francois Robin fils          3, 1, 0, 0, 2, 1, 0, 0, 1, 0, 0, 1, 9,
      0, 0, 5, 2, 3, 0, 6, 1, 1, 0, 0, 0, 0, 0, 0, 0, 0, 0, 0,26.
Alex. L. Enclos              3, 2, 0, 0, 1, 0, 1, 0, 0, 1, 0, 0, 5,
      0, 0, 2, 0, 0, 0, 2, 2, 0, 0, 0, 0, 0, 0, 0, 0, 0, 0, 0,14.
Henry Hergroider             1, 0, 0, 0, 1, 0, 1, 0, 1, 0, 0, 0, 3,
      0, 0, 0, 0, 0, 0, 1, 1, 1, 0, 0, 0, 0, 0, 0, 0, 0, 0, 0, 7.
Frisigon Amo                 3, 0, 1, 1, 1, 0, 0, 0, 1, 0, 0, 0, 3,
      0, 0, 2, 0, 0, 0, 0, 1, 0, 0, 0, 0, 0, 0, 0, 0, 0, 0, 0, 9.
Sephroien Amo                0, 0, 0, 1, 0, 0, 0, 0, 0, 1, 0, 0, 1,
      0, 0, 0, 0, 0, 0, 0, 0, 0, 0, 0, 0, 0, 0, 0, 0, 0, 0, 0, 2.
Ve. Jean Bte. Nerault        1, 1, 0, 1, 0, 1, 2, 1, 1, 0, 1, 0, 5,
      0, 0, 1, 0, 0, 1, 1, 1, 0, 0, 0, 0, 0, 0, 0, 0, 0, 0, 0,13.
Joseph Bergeron              2, 1, 0, 2, 1, 1, 4, 1, 2, 0, 1, 0, 5,
      0, 0, 0, 0, 0, 0, 0, 0, 0, 0, 0, 0, 0, 0, 0, 0, 0, 0, 0,15.
Motley Young                 2, 0, 0, 0, 1, 1, 0, 0, 1, 0, 1, 0,10,
      0, 0, 3, 1, 4, 0, 2, 2, 2, 0, 0, 0, 0, 0, 0, 0, 0, 0, 0,19.
Andre Mayer                  0, 1, 0, 1, 0, 0, 1, 0, 1, 0, 0, 0, 4,
      0, 0, 0, 1, 0, 0, 1, 2, 0, 0, 0, 0, 0, 0, 0, 0, 0, 0, 0, 8.
Andre Robin                  0, 0, 0, 0, 1, 0, 1, 0, 1, 0, 0, 0, 3,
      0, 0, 1, 0, 0, 0, 1, 2, 0, 0, 0, 0, 0, 0, 0, 0, 0, 0, 0, 7.
Antoine Robin                0, 0, 0, 1, 0, 0, 0, 0, 1, 0, 0, 0, 2,
      0, 0, 0, 0, 1, 0, 0, 0, 1, 0, 0, 0, 0, 0, 0, 0, 0, 0, 0, 4.
```

```
Michel Mayer             0, 1, 0, 0, 1, 0, 2, 0, 1, 0, 0, 0, 6
         0, 0, 5, 2, 0, 0, 1, 2, 1, 0, 0, 0, 0, 0, 0, 0, 0, 0, 0,16
Guilliaume Lalande       1, 0, 0, 0, 1, 0, 2, 0, 1, 0, 0, 0, 5
         0, 0, 4, 1, 0, 0, 1, 1, 1, 0, 0, 0, 0, 0, 0, 0, 0, 0, 0,13
John Roya                1, 0, 0, 1, 3, 0, 1, 1, 0, 1, 0, 0, 2
         0, 4, 0, 0, 1, 0, 0, 0, 1, 0, 0, 0, 0, 0, 0, 0, 0, 0, 0,10
Guilliaume Lalande pere  0, 0, 0, 2, 0, 1, 0, 0, 2, 0, 1, 0, 3
         0, 0, 0, 0, 0, 0, 0, 0, 0, 0, 0, 0, 0, 0, 0, 0, 0, 0, 0, 6
Thorton George           0, 0, 0, 1, 0, 0, 0, 0, 1, 0, 0, 0, 0
         0, 1,00, 0, 0, 0, 0, 0, 0, 0, 0, 0, 0, 0, 0, 0, 0, 0, 0, 2
Joe Chatron              0, 1, 0, 0, 0, 0, 1, 2, 0, 1, 0, 1
         0, 0, 0, 0, 0, 1, 0, 0, 0, 1, 0, 0, 0, 0, 0, 0, 0, 0, 0, 7
Thomas Collins           0, 0, 0, 0, 1, 0, 2, 0, 1, 0, 0, 1
         0, 0, 0, 0, 0, 0, 0, 0, 0, 0, 0, 0, 0, 0, 0, 0, 0, 0, 0, 4
Alexis Sezan             1, 0, 0, 0, 1, 0, 1, 0, 0, 1, 0, 0, 3
         0, 0, 0, 0, 1, 0, 1, 0, 1, 0, 0, 0, 0, 0, 0, 0, 0, 0, 0, 7
Louis Lalande            1, 0, 0, 1, 0, 0, 2, 0, 1, 0, 0, 2
         0, 0, 1, 0, 0, 0, 0, 1, 0, 0, 0, 0, 0, 0, 0, 0, 0, 0, 0, 7
Charles Devillier        2, 0, 0, 1, 2, 0, 0, 0, 0, 1, 0, 0, 6
         0, 0, 1, 1, 0, 0, 2, 0, 1, 0, 0, 0, 0, 0, 0, 0, 0, 0, 0,11
Ve. Philip Duplechein    0, 1, 0, 0, 0, 0, 1, 0, 0, 0, 0, 3
         0, 0, 2, 1, 0, 0, 1, 1, 0, 0, 0, 0, 0, 0, 0, 0, 0, 0, 0, 8
Valarie Langlois         0, 1, 0, 0, 1, 0, 2, 0, 1, 0, 0, 0, 4
         0, 0, 3, 0, 0, 1, 3, 0, 1, 0, 0, 0, 0, 0, 0, 0, 0, 0, 0,13
Isidore Hollier          2, 1, 1, 1, 0, 1, 2, 2, 0, 1, 0, 0, 8
         0, 0, 3, 0, 2, 1, 2, 2, 1, 0, 0, 0, 0, 0, 0, 0, 0, 0, 0,21
Juliee Hollier           0, 0, 0, 0, 0, 0, 0, 0, 0, 0, 1, 0, 2
         0, 0, 1, 0, 0, 1, 0, 0, 2, 1, 0, 1, 0, 0, 0, 0, 0, 0, 0, 6
Hypolite Mallett         1, 1, 1, 1, 1, 0, 1, 1, 0, 1, 0, 0, 3
         0, 0, 0, 0, 0, 0, 0, 0, 0, 0, 0, 0, 0, 0, 0, 0, 0, 0, 0, 7
David Duplechein         3, 1, 1, 1, 1, 0, 0, 2, 0, 1, 0, 0, 4
         0, 0, 0, 0, 1, 1, 2, 1, 0, 0, 0, 0, 0, 0, 0, 0, 0, 0, 0,14
Pierre Trahan            1, 1, 0, 0, 1, 0, 4, 1, 0, 1, 0, 0, 2
         0, 0, 0, 0, 0, 0, 0, 0, 0, 0, 0, 0, 0, 0, 0, 0, 0, 0, 0, 9
Andre Verone             2, 0, 0, 0, 1, 1, 0, 0, 0, 1, 0, 0, 1
         0, 0, 0, 0, 0, 0, 0, 0, 0, 0, 0, 0, 0, 0, 0, 0, 0, 0, 0, 5
Marianne Duplechein      0, 0, 1, 1, 0, 0, 2, 0, 0, 1, 0, 0, 1
         0, 0, 0, 0, 0, 0, 0, 0, 0, 0, 0, 0, 0, 0, 0, 0, 0, 0, 0, 4
Alexis Mayer             3, 0, 0, 0, 1, 0, 0, 2, 0, 0, 1, 0, 5
         0, 0, 0, 1, 1, 0, 1, 1, 1, 0, 0, 0, 0, 0, 0, 0, 0, 0, 0,12
Francois C. Devillier    3, 0, 0, 1, 2, 0, 2, 3, 0, 1, 0, 0, 8
         0, 0, 3, 1, 2, 0, 1, 2, 1, 1, 0, 0, 0, 0, 0, 0, 0, 0, 0,23
Gabriel Garcia           0, 0, 0, 1, 0, 0, 0, 0, 1, 0, 0, 0, 1
         0, 0, 0, 0, 0, 0, 0, 0, 0, 0, 0, 0, 0, 0, 0, 0, 0, 0, 0, 2
Nemesier Bossier         0, 0, 2, 3, 0, 1, 0, 1, 0, 0, 1, 0, 5
         0, 3, 4, 3, 0, 0, 2, 0, 2, 0, 0, 0, 0, 0, 0, 0, 0, 0, 0,17
Louis Cheinebock         0, 0, 0, 0, 1, 0, 0, 0, 0, 1, 0, 0, 0
         0, 0, 0, 0, 0, 0, 0, 0, 0, 0, 0, 0, 0, 0, 0, 0, 0, 0, 0, 2
Ve. Louis Devillier      0, 0, 0, 0, 0, 0, 0, 0, 1, 0, 0, 1, 3
         0, 0, 1, 0, 1, 1, 0, 2, 0, 0, 0, 0, 0, 0, 0, 0, 1, 0, 9
Auguste Devillier        2, 0, 0, 1, 1, 0, 0, 0, 1, 0, 1, 0, 2
         0, 0, 2, 0, 0, 0, 1, 0, 0, 0, 0, 0, 0, 0, 0, 0, 0, 0, 9
```

```
vorien Ploe              0, 0, 0, 0, 1, 0, 0, 0, 1, 0, 0, 0, 2,
   0, 0, 0, 1, 0, 0, 0, 0, 0, 0, 0, 0, 0, 0, 0, 0, 0, 0, 0, 3.
ohn Close                4, 1, 0, 0, 1, 0, 2, 0, 0, 2, 0, 0, 7,
   0, 0, 2, 1, 0, 2, 2, 2, 0, 0, 0, 0, 0, 0, 0, 0, 0, 0,19.
harles Barre             0, 0, 0, 1, 0, 1, 0, 0, 0, 0, 1, 0, 8,
   0, 0, 3, 1, 3, 0, 1, 0, 3, 0, 0, 0, 0, 0, 0, 0, 0, 0,14.
ntoine Nazette           0, 0, 1, 1, 1, 1, 0, 0, 1, 0, 1, 0,13,
   0, 0, 2, 3, 2, 1, 0, 5, 0, 0, 0, 0, 0, 0, 0, 0, 0, 0,18.
nthony Montpellier       1, 0, 0, 0, 1, 0, 0, 0, 1, 0, 0, 0, 0,
   0, 0, 0, 0, 0, 0, 0, 0, 0, 0, 0, 0, 0, 0, 0, 0, 0, 0, 3.
oseph Carriere           4, 0, 0, 0, 1, 0, 0, 0, 0, 1, 0, 0, 1,
   0, 0, 0, 0, 0, 0, 0, 0, 0, 0, 0, 0, 0, 0, 0, 0, 0, 0, 6.
oseph Carran fils        0, 0, 0, 0, 1, 1, 0, 0, 1, 0, 0, 0, 2,
   0, 0, 0, 0, 0, 0, 0, 0, 0, 0, 0, 0, 0, 0, 0, 0, 0, 0, 3.
alarie Roy               1, 0, 0, 1, 0, 0, 0, 0, 1, 0, 1, 0, 2,
   0, 0, 0, 1, 0, 0, 0, 0, 0, 0, 0, 0, 0, 0, 0, 0, 0, 0, 4.
oseph Roy                2, 0, 0, 0, 1, 1, 0, 1, 1, 0, 1, 0, 6,
   0, 1, 1, 1, 2, 1, 1, 0, 1, 0, 0, 0, 0, 0, 0, 0, 0, 0,14.
enon Bagnarise           1, 0, 0, 0, 1, 1, 3, 1, 1, 0, 0, 0, 6,
   0, 0, 3, 1, 1, 0, 1, 1, 0, 0, 0, 0, 0, 0, 0, 0, 0, 0,15.
oseph Collins            0, 0, 0, 0, 0, 0, 0, 0, 1, 1, 1, 0, 1,
   0, 0, 0, 0, 0, 0, 0, 0, 1, 0, 3, 0, 0, 0, 0, 0, 0, 0, 7.
ancy Collins             0, 0, 0, 0, 0, 0, 0, 0, 0, 0, 0, 0, 0,
   0, 0, 0, 0, 0, 0, 0, 0, 0, 0, 0, 1, 0, 0, 1, 0, 2.
ouis Tauriac             0, 1, 1, 1, 1, 0, 1, 2, 0, 1, 0, 0, 5,
   0, 0, 0, 3, 0, 0, 1, 0, 1, 0, 0, 0, 0, 0, 0, 0, 0, 0,12.
ohn Robinson             1, 0, 0, 0, 1, 0, 0, 0, 1, 0, 0, 0, 1,
   0, 0, 0, 0, 0, 0, 0, 0, 0, 0, 0, 0, 0, 0, 0, 0, 0, 0, 3.
vaciente Legot           1, 1, 0, 0, 1, 0, 0, 0, 0, 1, 0, 0, 2,
   0, 0, 0, 0, 0, 0, 0, 0, 1, 0, 0, 0, 0, 0, 0, 0, 0, 0, 5.
las Blount               2, 1, 0, 1, 0, 1, 1, 1, 0, 0, 1, 0, 3,
   0, 1, 1, 0, 0, 0, 0, 0, 1, 0, 0, 0, 0, 0, 0, 0, 0, 0,11.
ugustin Faveron          3, 0, 0, 0, 1, 0, 2, 0, 0, 1, 0, 0, 1,
   0, 0, 0, 0, 0, 0, 0, 0, 0, 0, 0, 0, 0, 0, 0, 0, 0, 0, 7.
ichel Lacaze             1, 0, 0, 0, 0, 1, 2, 0, 0, 2, 0, 0, 3,
   0, 0, 0, 1, 0, 0, 1, 0, 1, 0, 0, 0, 0, 0, 0, 0, 0, 0, 9.
ntoine Lacaze            0, 0, 0, 1, 1, 1, 2, 1, 2, 0, 0, 0, 3,
   0, 0, 0, 0, 0, 0, 0, 0, 0, 0, 0, 0, 0, 0, 0, 0, 0, 0, 8.
harles Lacaze pere       0, 0, 0, 0, 0, 1, 1, 1, 0, 0, 0, 0, 1,
   0, 0, 0, 0, 0, 0, 0, 0, 0, 0, 0, 0, 0, 0, 0, 0, 0, 0, 3.
ugustin Fruger           2, 1, 0, 0, 1, 0, 3, 0, 0, 1, 0, 0, 2,
   0, 0, 0, 0, 0, 0, 0, 0, 0, 0, 0, 0, 0, 0, 0, 0, 0, 0, 8.
rancois Marcantel fils   1, 0, 0, 0, 1, 0, 0, 0, 1, 0, 0, 0, 1,
   0, 0, 0, 0, 0, 0, 0, 0, 0, 0, 0, 0, 0, 0, 0, 0, 0, 0, 3.
rancois Marcantel pere   4, 1, 0, 0, 0, 1, 2, 0, 0, 1, 0, 0, 2,
   0, 0, 0, 0, 0, 0, 0, 0, 0, 0, 0, 0, 0, 0, 0, 0, 0, 0, 9.
oseph Fruger fils        0, 0, 0, 1, 0, 0, 2, 0, 0, 1, 0, 0, 1,
   0, 0, 0, 0, 0, 0, 0, 0, 0, 0, 0, 0, 0, 0, 0, 0, 0, 0, 4.
rnaud Ramard             2, 1, 0, 0, 0, 1, 2, 1, 1, 0, 1, 0, 2,
   0, 0, 0, 0, 1, 0, 0, 0, 0, 0, 0, 0, 0, 0, 0, 0, 0, 0,10.
oseph Gradeningo         0, 0, 0, 1, 1, 0, 0, 0, 0, 0, 0, 0,16,
   1, 0, 9, 7, 1, 0,11, 5, 0, 0, 3, 2, 0, 0, 1, 0, 1, 0, 0,42.
```

Joseph Gale   0, 0, 0, 0, 2, 0, 2, 0, 1, 0, 0, 0,
         0, 0, 3, 0, 0, 0, 2, 1, 0, 0, 0, 0, 0, 0, 0, 0, 0, 0, 0,1
Antoine Simien   0, 0, 0, 0, 2, 0, 0, 0, 0, 0, 0, 2,
      0, 0, 0, 0, 0, 0, 0, 0, 0, 0, 1, 1, 1, 0, 0, 1, 1, 0, 0,
Narcissus Deignan   0, 0, 0, 0, 0, 0, 0, 0, 0, 0, 0, 0,
      0, 0, 0, 0, 0, 0, 0, 0, 0, 0, 2, 1, 0, 0, 1, 0, 1, 0, 0,
James Reed   2, 0, 0, 1, 0, 1, 0, 0, 0, 1, 0, 0,
         0, 1, 1, 1, 0, 0, 0, 2, 0, 0, 0, 0, 0, 0, 0, 0, 0, 0, 0,
Alexander Somervelle   0, 0, 0, 1, 0, 0, 0, 0, 0, 0, 0, 0,1
         0, 0, 3, 3, 0, 2, 5, 3, 0, 2, 0, 0, 0, 0, 0, 0, 0, 0, 0,1
Thomas Quirk   2, 0, 0, 1, 1, 0, 0, 0, 2, 0, 0, 0,
         0, 0, 5, 0, 2, 0, 3, 2, 1, 0, 0, 0, 0, 0, 0, 0, 0, 0, 0,1
Patrick Gurnett   0, 0, 1, 3, 0, 1, 2, 2, 0, 1, 0, 0,
         0, 0, 2, 0, 0, 0, 2, 1, 0, 0, 0, 0, 0, 0, 0, 0, 0, 0, 0,1
Sally Hedspeth   0, 0, 0, 2, 4, 0, 1, 1, 0, 0, 1, 0,
        0, 3, 0, 1, 2, 0, 0, 1, 1, 0, 0, 0, 0, 0, 0, 0, 0, 0, 0,1
George Hedspeth   0, 0, 0, 1, 0, 0, 0, 1, 0, 0, 0, 0,
         0, 0, 0, 0, 0, 0, 1, 0, 0, 0, 0, 0, 0, 0, 0, 0, 0, 0, 0,
James Edwards   0, 1, 0, 1, 1, 0, 1, 2, 0, 1, 0, 0,
         0, 0, 2, 0, 1, 0, 0, 0, 1, 0, 0, 0, 0, 0, 0, 0, 0, 0, 0,1
John G. Dorman   4, 1, 0, 0, 1, 1, 0, 0, 1, 1, 0, 0,
         0, 0, 0, 1, 0, 0, 1, 0, 0, 0, 0, 0, 0, 0, 0, 0, 0, 0, 0,1
John Smith   1, 0, 1, 1, 2, 0, 1, 0, 1, 0, 0, 0,
         0, 0, 0, 0, 0, 0, 0, 0, 0, 0, 0, 0, 0, 0, 0, 0, 0, 0, 0,
Ezekiel F. Hickman   0, 1, 0, 2, 1, 1, 0, 0, 2, 0, 1, 1,
         0, 1, 0, 0, 0, 0, 0, 0, 0, 0, 0, 0, 0, 0, 0, 0, 0, 0, 0,
Gabriel Hickman   0, 0, 0, 1, 0, 0, 1, 0, 1, 0, 0, 0,
         0, 0, 0, 0, 0, 0, 1, 0, 0, 0, 0, 0, 0, 0, 0, 0, 0, 0, 0,
William Rogers   0, 0, 0, 1, 0, 1, 2, 0, 1, 0, 1, 0,
         0, 0, 0, 0, 0, 0, 0, 0, 0, 0, 0, 0, 0, 0, 0, 0, 0, 0, 0,
John E. Hughs   2, 0, 0, 0, 2, 0, 1, 0, 0, 1, 0, 0,
         0, 0, 0, 0, 0, 0, 0, 0, 0, 0, 0, 0, 0, 0, 0, 0, 0, 0, 0,
James Stephens   0, 2, 0, 1, 0, 0, 0, 0, 1, 0, 0, 0,
         0, 1, 0, 0, 0, 0, 0, 0, 0, 0, 0, 0, 0, 0, 0, 0, 0, 0, 0,
Resin Bowie Jun.   2, 0, 0, 3, 0, 0, 2, 1, 0, 1, 0, 1,
         0, 0, 2, 0, 0, 0, 0, 0, 0, 1, 0, 0, 0, 1, 0, 1, 0, 0, 0,1
Pierre Thibedeaux Pere   3, 2, 0, 0, 0, 1, 1, 1, 1, 1, 0, 0,
         0, 0, 2, 0, 2, 0, 2, 1, 1, 0, 0, 0, 0, 0, 0, 0, 0, 0, 0,1
Baptiste Thibedeaux   0, 0, 0, 1, 0, 0, 1, 0, 1, 0, 0, 0,
         0, 0, 0, 0, 0, 0, 0, 0, 0, 0, 0, 0, 0, 0, 0, 0, 0, 0, 0,
James Greenwell   1, 0, 0, 0, 1, 0, 0, 0, 1, 0, 0, 0,
         0, 0, 0, 0, 0, 0, 0, 0, 0, 0, 0, 0, 0, 0, 0, 0, 0, 0, 0,
Raphael Smith   3, 0, 0, 0, 1, 0, 1, 0, 0, 0, 0, 0,1
         0, 0, 7, 0, 6, 1,10, 3, 4, 1, 0, 0, 0, 0, 0, 0, 0, 0, 0,3
Robert Rogers   0, 1, 0, 0, 0, 1, 1, 2, 0, 0, 1, 0,2
         0, 0, 8, 2, 6, 3, 8, 6, 0, 2, 0, 0, 0, 0, 0, 0, 0, 0, 0,4
John Fisher   3, 1, 0, 0, 1, 0, 0, 0, 0, 1, 0, 0,
         0, 0, 0, 0, 0, 0, 0, 0, 0, 0, 0, 0, 0, 0, 0, 0, 0, 0, 0,
Joseph Lavergne   0, 1, 0, 0, 2, 0, 2, 1, 1, 1, 0, 0,
         0, 0, 0, 0, 0, 0, 0, 0, 0, 0, 0, 0, 0, 0, 0, 0, 0, 0, 0,
Joel West   0, 0, 0, 0, 1, 1, 1, 0, 0, 1, 0, 0,
         0, 1, 0, 0, 1, 0, 0, 1, 0, 0, 0, 0, 0, 0, 0, 0, 0, 0, 0,

```
ouis Lavergne              3, 3, 0, 0, 0, 1, 1, 0, 0, 1, 0, 0, 7,
   0, 0, 0, 0, 0, 2, 2, 1, 0, 1, 0, 0, 0, 0, 0, 0, 0, 0,15.
eandre Bourque             0, 0, 0, 2, 0, 0, 0, 0, 2, 0, 0, 0, 7,
   0, 0, 3, 1, 2, 0, 1, 2, 0, 0, 0, 0, 0, 0, 0, 0, 0, 0,13.
urcie Bourque              0, 0, 0, 1, 1, 0, 0, 0, 0, 0, 0, 0, 2,
   0, 0, 0, 0, 0, 0, 1, 0, 0, 0, 0, 0, 0, 0, 0, 0, 0, 0, 3.
hillippe Richard           1, 1, 1, 3, 1, 1, 1, 2, 0, 1, 0, 0,11,
   0, 0, 3, 0, 2, 0, 2, 3, 0, 0, 0, 0, 0, 0, 0, 0, 0, 0,21.
enry Miller                0, 0, 0, 0, 1, 0, 4, 0, 1, 0, 0, 0, 1,
   0, 0, 0, 0, 0, 0, 0, 0, 0, 0, 0, 0, 0, 0, 0, 0, 0, 0, 6.
rsin Lavergne              1, 0, 0, 0, 1, 0, 0, 0, 1, 0, 0, 0, 2,
   0, 0, 0, 0, 1, 0, 1, 0, 0, 0, 0, 0, 0, 0, 0, 0, 0, 0, 5.
eorge Miller               1, 0, 0, 0, 1, 0, 1, 0, 1, 1, 1, 0, 1,
   0, 0, 0, 0, 0, 0, 0, 0, 0, 0, 0, 0, 0, 0, 0, 0, 0, 0, 6.
ugustin Boudreau           1, 1, 0, 0, 1, 1, 3, 2, 0, 1, 0, 0, 4,
   0, 1, 1, 0, 2, 0, 0, 3, 1, 0, 0, 0, 0, 0, 0, 0, 0, 0,17.
hristopher Sax             0, 1, 1, 2, 0, 1, 0, 0, 0, 0, 0, 0, 4,
   0, 0, 0, 0, 0, 0, 0, 0, 0, 0, 0, 0, 0, 0, 0, 0, 0, 0, 4.
hristopher Ghart           0, 0, 0, 1, 1, 0, 1, 0, 1, 0, 0, 0, 2,
   0, 0, 0, 0, 0, 0, 0, 0, 0, 0, 0, 0, 0, 0, 0, 0, 0, 0, 4.
acob Lower                 0, 0, 0, 0, 1, 0, 0, 1, 0, 1, 0, 0, 1,
   0, 0, 0, 0, 0, 0, 0, 0, 0, 0, 0, 0, 0, 0, 0, 0, 0, 0, 3.
rederick Wills             3, 0, 0, 0, 2, 0, 2, 2, 0, 1, 0, 0, 8,
   0, 0, 3, 2, 1, 0, 4, 3, 0, 0, 0, 0, 0, 0, 0, 0, 0, 0,23.
avid Miche                 1, 0, 0, 0, 1, 0, 1, 0, 0, 1, 0, 0, 2,
   0, 0, 0, 0, 1, 0, 0, 0, 0, 0, 0, 0, 0, 0, 0, 0, 0, 0, 5.
ohn D. Schmith             0, 1, 0, 0, 2, 0, 1, 0, 0, 1, 0, 0, 2,
   2, 0, 1, 0, 0, 1, 0, 1, 0, 0, 0, 0, 0, 0, 0, 0, 0, 0, 8.
eorge Beck                 0, 0, 0, 0, 1, 0, 0, 0, 0, 0, 0, 0, 0,
   0, 1, 0, 0, 0, 0, 0, 0, 0, 0, 0, 0, 0, 0, 0, 0, 0, 0, 1.
rancois Henry              0, 0, 1, 2, 0, 0, 0, 0, 0, 0, 0, 1, 0,
   2, 0, 0, 0, 0, 0, 0, 0, 0, 0, 0, 0, 0, 0, 0, 0, 0, 0, 2.
obert Burleigh Sen.        6, 3, 0, 0, 0, 1, 4, 2, 0, 2, 0, 0,11,
   0, 0, 6, 1, 3, 1, 1, 0, 5, 0, 0, 0, 0, 0, 0, 0, 0, 0,35.
obert Burleigh Jun.        2, 0, 0, 0, 1, 0, 3, 1, 0, 1, 0, 0, 2,
   0, 0, 1, 0, 0, 0, 1, 0, 1, 0, 0, 0, 0, 0, 0, 0, 0, 0,11.
ndrew Meche                0, 0, 0, 0, 0, 1, 1, 1, 0, 1, 0, 0, 1,
   0, 0, 0, 0, 0, 0, 0, 0, 0, 0, 0, 0, 0, 0, 0, 0, 0, 0, 4.
harles Miller              4, 0, 0, 0, 1, 0, 2, 0, 1, 0, 0, 1, 1,
   0, 0, 0, 0, 0, 0, 0, 0, 0, 0, 0, 0, 0, 0, 0, 0, 0, 0, 8.
ortesque Cummings          1, 1, 0, 0, 0, 1, 2, 1, 2, 0, 0, 0, 2,
   0, 0, 0, 0, 0, 0, 0, 0, 0, 0, 0, 0, 0, 0, 0, 0, 0, 0, 3.
ean Leger                  1, 2, 0, 0, 0, 1, 2, 0, 3, 0, 1, 0, 4,
   0, 0, 0, 0, 0, 0, 0, 1, 0, 0, 0, 0, 0, 0, 0, 0, 0, 0,11.
ean Boudreau               2, 1, 0, 0, 1, 0, 2, 2, 0, 1, 0, 0, 7,
   0, 0, 1, 2, 0, 1, 0, 2, 0, 0, 0, 0, 0, 0, 0, 0, 0, 0,15.
rancois Savoy Pere         0, 1, 1, 1, 0, 1, 1, 2, 2, 0, 1, 0, 2,
   0, 0, 0, 0, 0, 0, 0, 0, 0, 0, 0, 0, 0, 0, 0, 0, 0, 0, 9.
ominique Prejean           1, 0, 1, 2, 0, 2, 2, 2, 2, 0, 1, 0,10,
   0, 0, 4, 0, 1, 0, 1, 1, 0, 1, 0, 0, 0, 0, 0, 0, 0, 0,20.
rien Prejean               0, 0, 0, 0, 1, 0, 0, 0, 0, 1, 0, 0, 1,
   0, 0, 0, 0, 0, 0, 0, 0, 0, 0, 0, 0, 0, 0, 0, 0, 0, 0, 2.
```

Frederick Hardy 2, 0, 0, 0, 1, 0, 3, 1, 0, 1, 0, 0,
  0, 0, 4, 1, 1, 0, 2, 3, 0, 0, 0, 0, 0, 0, 0, 0, 0, 0, 0, 0,1
Elizabeth Ann Smith 3, 1, 0, 1, 0, 0, 1, 2, 1, 0, 1, 0,1
  0, 0, 4, 2, 4, 1, 5, 2, 3, 1, 0, 0, 0, 0, 0, 0, 0, 0, 0,3
Therese Hardy 0, 0, 0, 0, 0, 0, 0, 0, 0, 0, 1, 0, 0,
  0, 0, 2, 2, 0, 0, 0, 1, 0, 0, 0, 0, 0, 0, 0, 0, 0, 0,
Benjamin S. Mudd 3, 1, 0, 0, 1, 0, 0, 1, 0, 1, 0, 0,
  0, 0, 4, 1, 2, 0, 3, 2, 1, 0, 0, 0, 0, 0, 0, 0, 0, 0, 0,2
Ursin Bijos 2, 0, 1, 2, 2, 0, 1, 1, 0, 1, 0, 1,
  2, 0, 1, 1, 1, 0, 0, 2, 0, 0, 0, 0, 0, 0, 0, 0, 0, 0,1
Hypolite Cormier 0, 0, 1, 2, 0, 1, 0, 1, 0, 1, 0,
  0, 0, 0, 0, 1, 0, 0, 0, 0, 0, 0, 0, 0, 0, 0, 0, 0, 0,
Simon Laurent 2, 1, 0, 0, 2, 0, 1, 1, 0, 1, 0, 0,
  0, 0, 0, 0, 0, 0, 0, 0, 0, 0, 0, 0, 0, 0, 0, 0, 0, 0,
Augustin Courville 1, 0, 0, 1, 0, 0, 0, 0, 1, 0, 0, 0,
  0, 0, 0, 0, 0, 0, 0, 0, 0, 0, 0, 0, 0, 0, 0, 0, 0, 0,
Margarette Bourque 1, 0, 1, 1, 2, 0, 1, 3, 2, 0, 1, 0,
  0, 0, 0, 0, 0, 0, 0, 0, 0, 0, 0, 0, 0, 0, 0, 0, 0, 0,1
Marie Lavallie 0, 0, 0, 0, 0, 0, 0, 0, 0, 0, 0, 0,
  0, 0, 0, 0, 0, 0, 0, 0, 0, 0, 0, 0, 0, 3, 0, 1, 0, 0,
Magdalen Fuselier 0, 0, 0, 0, 0, 0, 0, 0, 0, 0, 0, 0,
  0, 0, 0, 2, 2, 1, 4, 0, 1, 0, 0, 0, 1, 0, 0, 0, 1, 1, 0,1
Victoire Lavallie 0, 0, 0, 0, 0, 0, 0, 0, 0, 0, 0, 0,
  0, 0, 0, 0, 0, 0, 0, 0, 0, 0, 4, 0, 0, 0, 2, 1, 1, 0,
Esop Sam Fuselier 0, 0, 0, 0, 0, 0, 0, 0, 0, 0, 0, 0,
  0, 0, 0, 0, 0, 0, 0, 0, 1, 1, 0, 0, 0, 0, 0, 0,
Sylvestre Moraille 0, 0, 0, 0, 0, 0, 0, 0, 0, 0, 0, 0,
  0, 0, 0, 0, 0, 1, 0, 1, 0, 1, 1, 0, 0, 0, 0,
Francois Morin 0, 1, 0, 1, 0, 0, 0, 0, 1, 0, 0, 0,
  0, 0, 0, 0, 0, 0, 0, 0, 0, 0, 0, 0, 0, 0, 0, 0,
Francois Savoy fils 2, 0, 1, 2, 0, 0, 0, 0, 1, 0, 0, 0,
  0, 0, 0, 0, 0, 0, 0, 0, 0, 0, 0, 0, 0, 0, 0, 0,
Ve. Baltazar Marcs 0, 0, 0, 1, 0, 0, 1, 0, 0, 1, 0,
  0, 0, 4, 0, 0, 0, 2, 2, 0, 0, 0, 0, 0, 0, 0, 0, 0, 0,1
Ve. Jean Bte. Marcs 1, 0, 0, 1, 0, 0, 3, 1, 0, 1, 0, 0,
  0, 0, 3, 1, 1, 0, 2, 0, 0, 0, 0, 0, 0, 0, 0, 0, 0, 0, 0,14
Louis Clement 2, 0, 0, 0, 0, 1, 4, 0, 0, 1, 0, 0,
  0, 0, 0, 0, 0, 0, 0, 0, 0, 0, 0, 0, 0, 0, 0, 0, 0, 0,
Michel Stelly 1, 1, 0, 1, 1, 0, 3, 1, 0, 1, 0, 0,10
  0, 0, 2, 2, 1, 0, 1, 2, 3, 0, 0, 0, 0, 0, 0, 0, 0, 0,20
Simon Marcs 2, 0, 0, 1, 1, 0, 1, 0, 1, 0, 0, 8
  0, 0, 6, 2, 1, 0, 0, 3, 0, 0, 0, 0, 0, 0, 0, 0, 0, 0,18
Ve. Baptiste Stelly 0, 0, 0, 1, 0, 0, 0, 0, 0, 0, 1, 0, 8
  0, 0, 2, 1, 1, 1, 3, 4, 1, 0, 0, 0, 0, 0, 0, 0, 0, 0,15
Joseph Savoye 1, 2, 0, 1, 1, 0, 3, 3, 0, 1, 0, 7
  0, 0, 3, 1, 0, 0, 4, 0, 2, 0, 0, 0, 0, 0, 0, 0, 0, 0,22
Jean Bte. Stelly 3, 0, 0, 1, 2, 0, 2, 1, 0, 1, 0, 0,11
  0, 0, 4, 2, 2, 0, 6, 3, 0, 1, 0, 0, 0, 0, 0, 0, 0, 0,28
Isabella Riter 0, 1, 0, 0, 0, 0, 1, 0, 0, 1, 0, 0, C
  0, 0, 0, 0, 0, 0, 0, 0, 0, 0, 0, 0, 0, 0, 0, 0, 0,3
John Faul 0, 2, 1, 2, 0, 1, 0, 0, 1, 0, 1, 0, 2
  0, 1, 0, 0, 0, 0, 0, 0, 0, 0, 0, 0, 0, 0, 0, 0, 0,7

```
Paul Boutin              0, 0, 0, 1, 0, 1, 0, 3, 3, 0, 1, 0, 6,
      0, 0, 3, 1, 0, 0, 0, 3, 1, 0, 0, 0, 0, 0, 0, 0, 0, 0,17.
Mary Smith               0, 0, 0, 0, 0, 0, 0, 0, 0, 0, 1, 0,11,
      0, 0, 9, 3, 0, 3, 5, 2, 3, 0, 0, 0, 0, 0, 0, 0, 0, 0,26.
Catherine Redmond        2, 0, 1, 3, 0, 0, 1, 2, 2, 0, 1, 3, 1,
      0, 1, 0, 0, 0, 0, 0, 0, 0, 0, 0, 0, 0, 0, 0, 0, 0, 0,11.
Hercules Brassac         0, 1, 0, 0, 1, 0, 0, 0, 0, 0, 0, 0, 0,
      0, 0, 1, 0, 0, 0, 0, 0, 1, 0, 0, 0, 0, 0, 0, 0, 0, 0, 4.
We. Paul Leger           0, 0, 0, 1, 0, 0, 1, 1, 1, 0, 1, 0, 2,
      0, 0, 0, 1, 0, 0, 0, 1, 0, 0, 0, 0, 0, 0, 0, 0, 0, 0, 7.
Je. Joseph Venable       1, 2, 0, 0, 0, 0, 1, 0, 0, 0, 1, 0, 2,
      0, 0, 0, 0, 0, 0, 0, 0, 0, 0, 0, 0, 0, 0, 0, 0, 0, 0, 5.
Narcisse Andrus          1, 0, 0, 0, 1, 0, 2, 0, 2, 0, 0, 0, 1,
      0, 0, 0, 0, 0, 0, 0, 0, 0, 0, 0, 0, 0, 0, 0, 0, 0, 0, 6.
Jean Savoy               2, 0, 0, 0, 1, 0, 3, 1, 0, 1, 0, 0, 1,
      0, 0, 0, 0, 0, 0, 0, 0, 0, 0, 0, 0, 0, 0, 0, 0, 0, 0, 8.
Baptiste Lafosse         2, 0, 0, 0, 0, 1, 1, 0, 0, 1, 0, 0, 1,
      0, 0, 0, 0, 0, 0, 0, 0, 0, 0, 0, 0, 0, 0, 0, 0, 0, 0, 5.
David Guidry             0, 1, 0, 0, 0, 1, 0, 2, 1, 0, 1, 0,30,
      0, 0,10, 3, 8, 5,10, 4, 7, 3, 0, 0, 0, 0, 0, 0, 0, 0,56.
Pierre Bossier           1, 0, 0, 1, 1, 0, 4, 0, 1, 0, 0, 0, 2,
      0, 0, 0, 0, 0, 0, 0, 1, 0, 0, 0, 0, 0, 0, 0, 0, 0, 0, 9.
Augustin Guidry          2, 0, 0, 1, 0, 1, 0, 0, 1, 0, 0, 0, 4,
      0, 0, 2, 0, 0, 0, 1, 1, 1, 0, 0, 0, 0, 0, 0, 0, 0, 0,10.
Margaret Savoye          0, 0, 0, 0, 1, 0, 0, 0, 0, 0, 1, 0, 5,
      0, 0, 2, 0, 2, 0, 1, 0, 2, 1, 0, 0, 0, 0, 0, 0, 0, 0,10.
Rosalie Meche            1, 2, 0, 0, 1, 0, 1, 1, 1, 1, 0, 0, 5,
      0, 0, 3, 0, 0, 0, 1, 2, 0, 0, 0, 0, 0, 0, 0, 0, 0, 0,14.
John H. H. Smith         1, 0, 0, 0, 3, 0, 1, 0, 0, 1, 0, 0, 3,
      0, 1, 1, 0, 0, 0, 2, 0, 1, 0, 0, 0, 0, 0, 0, 0, 0, 0,10.
Pierre Guidry            4, 0, 0, 0, 1, 0, 0, 0, 1, 0, 0, 0, 7,
      0, 0, 2, 2, 0, 0, 3, 3, 0, 0, 0, 0, 0, 0, 0, 0, 0, 0,16.
Louis Guidry             4, 2, 0, 1, 1, 0, 1, 0, 0, 1, 0, 0,20,
      0, 0,13, 2, 3, 0, 7, 2, 5, 0, 0, 0, 1, 0, 0, 0, 0, 0,43.
Noel Marailles           0, 0, 0, 0, 0, 0, 0, 0, 0, 0, 0, 0, 1,
      0, 0, 0, 0, 0, 0, 0, 0, 0, 0, 0, 1, 0, 1, 1, 0, 0, 0, 3.
Onizeme Guidry           2, 0, 0, 1, 2, 0, 2, 0, 0, 1, 0, 0,14,
      0, 0, 4, 3, 0, 0, 4, 4, 0, 0, 0, 0, 0, 0, 0, 0, 0, 0,23.
William Hutchins         0, 0, 0, 0, 1, 0, 0, 0, 0, 0, 0, 0, 3,
      0, 2, 3, 1, 0, 0, 0, 1, 0, 0, 0, 0, 0, 0, 0, 0, 0, 0, 6.
Hypolite Chretien        0, 0, 0, 0, 3, 0, 1, 0, 1, 0, 0, 0,30,
      0, 0,16, 7, 9, 3, 8, 4, 2, 0, 0, 0, 0, 0, 0, 0, 1, 0,56.
David Atkinson           2, 0, 0, 0, 1, 0, 1, 0, 1, 0, 0, 0, 0,
      1, 0, 0, 0, 0, 0, 0, 0, 0, 0, 0, 0, 0, 0, 0, 0, 0, 0, 5.
Christopher Steel        0, 0, 0, 1, 0, 0, 0, 0, 1, 0, 0, 0, 0,
      0, 1, 0, 0, 0, 1, 0, 0, 0, 0, 0, 0, 0, 0, 0, 0, 0, 0, 3.
Silas Fletcher           1, 0, 0, 1, 0, 1, 0, 0, 1, 0, 1, 0, 2,
      0, 0, 0, 0, 0, 0, 0, 0, 0, 0, 0, 0, 0, 0, 0, 0, 0, 0, 5.
John Jenkins             0, 0, 0, 0, 1, 0, 0, 0, 0, 0, 1, 0, 0,
      0, 1, 0, 0, 0, 0, 0, 0, 1, 0, 0, 0, 0, 0, 0, 0, 0, 0, 3.
Pierre Auguste           0, 0, 0, 0, 0, 0, 0, 0, 0, 0, 0, 0, 2,
      0, 0, 0, 0, 0, 0, 0, 0, 0, 0, 6, 0, 1, 0, 3, 0, 1, 0,11.
```

```
Francoise Peignier            0, 0, 0, 0, 0, 0, 0, 0, 0, 0, 0, 0,
   0, 0, 0, 0, 0, 0, 0, 0, 0, 0, 2, 1, 0, 0, 2, 1, 1, 0, 0,
Francoise Carriere            0, 0, 0, 0, 0, 0, 0, 0, 0, 0, 0, 0,
   0, 0, 0, 0, 0, 0, 0, 0, 0, 0, 1, 0, 0, 0, 1, 0, 1, 0,
Ve. Carriere                  0, 0, 0, 0, 0, 0, 0, 0, 0, 0, 1, 0,
   0, 0, 5, 1, 1, 0, 4, 3, 2, 0, 0, 0, 0, 0, 0, 0, 0, 0,17
Dominique Richard             1, 0, 0, 0, 2, 0, 2, 0, 1, 0, 0, 0,
   0, 0, 0, 0, 0, 0, 0, 0, 0, 1, 0, 0, 0, 0, 0, 0, 0, 0,
Manuel Madones                0, 0, 0, 0, 0, 0, 0, 0, 0, 0, 0, 0,
   0, 0, 0, 0, 0, 0, 0, 0, 1, 0, 1, 0, 1, 1, 0, 1, 0,
Jose Moralos                  0, 0, 0, 0, 0, 0, 0, 0, 0, 0, 0, 0,
   0, 0, 0, 0, 0, 0, 0, 0, 0, 1, 0, 1, 0, 0, 0, 1, 0, 0,
Jose Dios                     0, 1, 0, 0, 0, 0, 0, 0, 0, 0, 0, 0,
   0, 3, 0, 0, 0, 0, 0, 0, 0, 0, 1, 1, 1, 0, 2, 1, 0, 0, 0,
Joseph Claret                 0, 2, 0, 0, 2, 1, 0, 0, 1, 0, 0, 0,
   0, 0, 0, 0, 0, 0, 0, 0, 0, 0, 0, 0, 0, 0, 0, 0, 0, 0,
Anthony King                  1, 0, 0, 0, 1, 0, 0, 0, 0, 1, 0, 1,
   0, 1, 0, 1, 0, 0, 0, 0, 0, 0, 0, 0, 0, 0, 0, 0, 0, 0, 4
Wartelle freres               0, 0, 0, 1, 2, 0, 0, 0, 0, 0, 0, 2,
   3, 0, 0, 0, 0, 0, 0, 0, 0, 0, 0, 0, 0, 0, 0, 0, 0, 0,
Louis A. Henry                2, 0, 0, 0, 1, 0, 1, 0, 1, 0, 0, 0,
   0, 1, 0, 0, 0, 0, 0, 0, 1, 0, 0, 0, 0, 0, 0, 0, 0, 0,
Pierre Labiche                0, 0, 0, 0, 1, 0, 0, 0, 0, 0, 0, 1,
   1, 0, 0, 0, 0, 0, 0, 0, 0, 0, 0, 1, 0, 0, 0, 0, 0, 0,
Joseph Pecoud                 0, 0, 0, 0, 1, 0, 0, 0, 0, 0, 0, 1,
   1, 0, 0, 0, 0, 0, 0, 0, 0, 0, 0, 0, 0, 0, 0, 0, 0, 0,
Joseph Bellaud                0, 0, 0, 0, 1, 0, 0, 0, 0, 0, 0, 1,
   1, 0, 0, 0, 0, 0, 0, 0, 0, 0, 0, 0, 0, 0, 0, 0, 0, 0,
Jean Miremond                 0, 0, 1, 1, 2, 0, 0, 1, 0, 0, 0, 1,
   3, 0, 0, 1, 0, 0, 0, 1, 1, 0, 0, 0, 0, 0, 0, 0, 0, 0, 7
Auguste A. Lakochetet ?       0, 0, 0, 0, 1, 0, 0, 0, 0, 0, 1, 0,
   0, 0, 0, 0, 0, 0, 0, 0, 0, 0, 0, 0, 0, 0, 0, 0, 0, 0,
Raymond Daros                 0, 0, 0, 0, 1, 0, 0, 0, 0, 0, 0, 1,
   1, 0, 0, 0, 0, 0, 0, 0, 0, 0, 0, 0, 0, 0, 0, 0, 0, 0,
Francois Neda                 0, 1, 0, 1, 1, 1, 2, 0, 0, 2, 0, 1,
   3, 0, 0, 0, 0, 0, 1, 2, 0, 1, 0, 1, 0, 0, 0, 0, 0, 0,13
Manuel Galban                 0, 0, 0, 1, 0, 2, 0, 1, 0, 0, 0, 0,
   1, 0, 0, 0, 0, 0, 0, 0, 0, 0, 0, 0, 0, 0, 0, 0, 0, 0, 4
Jean Bte. Defisse             0, 0, 0, 0, 1, 0, 0, 0, 0, 0, 0, 1,
   0, 1, 0, 0, 0, 0, 0, 0, 0, 0, 0, 0, 0, 0, 0, 0, 0, 0,
Etienne Foullcade             0, 0, 0, 0, 2, 0, 0, 0, 0, 0, 0, 2,
   1, 1, 0, 0, 0, 0, 0, 0, 0, 0, 0, 0, 0, 0, 0, 0, 0, 0,
Benoit Groulle                0, 0, 0, 0, 1, 0, 0, 0, 0, 0, 0, 1,
   1, 0, 0, 0, 0, 0, 0, 1, 0, 0, 0, 0, 0, 0, 0, 0, 0, 0,
Godfroi Hollier               2, 2, 0, 1, 2, 0, 3, 0, 1, 0, 1, 2, 1
   0, 4, 0, 0, 0, 0, 0, 1, 1, 0, 0, 1, 0, 0, 0, 0, 0,15
Ives Davey                    2, 1, 0, 0, 1, 1, 2, 0, 0, 1, 0, 0, 3
   1, 0, 0, 1, 1, 0, 0, 0, 0, 0, 0, 0, 0, 0, 0, 0, 0,10
Benoit Vanhille               1, 0, 0, 0, 1, 0, 1, 0, 1, 0, 0, 0, 0
   1, 0, 1, 1, 0, 0, 2, 1, 1, 0, 0, 0, 0, 0, 0, 0, 0,10
Jean Jose Louaillier          0, 0, 0, 0, 3, 0, 2, 0, 1, 0, 0, 2, 0
   3, 0, 1, 1, 0, 0, 2, 1, 1, 0, 0, 0, 0, 0, 0, 0, 0,12
```

```
ean Jose & L. Louaillier 0, 0, 0, 0, 0, 0, 0, 0, 0, 0, 0, 0, 9,
          0, 0, 1, 2, 3, 1, 3, 3, 1, 0, 0, 0, 0, 0, 0, 0, 0, 0,14.
rancoise Bellaunmy      1, 0, 0, 0, 0, 0, 4, 0, 0, 1, 0, 0, 0,
          0, 0, 0, 0, 0, 0, 1, 0, 0, 0, 0, 0, 0, 0, 0, 0, 0, 0, 7.
ouis Julien Foignet     0, 1, 0, 1, 2, 0, 0, 0, 0, 0, 0, 1, 0,
          0, 4, 0, 0, 0, 0, 0, 0, 0, 0, 0, 0, 0, 0, 0, 0, 0, 0, 4.
harles Garriques        0, 0, 0, 1, 1, 0, 0, 0, 0, 0, 0, 2, 0,
          2, 0, 0, 0, 1, 0, 0, 0, 0, 0, 0, 0, 0, 0, 0, 0, 0, 3.
ictoire Bernard         0, 0, 0, 0, 0, 0, 0, 0, 0, 0, 0, 0, 0,
          0, 0, 0, 0, 0, 1, 0, 0, 0, 0, 2, 0, 0, 4.
ouis Chapron            0, 0, 0, 1, 2, 0, 0, 0, 0, 0, 0, 1, 0,
          0, 6, 0, 0, 0, 0, 0, 0, 0, 0, 2, 1, 2, 0, 0, 1, 0, 0, 0, 9.
odeste Prospere         0, 0, 0, 0, 0, 0, 0, 0, 1, 0, 0, 0, 0,
          0, 0, 0, 0, 0, 0, 0, 0, 0, 0, 0, 0, 0, 0, 0, 0, 1.
avid Moore              0, 0, 0, 1, 0, 0, 0, 0, 0, 0, 0, 0, 0,
          0, 1, 0, 0, 0, 0, 0, 0, 0, 0, 0, 0, 0, 0, 0, 0, 0, 1.
bram Mace               1, 0, 0, 0, 1, 0, 1, 0, 1, 1, 0, 0, 3,
          0, 0, 0, 2, 0, 0, 1, 2, 0, 0, 0, 0, 0, 0, 1, 0, 0, 0, 0,11.
elestin Lavergne        0, 2, 0, 2, 0, 1, 2, 1, 1, 1, 0, 0, 7,
          0, 0, 2, 2, 1, 0, 0, 1, 1, 0, 0, 0, 0, 0, 0, 0, 0, 0,17.
ohn Kirkby              1, 0, 0, 0, 4, 1, 1, 0, 0, 0, 0, 2, 4,
          1, 0, 1, 4, 1, 0, 1, 0, 0, 0, 0, 0, 1, 0, 0, 0, 0, 0,16.
obert Hetherwick        0, 1, 0, 0, 1, 0, 0, 2, 1, 1, 0, 2, 0,
          0, 2, 0, 0, 0, 0, 0, 0, 0, 0, 0, 0, 0, 0, 0, 0, 0, 6.
ean Pierre Gabrielle    0, 0, 0, 0, 1, 0, 0, 0, 0, 1, 0, 1, 1,
          0, 0, 0, 0, 0, 0, 0, 0, 0, 0, 0, 0, 0, 0, 2.
ohn Moore               0, 0, 0, 2, 1, 0, 2, 0, 0, 1, 0, 0, 0,
          3, 0, 0, 0, 0, 0, 0, 1, 0, 0, 0, 0, 0, 0, 0, 0, 0, 7.
alentine King           1, 0, 0, 1, 0, 0, 1, 0, 1, 0, 0, 0, 1,
          0, 0, 0, 1, 0, 0, 1, 1, 0, 0, 0, 0, 0, 0, 0, 0, 0, 7.
eth Lewis               1, 1, 0, 1, 0, 1, 1, 2, 1, 0, 1, 0, 5,
          0, 0, 3, 0, 3, 0, 2, 0, 3, 0, 0, 0, 0, 0, 0, 0, 0, 0,20.
ohn Thompson            4, 0, 0, 1, 1, 1, 1, 0, 0, 1, 0, 0, 4,
          0, 2, 2, 4, 5, 1, 5, 1, 4, 0, 0, 0, 1, 0, 0, 0, 0, 0,32.
anon Baldwin            0, 0, 0, 0, 0, 0, 0, 0, 0, 0, 0, 0, 0,
          0, 0, 0, 0, 0, 0, 0, 1, 0, 0, 0, 0, 1, 0, 0, 1, 0, 0, 3.
ichel Nice              1, 0, 0, 1, 1, 0, 2, 1, 0, 1, 0, 0, 0,
          0, 2, 0, 0, 0, 0, 0, 0, 0, 0, 0, 0, 0, 0, 0, 0, 0, 7.
liza M. Taylor          0, 2, 1, 1, 0, 0, 1, 1, 1, 1, 0, 0,19,
          0, 0, 9, 2, 4, 1, 4,10, 2, 0, 0, 0, 0, 0, 0, 0, 0, 0,39.
dward Taylor            0, 0, 0, 1, 0, 0, 0, 0, 0, 0, 0, 0, 3,
          0, 0, 0, 2, 0, 0, 3, 0, 0, 1, 0, 0, 0, 0, 0, 0, 0, 0, 7.
illiam Taylor           2, 2, 0, 0, 1, 0, 2, 2, 0, 1, 0, 0,15,
          1, 0, 0, 3, 5, 0, 1, 6, 0, 1, 0, 0, 0, 0, 0, 0, 0, 0,26.
rancois Marc            0, 0, 0, 1, 1, 1, 0, 0, 0, 0, 0, 1, 0,
          1, 1, 0, 0, 1, 1, 0, 0, 1, 0, 0, 0, 0, 1, 0, 0, 0, 0, 7.
ames Douglas            0, 0, 0, 1, 0, 0, 0, 0, 0, 0, 0, 0, 6,
          0, 0, 0, 5, 0, 0, 1, 0, 0, 0, 0, 0, 0, 0, 0, 0, 0, 0, 7.
ordon Penderson         0, 0, 0, 0, 0, 0, 0, 0, 0, 0, 0, 0, 1,
          0, 0, 0, 0, 0, 0, 0; 0, 0, 1, 0, 0, 0, 0, 0, 0, 0, 1.
idson Fitz              0, 1, 0, 0, 1, 0, 1, 0, 0, 1, 0, 0, 2,
          0, 0, 2, 0, 1, 0, 1, 1, 1, 0, 0, 0, 0, 0, 0, 0, 0,10.
```

```
Elenor Posey                  3, 0, 0, 0, 0, 0, 1, 0, 1, 0, 0, 0,
     0, 1, 2, 0, 2, 1, 1,  3, 0, 0, 0, 0, 0, 0, 0, 0, 0, 0, 0,1
William Haslett               0, 0, 0, 0, 3, 1, 0, 0, 0, 0, 0, 0,
     0,12, 0, 3, 5, 0, 0,  2, 0, 0, 0, 0, 0, 0, 0, 0, 0, 0, 0,1
Clement Hollier               1, 0, 0, 0, 2, 1, 1, 0, 0, 1, 0, 0,
     0, 3, 0, 0, 1, 0, 2,  0, 0, 0, 0, 1, 1, 0, 0, 0, 0, 0, 0,1
Francois Chenier              0, 0, 0, 0, 2, 0, 0, 0, 0, 0, 0, 0,
     0, 0, 5, 2, 1, 0, 4,  3, 1, 0, 1, 0, 0, 0, 3, 1, 0, 0, 0,2
Ve. Antoine Langlois          0, 0, 0, 0, 1, 0, 1, 0, 2, 0, 1, 0,
     0, 0, 3, 1, 1, 0, 2,  2, 0, 0, 0, 0, 1, 0, 0, 0, 0, 0, 0,1
Manuel Wikoff                 0, 0, 0, 1, 0, 0, 0, 0, 0, 0, 0, 1
     0, 0, 5, 8, 2, 0, 0,  4, 1, 0, 0, 0, 0, 0, 0, 0, 0, 0, 0,2
Stephen Wikoff                0, 0, 0, 1, 0, 0, 0, 0, 0, 0, 0, 1
     0, 0, 5, 4, 0, 0, 4,  3, 2, 0, 0, 0, 0, 0, 0, 0, 0, 0, 0,1
Fielding Kendall              2, 0, 1, 3, 3, 0, 1, 0, 1, 0, 0, 0,
     0, 6, 0, 0, 0, 0, 0,  0, 0, 0, 0, 0, 0, 0, 0, 0, 0, 0, 0,1
James Armstrong               0, 0, 1, 1, 2, 1, 2, 0, 1, 0, 0, 0,
     0, 5, 0, 1, 0, 0, 0,  0, 0, 0, 0, 0, 0, 0, 0, 0, 0, 0, 0,
James Simpson                 0, 0, 0, 1, 1, 1, 0, 0, 0, 0, 1, 0,
     0, 1, 0, 0, 0, 0, 0,  0, 0, 0, 0, 0, 0, 0, 0, 0, 0, 0, 0,
Sarah Taylor                  0, 2, 0, 2, 0, 0, 1, 0, 1, 0, 1, 0,
     0, 1, 0, 0, 1, 1, 0,  1, 1, 0, 0, 0, 0, 0, 0, 0, 0, 0, 0,1
Lawerence Moony               0, 0, 0, 0, 0, 0, 1, 0, 0, 0, 0, 0,
     0, 1, 0, 0, 0, 0, 0,  0, 0, 0, 0, 0, 0, 0, 0, 0, 0, 0, 0,
John McLaughlin               0, 0, 0, 0, 1, 1, 0, 0, 0, 0, 1, 0,
     0, 1, 0, 0, 0, 0, 0,  0, 0, 0, 0, 0, 0, 0, 0, 0, 0, 0, 0,
Durprelon Dejean              1, 0, 0, 0, 1, 0, 2, 0, 1, 0, 0, 0,
     0, 0, 1, 4, 0, 0, 1,  2, 0, 0, 0, 0, 0, 0, 0, 0, 0, 0, 0,1
Louise Carriere               1, 0, 1, 1, 0, 0, 0, 0, 0, 1, 1, 0,1
     0, 0, 1, 2, 2, 1, 3,  4, 1, 1, 0, 0, 0, 0, 0, 0, 0, 0, 0,1
Etienne Lamorandier fils      0, 0, 0, 1, 0, 3, 1, 0, 0, 1, 0, 0,1
     0, 0, 3, 2, 3, 0, 6,  3, 2, 1, 0, 0, 0, 0, 0, 0, 0, 0, 0,2
Etienne Lamorandier sen       1, 0, 0, 1, 0, 0, 1, 0, 1, 0, 0, 0,
     0, 0, 3, 3, 0, 0, 1,  2, 0, 0, 0, 0, 0, 0, 0, 0, 0, 0, 0,1
Jacques Dupre                 0, 0, 0, 1, 0, 1, 0, 0, 0, 0, 0, 0,3
     0, 0,10, 6, 6, 3, 5,  5, 5, 3, 0, 0, 0, 0, 0, 0, 0, 0, 0,4
Jean M. Debaillon             5, 1, 0, 1, 5, 0, 0, 0, 0, 1, 0, 3,
     4, 0, 3, 5, 0, 0, 2,  2, 3, 1, 0, 0, 0, 1, 0, 0, 0, 1,3
Laurent Dupre                 0, 1, 0, 0, 0, 1, 1, 0, 1, 0, 1, 0,1
     0, 0, 2, 6, 3, 0, 1,  3, 2, 0, 0, 0, 0, 0, 0, 0, 0, 0, 0,2
Garriques Fleaujac            0, 1, 0, 0, 1, 0, 2, 2, 0, 1, 0, 0,2
     0, 0, 7, 6, 4, 2,13,  4, 5, 0, 0, 0, 0, 0, 0, 0, 0, 0, 0,4
Felix Andrepont               1, 0, 0, 1, 0, 0, 1, 0, 1, 0, 0, 0,
     0, 0, 0, 0, 0, 0, 0,  0, 0, 0, 0, 0, 0, 0, 0, 0, 0, 0, 0,
Louis Cart                    0, 1, 0, 0, 0, 1, 0, 0, 0, 0, 0, 0,
     1, 0, 0, 0, 0, 0, 0,  0, 0, 0, 0, 0, 0, 0, 0, 0, 0, 0, 0,
William Wikoff Sen.           0, 1, 0, 1, 0, 1, 1, 1, 0, 0, 1, 0,3
     0, 0,11,10, 7, 2,10,  5, 8, 3, 0, 0, 0, 0, 0, 0, 0, 0, 0,6
Louis Fontenot Pere           0, 0, 0, 0, 0, 1, 0, 0, 0, 0, 1, 0,3
     0, 0, 5,10,12, 1,13,  6, 3, 3, 0, 0, 0, 0, 0, 0, 0, 0, 0,5
Louis Griffett                0, 0, 0, 0, 1, 0, 0, 0, 0, 0, 0, 1,
     0, 1, 0, 0, 0, 0, 0,  0, 0, 0, 0, 0, 0, 0, 0, 0, 0, 0, 0,
```

```
William Thompson           0, 0, 1, 3, 1, 1, 0, 0, 0, 0, 0, 0, 4,
         0, 1, 0, 0, 1, 0, 0, 0, 2, 0, 0, 0, 0, 0, 0, 0, 0, 0, 0, 8.
Andrew Barnheart           2, 2, 1, 2, 0, 1, 1, 1, 0, 1, 0, 0, 5,
         0, 0, 0, 0, 0, 0, 0, 0, 0, 0, 0, 0, 0, 0, 0, 0, 0, 0,10.
Thomas Williams            1, 0, 0, 1, 0, 0, 1, 0, 1, 0, 0, 0, 1,
         0, 0, 0, 0, 0, 0, 0, 0, 0, 0, 0, 0, 0, 0, 0, 0, 0, 4.
James Jones                0, 0, 0, 1, 1, 0, 0, 0, 0, 0, 0, 0, 4,
         0, 0, 0, 2, 0, 0, 0, 0, 0, 0, 0, 0, 0, 0, 0, 0, 0, 4.
Eloi Doucet                2, 0, 0, 0, 1, 0, 2, 1, 0, 1, 0, 0, 2,
         0, 0, 0, 1, 1, 0, 0, 0, 0, 0, 0, 0, 0, 0, 0, 0, 0,10.
Baptiste Gallien           0, 0, 0, 0, 1, 0, 0, 0, 0, 1, 0, 0, 1,
         0, 0, 0, 0, 0, 0, 0, 0, 0, 0, 0, 0, 0, 0, 0, 0, 0, 2.
Michel Carriere            1, 0, 0, 0, 2, 0, 2, 0, 1, 0, 0, 0, 3,
         0, 0, 2, 0, 0, 1, 0, 1, 0, 0, 0, 0, 0, 0, 0, 0, 0,10.
Joseph D'Aigle             0, 0, 1, 1, 1, 0, 1, 0, 1, 0, 0, 0,10,
         0, 0, 1, 4, 1, 0, 3, 1, 2, 0, 0, 0, 0, 0, 0, 0, 0,16.
Etienne D'Aigle            2, 2, 0, 0, 1, 0, 0, 0, 1, 1, 0, 0, 4,
         0, 0, 1, 0, 1, 0, 1, 2, 0, 0, 0, 0, 0, 0, 0, 0, 0,12.
Le. Antoine Fontenot       1, 2, 1, 2, 0, 0, 2, 0, 1, 0, 1, 0, 7,
         0, 0, 4, 0, 0, 1, 0, 2, 0, 0, 0, 0, 0, 0, 0, 0, 0,16.
Geufroi Latchiolais        2, 0, 0, 0, 1, 0, 2, 0, 0, 1, 0, 0, 4,
         0, 0, 0, 1, 0, 0, 0, 1, 1, 0, 0, 0, 0, 0, 0, 0, 0, 9.
Eugene LeBoeuf             0, 0, 0, 1, 0, 0, 0, 0, 1, 0, 0, 0, 1,
         0, 0, 0, 0, 0, 0, 0, 0, 0, 0, 0, 0, 0, 0, 0, 0, 0, 2.
Francois LeBoeuf           2, 0, 0, 1, 1, 1, 0, 1, 1, 0, 1, 0, 2,
         0, 0, 0, 0, 0, 0, 0, 0, 0, 0, 0, 0, 0, 0, 0, 0, 0, 8.
Louis Leger                1, 0, 0, 2, 0, 1, 3, 2, 2, 0, 1, 0, 3,
         0, 0, 0, 0, 0, 0, 1, 2, 0, 0, 0, 0, 0, 0, 0, 0, 0,15.
Marianne D'Aigle           0, 1, 0, 0, 0, 0, 0, 0, 1, 0, 1, 0, 0,
         0, 0, 0, 0, 0, 0, 0, 0, 0, 0, 0, 0, 0, 0, 0, 0, 0, 3.
Vrille Thibedeaux          0, 0, 0, 0, 0, 1, 0, 0, 1, 0, 1, 0, 1,
         0, 0, 0, 0, 0, 0, 0, 0, 0, 0, 0, 0, 0, 0, 0, 0, 0, 3.
Jean Bte. Delony           0, 1, 0, 0, 0, 1, 1, 1, 1, 1, 0, 0, 2,
         0, 0, 0, 0, 0, 0, 0, 0, 0, 0, 0, 0, 0, 0, 0, 0, 0, 6.
Alexander D'Aigle          2, 0, 0, 0, 1, 0, 0, 0, 0, 1, 0, 0, 1,
         0, 0, 1, 0, 0, 0, 0, 1, 0, 0, 0, 0, 0, 0, 0, 0, 0, 6.
Le. Pierre Hebert          0, 0, 1, 2, 2, 0, 0, 1, 1, 0, 1, 0, 7,
         0, 0, 0, 0, 2, 0, 1, 0, 1, 0, 0, 0, 0, 0, 0, 0, 0,11.
Antoine L'Abbe             2, 0, 0, 0, 1, 0, 2, 1, 1, 0, 0, 0, 1,
         0, 0, 0, 0, 0, 0, 0, 0, 0, 0, 0, 0, 0, 0, 0, 0, 0, 7.
Antoine Hebert             1, 1, 0, 1, 1, 0, 2, 0, 1, 0, 0, 0, 3,
         0, 0, 0, 0, 0, 0, 0, 0, 0, 0, 0, 0, 0, 0, 0, 0, 0, 7.
Thomas Beauques ?          0, 1, 0, 0, 1, 0, 0, 1, 0, 1, 0, 0, 2,
         0, 0, 0, 0, 0, 0, 0, 0, 0, 0, 0, 0, 0, 0, 0, 0, 0, 4.
Joseph Matt                2, 0, 0, 2, 0, 1, 2, 1, 0, 1, 0, 0, 3,
         0, 0, 0, 0, 0, 0, 0, 0, 0, 0, 0, 0, 0, 0, 0, 0, 0, 9.
Pierre Matt                1, 0, 0, 1, 0, 0, 0, 0, 0, 1, 0, 1,
         0, 0, 0, 0, 0, 0, 0, 0, 0, 0, 0, 0, 0, 0, 0, 0, 0, 3.
Joseph Doucet              3, 1, 0, 0, 0, 1, 1, 1, 0, 0, 1, 0, 2,
         0, 0, 0, 0, 0, 0, 0, 0, 0, 0, 0, 0, 0, 0, 0, 0, 0, 8.
Antoine Bellaire           0, 1, 0, 1, 1, 0, 0, 1, 0, 1, 1, 0, 3,
         0, 0, 0, 0, 0, 0, 0, 0, 0, 0, 0, 0, 0, 0, 0, 0, 0, 6.
```

```
Pierre Parisseau            2, 0, 0, 1, 0, 0, 0, 0, 2, 0, 1, 0,
     0, 0, 0, 0, 0, 0, 0,  0, 0, 0, 0, 0, 0, 0, 0, 0, 0, 0, 0,
Cyrille Thibodeaux fils     0, 0, 0, 1, 0, 0, 1, 0, 0, 1, 0, 0,
     0, 0, 0, 0, 0, 0, 0,  0, 0, 0, 0, 0, 0, 0, 0, 0, 0, 0, 0,
Charles Chaisson            0, 0, 1, 1, 1, 0, 0, 1, 0, 1, 0, 0,
     0, 0, 0, 0, 0, 0, 0,  0, 0, 0, 0, 0, 0, 0, 0, 0, 0, 0, 0,
Lezime Matt                 1, 0, 0, 1, 0, 0, 1, 0, 1, 0, 0, 0,
     0, 0, 0, 0, 0, 0, 0,  0, 0, 0, 0, 0, 0, 0, 0, 0, 0, 0, 0,
Sylvert Thibedeaux          0, 0, 0, 1, 0, 0, 2, 0, 1, 0, 0, 0,
     0, 0, 0, 0, 0, 0, 0,  0, 0, 0, 0, 0, 0, 0, 0, 0, 0, 0, 0,
Antoine Flore               1, 0, 0, 0, 1, 0, 3, 1, 0, 1, 0, 0,
     0, 0, 0, 0, 0, 0, 0,  0, 0, 0, 0, 0, 0, 0, 0, 0, 0, 0, 0,
Joseph B. Lejeune           2, 0, 0, 1, 0, 0, 2, 0, 1, 1, 0, 0,
     0, 0, 0, 0, 0, 0, 0,  0, 0, 0, 0, 0, 0, 0, 0, 0, 0, 0,
Blaize Lejeune              0, 1, 1, 2, 0, 1, 0, 1, 0, 0, 1, 0,
     0, 1, 0, 0, 0, 0, 0,  0, 0, 0, 0, 0, 0, 0, 0, 0, 0, 0,
Jean Bte. LeBlue            1, 0, 0, 0, 1, 1, 2, 0, 1, 0, 0, 0,
     0, 0, 1, 1, 2, 0, 1,  1, 1, 0, 0, 0, 0, 0, 0, 0, 0, 0, 0,1
Thomas Berwick Jun.         1, 0, 0, 1, 0, 0, 1, 0, 1, 0, 0, 0,
     0, 0, 0, 0, 0, 0, 0,  0, 0, 0, 0, 0, 0, 0, 0, 0, 0, 0, 0,
Joseph Lejeune fils         2, 1, 1, 1, 1, 0, 2, 1, 0, 1, 0, 0,
     0, 0, 0, 0, 0, 0, 0,  0, 0, 0, 0, 0, 0, 0, 0, 0, 0, 0,
Solomon Green               0, 2, 0, 1, 0, 1, 1, 0, 1, 0, 0, 0,
     0, 0, 0, 0, 0, 0, 0,  0, 0, 0, 0, 0, 0, 0, 0, 0, 0, 0,
Bosman Hays                 0, 1, 0, 1, 0, 1, 0, 0, 0, 1, 0, 8
     0, 0, 0, 1, 2, 2, 0,  3, 1, 2, 0, 0, 0, 0, 0, 0, 0, 0, 0,1
Abraham Harman              2, 0, 0, 0, 1, 0, 2, 1, 0, 0, 1, 0,
     0, 0, 0, 0, 2, 0, 0,  4, 0, 1, 0, 0, 0, 0, 0, 0, 0, 0, 0,1
James Foreman               2, 0, 0, 1, 1, 0, 2, 2, 0, 1, 0, 0,
     0, 0, 0, 0, 0, 0, 0,  1, 1, 0, 0, 0, 0, 0, 0, 0, 0, 0, 0,1
Jean Jacques Bousseau       0, 0, 0, 1, 0, 1, 0, 2, 1, 0, 0, 0,
     0, 0, 0, 0, 1, 2, 0,  0, 1, 1, 0, 0, 0, 0, 0, 0, 0, 0, 0,
Malaci Staunton             0, 1, 1, 3, 1, 2, 2, 0, 1, 0, 0, 0,
     0, 0, 8, 1, 1, 3, 0,  2, 1, 1, 0, 0, 0, 0, 0, 0, 0, 0, 0,1
Thomas Hayes                1, 2, 0, 0, 1, 0, 2, 1, 0, 1, 0, 0,
     0, 0, 0, 0, 2, 0, 1,  3, 0, 1, 0, 0, 0, 0, 0, 0, 0, 0, 0,1
John Johnson                0, 0, 0, 2, 0, 0, 0, 0, 1, 0, 0, 0,
     0, 0, 0, 0, 0, 0, 0,  0, 0, 0, 0, 0, 0, 0, 0, 0, 0, 0, 0,
Jospeh Mallett              0, 1, 0, 0, 0, 1, 3, 0, 0, 1, 0, 0,
     0, 0, 0, 0, 0, 0, 0,  0, 0, 0, 0, 0, 0, 0, 0, 0, 0, 0, 0,
Samuel Lyons                3, 0, 0, 0, 1, 0, 1, 0, 1, 0, 0, 0,
     0, 0, 1, 0, 0, 0, 2,  1, 0, 0, 0, 0, 0, 0, 0, 0, 0, 0, 0,1
Gabriel Robertson           1, 2, 0, 0, 1, 0, 2, 0, 0, 1, 1, 0,
     0, 0, 0, 0, 0, 0, 2,  0, 0, 0, 0, 0, 0, 0, 0, 0, 0, 0, 0,1
Thomas Lockley              1, 0, 0, 2, 0, 1, 1, 3, 0, 1, 0, 0,
     0, 0, 0, 0, 0, 0, 0,  0, 0, 0, 0, 0, 0, 0, 0, 0, 0, 0, 0,
Vincent Barrow              3, 0, 0, 0, 1, 0, 2, 0, 1, 0, 0, 0,
     0, 0, 0, 0, 0, 0, 0,  0, 0, 0, 0, 0, 0, 0, 0, 0, 0, 0, 0,
Jacques Foutcheque          1, 0, 0, 0, 1, 1, 1, 0, 0, 1, 1, 0,
     0, 0, 0, 0, 0, 0, 0,  0, 0, 0, 0, 0, 0, 0, 0, 0, 0, 0, 0,
Michel Teavedeau ?          2, 2, 0, 0, 0, 1, 0, 1, 0, 1, 0, 0,
     0, 0, 0, 0, 0, 0, 0,  0, 0, 0, 0, 0, 0, 0, 0, 0, 0, 0, 0,
```

```
John Choate              3, 2, 0, 1, 1, 0, 2, 0, 0, 1, 0, 0, 4,
      0, 0, 0, 0, 0, 0, 0, 0, 0, 0, 0, 0, 0, 0, 0, 0, 0, 0,10.
Thomas Choate            0, 0, 0, 4, 1, 0, 3, 1, 0, 1, 0, 0, 3,
      0, 2, 0, 0, 0, 0, 0, 0, 0, 0, 0, 0, 0, 0, 0, 0, 0, 0,10.
Ursin Hebert ?           2, 0, 0, 0, 1, 0, 2, 0, 0, 1, 0, 0, 3,
      0, 0, 0, 1, 0, 0, 0, 0, 0, 0, 0, 0, 0, 0, 0, 0, 0, 8.
Joseph Laviolette        2, 0, 0, 1, 0, 0, 1, 0, 1, 0, 0, 0, 1,
      0, 0, 0, 0, 0, 0, 0, 0, 0, 0, 0, 0, 0, 0, 0, 0, 0, 5.
Michel Tivedeau fils ?   2, 0, 0, 1, 0, 0, 1, 0, 1, 0, 0, 0, 1,
      0, 0, 0, 0, 0, 0, 0, 0, 0, 0, 0, 0, 0, 0, 0, 0, 0, 5.
James Foreman Jun.       2, 0, 0, 0, 1, 0, 0, 0, 0, 1, 0, 0, 2,
      0, 0, 0, 0, 1, 0, 0, 1, 0, 0, 0, 0, 0, 0, 0, 0, 0, 6.
Andrew Dunks             3, 0, 0, 3, 1, 0, 2, 2, 1, 1, 0, 0, 2,
      0, 0, 0, 0, 0, 0, 0, 0, 0, 0, 0, 0, 0, 0, 0, 0, 0,13.
John J. Jackson          2, 0, 0, 0, 0, 1, 1, 2, 0, 1, 0, 0, 1,
      0, 0, 0, 0, 0, 0, 0, 0, 0, 0, 0, 0, 0, 0, 0, 0, 0, 7.
James Darwin             2, 0, 0, 4, 3, 0, 2, 1, 0, 1, 0, 0, 3,
      0, 2, 1, 0, 0, 0, 2, 1, 1, 0, 0, 0, 0, 0, 0, 0, 0,18.
Jacob Guyger             0, 0, 0, 1, 0, 0, 0, 0, 1, 0, 0, 0, 2,
      0, 1, 0, 2, 0, 0, 0, 1, 0, 0, 0, 0, 0, 0, 0, 0, 0, 5.
Alexander Crow           0, 0, 0, 0, 0, 1, 0, 0, 0, 0, 1, 0, 3,
      0, 0, 2, 1, 1, 0, 0, 1, 0, 0, 0, 0, 0, 0, 0, 0, 0, 7.
Ephraim Jones            1, 0, 0, 1, 0, 0, 1, 1, 2, 0, 1, 0, 1,
      0, 0, 0, 0, 0, 0, 0, 0, 0, 0, 0, 0, 0, 0, 0, 0, 0, 7.
John McLeland            3, 1, 0, 0, 1, 0, 2, 2, 0, 1, 0, 0, 2,
      0, 0, 0, 0, 0, 0, 0, 0, 0, 0, 0, 0, 0, 0, 0, 0, 0,10.
Thomas Sloane            3, 0, 0, 0, 1, 0, 2, 1, 0, 1, 0, 0, 1,
      0, 0, 0, 0, 0, 0, 0, 0, 0, 0, 0, 0, 0, 0, 0, 0, 0, 8.
James Andrus             1, 1, 0, 0, 1, 0, 2, 0, 0, 1, 0, 0, 2,
      0, 0, 0, 0, 0, 0, 0, 0, 0, 0, 0, 0, 0, 0, 0, 0, 0, 6.
James Hayes              1, 0, 0, 0, 1, 0, 3, 0, 0, 1, 0, 0, 1,
      0, 0, 0, 0, 0, 0, 0, 0, 0, 0, 0, 0, 0, 0, 0, 0, 0, 6.
Sarah McLelland          0, 1, 0, 1, 0, 0, 1, 2, 1, 0, 1, 0, 7,
      0, 0, 4, 2, 1, 0, 3, 0, 1, 1, 0, 0, 0, 0, 0, 0, 0,19.
Benjamin McLelland       0, 0, 0, 1, 0, 0, 1, 0, 1, 0, 0, 0, 2,
      0, 0, 1, 0, 0, 0, 0, 1, 0, 0, 0, 0, 0, 0, 0, 0, 0, 5.
Jerum Altum              1, 0, 0, 1, 0, 0, 2, 0, 1, 0, 0, 0, 0,
      0, 1, 0, 0, 0, 0, 0, 0, 0, 0, 0, 0, 0, 0, 0, 0, 0, 5.
William Hathorn          1, 0, 0, 0, 1, 0, 1, 0, 1, 0, 0, 0, 1,
      0, 0, 0, 0, 0, 0, 0, 0, 0, 0, 0, 0, 0, 0, 0, 0, 0, 4.
Robert Huffman           5, 1, 0, 0, 1, 0, 1, 1, 1, 0, 0, 0, 2,
      0, 0, 0, 0, 0, 0, 0, 1, 0, 0, 0, 0, 0, 0, 0, 0, 0,11.
George Lee               1, 1, 0, 0, 1, 0, 2, 0, 1, 0, 0, 0, 2,
      0, 0, 0, 0, 0, 0, 0, 0, 0, 0, 0, 0, 0, 0, 0, 0, 0, 6.
Andrew Dunks Sen.        2, 0, 0, 0, 0, 1, 1, 0, 0, 1, 0, 0, 1,
      0, 0, 0, 0, 0, 0, 0, 0, 0, 0, 0, 0, 0, 0, 0, 0, 0, 5.
John Robertson           1, 0, 0, 0, 1, 0, 2, 0, 1, 0, 0, 0, 1,
      0, 0, 0, 0, 0, 0, 0, 0, 0, 0, 0, 0, 0, 0, 0, 0, 0, 5.
Jacob Welch              2, 1, 1, 2, 0, 1, 3, 1, 2, 1, 0, 0, 4,
      0, 0, 0, 0, 0, 0, 0, 0, 0, 0, 0, 0, 0, 0, 0, 0, 0,13.
John Clark Cuttip ?      0, 0, 0, 1, 0, 1, 0, 0, 1, 0, 0, 0, 2,
      0, 0, 0, 0, 0, 0, 1, 0, 0, 0, 0, 0, 0, 0, 0, 0, 0, 4.
```

Page 78

```
Bazil Lingicomb              1, 1, 0, 1, 0, 1, 2, 0, 0, 0, 1, 0, 3
         0, 0, 0, 0, 0, 0, 0, 0, 0, 0, 0, 0, 0, 0, 0, 0, 0, 0, 7
William Gilchrist            0, 1, 1, 1, 1, 1, 0, 0, 1, 0, 1, 0, 8
         0, 0, 2, 2, 1, 0, 0, 0, 1, 0, 0, 0, 0, 0, 0, 0, 0, 0,12
John Bte. Benoit             0, 0, 0, 0, 1, 0, 1, 0, 0, 1, 0, 0, 1
         0, 0, 0, 0, 0, 0, 0, 0, 0, 0, 0, 0, 0, 0, 0, 0, 0, 0, 3
Olivier Benoit               1, 0, 0, 1, 0, 0, 0, 0, 1, 0, 0, 0, 1
         0, 0, 0, 0, 0, 0, 0, 0, 0, 0, 0, 0, 0, 0, 0, 0, 0, 0, 3
Philip Ryan                  0, 0, 0, 0, 1, 0, 0, 0, 1, 0, 0, 1, 0
         1, 0, 0, 0, 0, 0, 0, 0, 0, 0, 0, 0, 0, 0, 0, 0, 0, 0, 2
Joseph Guidry                2, 0, 0, 0, 1, 0, 2, 0, 1, 0, 0, 0, 2
         0, 0, 0, 0, 0, 0, 0, 1, 0, 0, 0, 0, 0, 0, 0, 0, 0, 0, 7
John Bte. Guidry             1, 1, 0, 0, 0, 1, 1, 1, 0, 0, 1, 0, 3
         0, 0, 0, 0, 1, 0, 0, 0, 0, 0, 0, 0, 0, 0, 0, 0, 0, 0, 7
George Shereman              2, 0, 0, 1, 1, 0, 1, 0, 0, 1, 0, 0, 2
         0, 0, 0, 0, 0, 0, 0, 0, 0, 0, 0, 0, 0, 0, 0, 0, 0, 0, 6
Benjamin Weed                2, 0, 0, 1, 0, 0, 1, 0, 1, 0, 0, 0, 1
         0, 0, 0, 0, 0, 0, 0, 0, 0, 0, 0, 0, 0, 0, 0, 0, 0, 0, 5
George Lockley               1, 0, 0, 1, 0, 0, 0, 0, 0, 1, 0, 0, 1
         0, 0, 0, 0, 0, 0, 0, 0, 0, 0, 0, 0, 0, 0, 0, 0, 0, 0, 3
Richard West                 0, 0, 0, 2, 0, 0, 1, 0, 1, 0, 0, 0, 1
         0, 0, 0, 0, 0, 1, 0, 0, 0, 0, 0, 0, 0, 0, 0, 0, 0, 0, 5
William Perry                4, 0, 0, 0, 1, 0, 0, 0, 0, 1, 0, 0, 1
         0, 0, 0, 0, 0, 0, 0, 0, 0, 0, 0, 0, 0, 0, 0, 0, 0, 0, 6
Asa Forman                   0, 0, 0, 2, 0, 0, 1, 0, 1, 0, 0, 0, 4
         0, 0, 1, 0, 1, 0, 0, 1, 1, 0, 0, 0, 0, 0, 0, 0, 0, 0, 8
Isaac Forman                 1, 0, 0, 1, 0, 0, 2, 0, 1, 0, 0, 0, 2
         0, 0, 2, 0, 0, 0, 0, 1, 1, 0, 0, 0, 0, 0, 0, 0, 0, 0, 9
Ephraim Forman               0, 0, 0, 0, 0, 1, 0, 0, 1, 1, 0, 0, 1
         0, 0, 0, 0, 0, 0, 0, 0, 0, 0, 0, 0, 0, 0, 0, 0, 0, 0, 3
Joseph Forman                1, 0, 1, 3, 1, 0, 3, 0, 1, 0, 0, 0, 2
         0, 2, 0, 0, 0, 0, 0, 0, 1, 0, 0, 0, 0, 0, 0, 0, 0, 0,10
Francois Huffpower           2, 2, 0, 0, 1, 0, 2, 0, 0, 1, 0, 0, 3
         0, 0, 0, 0, 0, 0, 0, 0, 0, 0, 0, 0, 0, 0, 0, 0, 0, 0, 8
John Lyons Sen.              0, 0, 0, 2, 0, 1, 0, 0, 0, 0, 1, 0, 7
         0, 0, 1, 1, 2, 0, 2, 1, 2, 0, 0, 0, 0, 0, 0, 0, 0, 0,13
Gabriel Lyons                3, 2, 0, 0, 1, 1, 0, 0, 0, 1, 0, 0,10
         0, 0, 2, 3, 1, 0, 3, 0, 3, 0, 0, 0, 0, 0, 0, 0, 0, 0,20
John Lyons Jun.              2, 1, 1, 1, 1, 0, 1, 0, 1, 0, 0, 0, 5
         0, 0, 2, 0, 1, 0, 6, 0, 1, 0, 0, 0, 0, 0, 0, 0, 0, 0,17
Dotrife Andrus               3, 2, 0, 0, 1, 1, 1, 0, 0, 1, 0, 0, 4
         0, 0, 0, 0, 0, 0, 0, 0, 1, 0, 0, 0, 0, 0, 0, 0, 0, 0,10
Semuel Sloane                0, 1, 0, 0, 1, 0, 1, 0, 1, 0, 1, 0, 2
         0, 0, 0, 0, 0, 0, 0, 0, 0, 0, 0, 0, 0, 0, 0, 0, 0, 0, 5
Henry Bideman                0, 0, 0, 1, 1, 0, 0, 0, 0, 1, 0, 3
         0, 0, 0, 1, 0, 0, 1, 2, 0, 0, 0, 0, 0, 0, 0, 0, 0, 0, 7
Robert Frier                 1, 0, 0, 1, 0, 0, 1, 0, 1, 0, 0, 0, 0
         0, 2, 0, 1, 0, 0, 0, 1, 0, 0, 0, 0, 0, 0, 0, 0, 0, 0, 6
Jacob Harman Jun.            1, 1, 0, 1, 0, 0, 0, 0, 1, 0, 0, 0, 2
         0, 0, 0, 0, 0, 0, 0, 0, 0, 0, 0, 0, 0, 0, 0, 0, 0, 0, 4
Nehemiah Parish              1, 0, 0, 1, 1, 0, 3, 0, 0, 1, 0, 0, 0
         0, 2, 0, 0, 0, 0, 0, 0, 0, 0, 0, 0, 0, 0, 0, 0, 0, 0, 7
```

lar Andrus	1,	1,	1,	1,	3,	1,	2,	2,	1,	1,	0,	0,	9,	
	0,	0,	4,	1,	4,	0,	5,	0,	2,	2,	0,	0,	0,	0, 0, 0, 0, 0, 0,31.
acob Harman Sen.	0,	?,	1,	1,	1,	0,	3,	0,	1,	1,	0,	0,	7,	
	0,	0,	2,	0,	2,	0,	1,	1,	2,	0,	0,	0,	0,	0, 0, 0, 0, 0, 0,17.
enjamin Andrus	1,	1,	0,	1,	0,	0,	1,	1,	0,	1,	0,	0,	1,	
	0,	1,	0,	0,	0,	0,	0,	0,	0,	0,	0,	0,	0,	0, 0, 0, 0, 0, 6.
amuel Fisher	1,	1,	0,	0,	2,	0,	3,	2,	1,	1,	1,	0,	4,	
	0,	0,	0,	1,	0,	0,	0,	0,	0,	0,	0,	0,	0,	0, 0, 0, 0, 0,13.
ewis Humphries	3,	3,	0,	0,	1,	0,	2,	0,	0,	1,	0,	0,	3,	
	0,	1,	0,	0,	0,	0,	0,	0,	0,	0,	0,	0,	0,	0, 0, 0, 0, 0,10.
ouis Carriere	1,	0,	0,	0,	2,	0,	2,	0,	1,	0,	1,	0,	6,	
	0,	0,	3,	0,	0,	1,	1,	0,	2,	1,	0,	0,	0,	0, 0, 0, 0, 0,15.
ohn Doucet	0,	0,	0,	0,	1,	0,	1,	0,	1,	0,	0,	0,	1,	
	0,	0,	0,	0,	0,	0,	1,	0,	0,	0,	0,	0,	0,	0, 0, 0, 0, 0, 4.
eorge Mayer	1,	1,	0,	0,	1,	0,	3,	0,	0,	1,	0,	0,	6,	
	0,	0,	2,	2,	0,	0,	1,	2,	1,	0,	0,	0,	0,	0, 0, 0, 0, 0,15.
easar Fontenot	2,	0,	0,	1,	0,	0,	1,	0,	1,	0,	0,	0,	3,	
	0,	0,	0,	0,	0,	1,	1,	0,	0,	0,	0,	0,	0,	0, 0, 0, 0, 0, 8.
aptiste Castille	0,	1,	2,	3,	3,	1,	0,	2,	0,	1,	0,	0,	28,	
	0,	0,	11,	0,	6,	2,	7,	6,	6,	0,	0,	0,	0,	0, 0, 0, 0, 0,49.
ichel G. Stelly	2,	1,	0,	1,	0,	0,	2,	0,	0,	1,	0,	0,	1,	
	0,	0,	0,	0,	0,	0,	0,	0,	0,	0,	0,	0,	0,	0, 0, 0, 0, 0, 7.
oussaint Quibedeaux	2,	0,	0,	0,	1,	0,	1,	0,	2,	0,	0,	0,	1,	
	0,	0,	0,	0,	0,	0,	0,	0,	0,	0,	0,	0,	0,	0, 0, 0, 0, 0, 6.
saac Kenison	1,	0,	0,	1,	0,	0,	1,	0,	1,	0,	0,	0,	1,	
	0,	0,	0,	0,	0,	0,	0,	0,	0,	0,	0,	0,	0,	0, 0, 0, 0, 0, 4.
arie Frozard ?	0,	0,	0,	1,	0,	0,	0,	0,	1,	0,	1,	0,	2,	
	0,	0,	0,	1,	0,	0,	0,	0,	0,	0,	0,	0,	0,	0, 0, 0, 0, 0, 4.
acques G. Stelly	1,	1,	0,	1,	1,	0,	1,	1,	0,	1,	0,	0,	1,	
	0,	1,	0,	0,	0,	1,	0,	0,	0,	0,	0,	0,	0,	0, 0, 0, 0, 0, 7.
atharine Lagrange	0,	2,	0,	2,	0,	0,	0,	1,	1,	1,	0,	0,	4,	
	0,	0,	0,	0,	0,	0,	0,	0,	0,	0,	0,	0,	0,	0, 0, 0, 0, 0, 7.
rancois Quibedeau	2,	0,	0,	0,	1,	0,	3,	0,	0,	1,	0,	0,	1,	
	0,	0,	0,	0,	0,	0,	0,	0,	0,	0,	0,	0,	0,	0, 0, 0, 0, 0, 7.
aurent Allen	2,	0,	0,	0,	0,	0,	0,	1,	0,	1,	0,	0,	0,	
	0,	0,	0,	0,	0,	0,	0,	0,	0,	0,	0,	0,	0,	0, 0, 0, 0, 0, 4.
ohn Kidder	1,	0,	0,	1,	0,	0,	1,	0,	0,	1,	0,	0,	1,	
	0,	0,	0,	0,	0,	0,	0,	0,	0,	0,	0,	0,	0,	0, 0, 0, 0, 0, 4.
ohn Roberts	0,	0,	0,	0,	0,	0,	0,	0,	0,	0,	0,	0,	1,	
	0,	0,	0,	0,	0,	0,	0,	2,	0,	1,	0,	2,	1,	1, 0, 0, 7.
ohn Johnson	1,	0,	0,	0,	1,	0,	1,	0,	0,	1,	0,	0,	2,	
	0,	0,	0,	0,	1,	0,	1,	0,	0,	0,	0,	0,	0,	0, 0, 0, 0, 0, 6.
ene Fontaine	2,	1,	0,	0,	1,	0,	2,	0,	0,	1,	0,	0,	1,	
	0,	1,	0,	0,	0,	0,	1,	0,	0,	0,	0,	0,	0,	0, 0, 0, 0, 0, 8.
homas Gardener	1,	0,	0,	3,	3,	0,	3,	0,	2,	0,	1,	0,	0,	
	0,	7,	1,	1,	1,	0,	0,	2,	0,	0,	0,	0,	0,	0, 0, 0, 0, 0,18.
onathan Foreman	0,	0,	0,	3,	0,	2,	0,	1,	1,	0,	0,	0,	5,	
	0,	0,	0,	0,	0,	0,	0,	0,	0,	0,	0,	0,	0,	0, 0, 0, 0, 0, 7.
ntoine Bangarelle	0,	1,	1,	1,	0,	1,	0,	0,	2,	0,	1,	0,	0,	
	0,	2,	0,	0,	0,	0,	0,	0,	0,	0,	0,	0,	0,	0, 0, 0, 0, 0, 6.
ierre Francois Lemel	0,	0,	0,	0,	1,	0,	0,	0,	0,	0,	0,	1,	0,	
	0,	1,	0,	0,	0,	0,	0,	0,	0,	0,	0,	0,	0,	0, 0, 0, 0, 0, 1.

Page 80

Joseph Hafley   0, 0, 0, 0, 1, 0, 0, 0, 0, 0, 1, 0,
            0, 1, 0, 0, 0, 0, 0, 0, 0, 0, 0, 0, 0, 0, 0, 0, 0, 0, 0, 0,

944 445 131 633 615 321 953 402 461 400 223 83

83 244 817 538 535 158 795 582 423 103 163 81 74 50 178 92 81 47 000

Recapitulation

Free white males   2929
            Females   2439
                        5368

Male slaves   2408
Female do.   1903
                        3951

Cold. Person, males   368
    do.   do. females 398
                        766

St. Landry   10,085

Samuel Hamilton, Assistant of the Marshal of Louisiana

Index

Beauques, Thomas, 75
Beck, George, 69
Beckum, Lewis, 18
Bell, Joseph, 11
Bellair (Bellaire)
Bellair, Antoine, 75
Bellair, Madam, 23
Bellair, Pierre, 61
Bellair, Simon, 25
Bellair, Simon, 41
Bellard, Michel, 25
Bellaud, Joseph, 72
Bellaunmy, Francois, 73
Bellemure, Joseph, 3
Bellestre, Antoine, 23
Bellestre, Louis, 23
Bellestre, Louis, 62
Bello, Ve. Donatte, 62
Bello, Louis, 50
Bello, Valarie, 50
Benoit, John Bte., 78
Benoit, Olivier, 78
Bergeron, Joseph, 65
Berjac, Augustin, 29
Berjac, Augustin, 45
Berjeau, Joseph, 48
Berjot, Veuve, 33
Bernarde, Francois, 3
Bernarde, Victoire, 73
Berry, Prslery ?, 52
Berwick, Thomas, 25
Berwick, Thomas, 39
Berwick, Thomas Jur., 76
Berza, G., 9
Bezat, Judith, 9
Bezot, Madame, 3
Bhim, Jacob, 33
Bhim, Jacob, 49
Bhim, Michel, 49
Bideman, Henry, 25
Bideman, Henry, 78
Bijos, Ursin, 70
Biles, John P., 24
Birch, Agatha ?, 42
Birch, Mrs., 32
Black, Joseph, 16
Blanchel, Michel, 25
Blenpin, Louis, 32
Blount, Elas, 67
Boak, George, 49
Boatright & Glaize, 56

Boben, Jacob, 33
Bobin, Widow Jacob, 30
Bogard, Jacob, 60
Boileau, Joseph, 45
Boileum, Amable, 33
Bolard, George, 23
Boleau, Charles, 58
Boliue, Joseph, 28
Bollard, Marie J., 61
Bonat, John, 12
Bonds, Solomon, 52
Bontemps, Jean, 3
Book, Joseph, 3
Bordeau, Augusn., 27
Bordelon (Bordeloin)
Bordelon, Ant., 15
Bordelon, August, 3
Bordelon, Francis, 10
Bordelon, Francois, 3
Bordelon, Helare, 28
Bordelon, Hillaire, 44
Bordelon, Joseph, 13
Bordelon, Joseph, 59
Bordelon, L., 13
Bordelon, Madam, 13
Bordelon, Madame, 3
Bordelon, Madame, 9
Bordelon, Michel, 64
Bordelon, Ve. Michel, 64
Bordelon, Marian, 24
Bordelon, Nicholas, 29
Bordelon, Nicholas, 59
Bordelon, Peter, 9
Bordelon, V., 15
Bordelon, Valarie, 56
Bordelon, Valery, 3
Bordelon, Zenon, 3
Bordelon, Zenon, 11
Bordelon, Zenon, 56
Borque (see Bourque)
Bosler, Henry, 39
Bossier, Ceasar, 43
Bossier, Nemesier, 66
Bossier, Pierre, 71
Bossier, Sylvestre, 24
Bossier, Sylvestre, 51
Bossin, Nemisse, 31
Boudreau, Augn. R., 50
Boudreau, Augustin, 32
Boudreau, Augustin, 69
Boudreau, Jean, 27

Boudreau, Jean, 69
Bourck (see Bourque)
Bourdon, Antoine, 28
Bourque (Borque, Bourck)
Bourque, Furice, 69
Bourque, George, 33
Bourque, Jean, 27
Bourque, Veuve Jos., 26
Bourque, Leandre, 69
Bourque, Margarette, 70
Bousseau, Jean Jacques, 76
Boutin, Joseph, 48
Boutin, Paul, 27
Boutin, Paul, 71
Boutte, Antoine, 63
Bouvet, Rene, 30
Bouvet, Rene, 62
Bowers, Thomas, 31
Bowie, Razin Sen., 53
Bowie, Razin Jun., 68
Bowie, Stephen, 17
Boyer, John, 34
Bradley, Joseph, 48
Brandon, Thomas, 17
Brant, Francois, 29
Brent, William, 31
Brassac, Hercules, 71
Brasseur, Blaise, 62
Brasseur, Blaze, 26
Bratton, Samuel, 42
Brignac, Francois, 32
Brigniac, Marie Louis, 47
Broussard (Brusard)
Broussard, J.B., 15
Broussard, Joseph, 13
Broussard, L., 13
Broussard, Similan, 3
Brown, James, 43
Brunet, Baptiste, 65
Brunet, Joseph, 51
Brunnen, Polly, 29
Buhot, Louis, 31
Buhler, Joseph, 47
Buller, Joseph, 32
Bunch, Drury, 58
Bundick, Charles, 54
Bundick, Mary, 55
Bundick, Philip, 54
Bundick, Sarah, 52
Bundick, Robert, 52
Bundick, Widow, 31

Burleigh, Robert Jun., 27
Burleigh, Robert Jun., 69
Burleigh, Robert Sen., 27
Burleigh, Robert Sen., 69
Burney, Simon, 53
Burtis, Samuel, 3
Bushnell, Mathew, 44
Butler, Susanah, 52
Byer, John, 10

Cabral & Isabell, 55
Callaghan, John, 53
Callaghan, Joseph, 53
Callan, F., 10
Callan, V., 13
Campbell, Angus, 17
Campbell, James, 32
Campbell, James, 58
Campbell, William, 54
Campo, Joseph, 28
Cants, James, 3
Canty, Susan, 12
Capel, Charles, 10
Caramouche, Joseph, 3
Caramouche, Simon, 3
Cardinal, Jose, 28
Carin ?, 62
Carkin, John, 32
Carline, Dennis, 11
Carmars, L., 12
Carpenter, Isaac, 31
Carpenter, Isaac, 53
Carr, James, 40
Carran, Joseph fils, 67
Carriere, Damas Pere, 64
Carriere, Francois, 72
Carriere, Joseph, 67
Carriere, Louis, 23
Carriere, Louis, 79
Carriere, Louise, 74
Carriere, Michel, 33
Carriere, Michel, 75
Carriere, Ve. Michel, 49
Carriere, Pierre, 33
Carriere, Pierre pere, 50
Carriere, Ursin, 50
Carriere, Ve., 72
Carriere, Widow, 24
Carriere, Zenon, 49
Carroll, William, 41
Carron, Madam, 29

Carte, Louis, 28
Carte, Louis, 74
Carter, John, 39
Cartier, Louis, 51
Carvos, L., 13
Casanoeve, Francois, 23
Castille, Baptiste, 27
Castille, Baptiste, 79
Cave, Francois, 29
Ceast, Bessant, 51
Chabaud, Jean Jose, 63
Chachare, Julien, 63
Chachere, Louis pere, 63
Chaisson (see Chiasson)
Champignote, Madam, 3
Chapman, John, 32
Chapman, John, 47
Chapron, Louis, 73
Charlot, Jacque, 32
Chatron, Joe, 66
Chatlain, Bellone, 3
Chavers, John, 56
Checherie, Louis, 26
Cheinebock, Louis, 66
Chenier, Francois, 74
Chenur, Antoine, 31
Cherrin, Guilliaume, 50
Cherry, Aaron, 39
Chesnat, J.L., 12
Chiasson (Chaisson)
Chiasson, Charles, 25
Chiasson, Charles, 76
Chiasson, Jean B., 25
Chiasson, Jean Bte., 62
Chiasson, Joseph, 62
Choate, David, 39
Choate, John, 77
Choate, Thomas, 77
Chretien, Hypolite, 71
Chretien, Pierre, 27
Clak, Daniel, 11
Claret, Joseph, 72
Clark, Abijah, 24
Clark, Danl., 3
Clark, Daniel, 11
Clark, Darcos, 56
Clark, Denis, 44
Clark, James, 14
Clark, Jesse, 25
Clark, John, 24
Clark, John, 25

Clark, John, 25
Clark, Madame, 3
Clark, Mary, 43
Clark, William 24
Clayton, James, 3
Clement, Francois, 28
Clement, Louis, 27
Clement, Louis, 70
Close, John, 67
Clotot, Louis, 4
Cochran, Nathl., 24
Cochran, Mary, 49
Coco, D., 9
Coco, Dominick, 3
Coe, James, 52
Coker, Daniel, 42
Cole, Absalom, 58
Cole, Jacob, 58
Cole, James, 17
Cole, James, 25
Cole, James, 58
Cole, James R., 58
Cole, James R. Sen., 58
Cole, John, 25
Cole, Solomon, 25
Cole, Solomon, 58
Collins, John, 28
Collins, Joseph, 67
Collins, Luke W., 62
Collins, Veuve Luke, 30
Collins, Madn. Elizah., 26
Collins, Murthough, 23
Collins, Murthough, 62
Collins, Nancy, 67
Collins, Theophilus, 51
Collins, Thomas, 66
Collins, William, 64
Collins, Wm. L., 26
Collonham, Widow, 11
Comeau, Ceselia, 60
Comeau, Jacques, 50
Cook, Justin, 42
Coranat, Joseph, 39
Corkins, John, 42
Cormier, Anaclet, 26
Cormier, Ann, 26
Cormier, Hypolite, 70
Cormier, Jean Bte., 47
Cortez, Jose Marie, 39
Cortkins, Joseph M., 50
Cortkins, Thomas, 50

Georie, Joseph, 14
Georie, Syprian, 13
Gernier, Benj., 15
Gheart, Christopher, 69
Gibbs, M., 4
Gierie, Louis, 23
Gilbert (Guilbert)
Gilbert, Louis, 31
Gilbert, Louis, 65
Gilbreath, Joseph, 26
Gilchrist, John, 40
Gilchrist, William, 34
Gilchrist, William, 78
Gilchrist, William Jr., 27
Gillard, Francois, 48
Gimeo, Francis, 9
Gimeo, Francis, 13
Gimeo, Martin, 9
Giniard, Joseph, 12
Glaize & Boatright, 56
Glass, Samuel, 18
Glass, Saul ?, 4
Glenn, David, 52
Glenn, William, 52
Gober, Cadick, 56
Godeau, Anthony, 4
Godeau, Anthony, 15
Godeau, Antoine, 4
Godeau, Augustin, 62
Godeau, Charles, 4
Godeau, Charles, 15
Godeau, Charles Junr., 16
Godeau, Louis, 4
Godeau, Louis, 16
Godeau, Louis, 32
Godeau, P., 15
Godeau, Peter, 15
Godeau, Pierre, 4
Goin (Going)
Goin, Benjamin, 28
Goin, James, 24
Goin, James, 39
Goin, Philip, 24
Gonar, Simon, 64
Gotia, Joseph, 14
Gotia, L., 9
Gotia, Leo, 10
Gotia, P., 15
Gotiz, L., 9
Gradenigo, Augustin, 64
Gradenigo, Augustn., 30

Gradenigo, Hillaire, 45
Gradenigo, Joseph, 28
Gradenigo, Joseph, 67
Gradenigo, Veuve, 30
Graham, James, 53
Graham, Richd., 4
Graves, James, 57
Green, Madam, 17
Green, Solomon, 76
Greenwell, James, 68
Gregory, Chals., 4
Griffitt (Griffett)
Griffitt, Isaac, 55
Griffitt, Louis, 74
Grimeo, Syprian, 13
Grimeo, Val., 13
Groulle, Benoit, 72
Guidry, Augustin, 71
Guidry, David, 27
Guidry, David, 71
Guidry, John Bte., 78
Guidry, Joseph, 78
Guidry, Louis, 71
Guidry, Onizeme, 71
Guidry, Pierre, 71
Guilbert (see Gilbert)
Guifot, Joseph fils, 4
Guillory, Antoine, 46
Guillory, Augusn., 23
Guillory, August, 4
Guillory, Augustin, 46
Guillory, Baptiste L., 58
Guillory, Baptiste P., 30
Guillory, Claude, 28
Guillory, Denis, 45
Guillory, Donatien, 45
Guillory, Eli, 40
Guillory, Francois, 28
Guillory, Francois, 45
Guillory, Jean B., 33
Guillory, Jean Bte., 49
Guillory, Jean Bte., 50
Guillory, Jean Louis, 46
Guillory, Josef, 4
Guillory, Joseph, 33
Guillory, Joseph, 56
Guillory, Joseph, 59
Guillory, Joseph, 49
Guillory, Joseph fils, 49
Guillory, Joseph Sen., 23
Guillory, Joseph L., 59

Guillory, Julien, 58
Guillory, Julin, 4
Guillory, Lesfroi, 61
Guillory, Louis, 30
Guillory, Louis, 46
Guillory, Louis fils, 28
Guillory, Louis fils, 44
Guillory, Mad. C., 28
Guillory, Madame, 4
Guillory, Marie, 49
Guillory, Pierre, 28
Guillory, Veuve Pierre, 30
Guillory, Valarie, 61
Gurnet (Gurnett)
Gurnet, Patrick, 26
Gurnet, Patrick, 67
Guyger, Jacob, 77
Guyot, Alexr., 4
Guyot, George, 4
Guyot, Joseph pere, 4
Guyot, Mathurin, 4
Guyot, Zeno, 4

Haddock, Samuel, 42
Hafley, Joseph, 80
Hall, Charles, 4
Ham, Susan, 17
Hamilton, Samuel, 63
Hamilton, William, 63
Hamilton, William, 48
Hampshire, Jacob, 39
Hanchet (Hanchett, Hanchit)
Hanchet, Cegar, 60
Hanchet, Cesar, 31
Hanchet, Seth, 31
Hanchet, Seth, 63
Hardy, Frederick, 70
Hardy, Therese, 70
Harero, William, 16
Harman, Abraham, 25
Harman, Jacob, 24
Harman, Jacob Jun., 78
Harman, Jacob Sen., 79
Harman, Mary, 25
Harris, Enoch, 41
Harris, William, 41
Hartgraves, L., 17
Haslett, William, 74
Hathorn, William, 77
Hatton, William T., 63
Hayes (Hay, Hays)

Hayes, Bossman, 25
Hayes, Bossman, 76
Hayes, George, 18
Hayes, Jacob, 40
Hayes, James, 77
Hayes, John, 31
Hayes, John, 25
Hayes, Margaret, 18
Hayes, Rebecca, 54
Hayes, Thomas, 34
Hayes, Thomas, 76
Hayes, William, 19
Hayes, William, 25
Hayes, William, 33
Hazleton, Nathan., 57
Heape, John, 16
Heath, John F., 56
Hebert, Antoine, 75
Hebert, Francois, 54
Hebert, Francois fils, 56
Hebert, Joachim, 41
Hebert, Joseph, 33
Hebert, Joseph, 41
Hebert, Joseph N., 41
Hebert, Ve. Pierre, 75
Hebert, Ursin ?, 77
Hedspeth, George, 68
Hedspeth, Sally, 68
Henderson, John, 40
Henderson, William, 54
Henry, Francois, 69
Henry, Louis A., 72
Hepleton, Edward, 16
Herault, Francois, 4
Hergenroider, Henry pere, 54
Hergroider, Henry, 65
Hernandes, Andre, 27
Hernandes, Jos., 34
Hernandes, Miguel, 32
Hervery, Charles, 60
Hetherwick, Robert, 73
Hibert, Joacinth, 33
Hickman, Ezekiel, 68
Hickman, Gabriel, 68
Hight, Ezekiel, 54
Hisler, Marie, 49
Histapes, Joseph, 56
Hodibert, Rampania, 28
Hoffman (Huffman)
Hoffman, John, 4
Hoffman, Robert, 77

ofpower (Huffpower)
ofpower, Francis, 34
ofpower, Francis, 78
ofpower, Thomas, 31
ollier, Clement, 31
ollier, Clement, 74
ollier, Furey, 30
ollier, Godfroi, 72
ollier, Isadore, 30
ollier, Isidore, 66
ollier, Juliee, 66
olmes, Elizabeth, 18
olmes, Madame, 4
olston, Betsey, 4
olt, David, 18
ooter, Lewis, 11
ooter, Philip, 4
ooter, Phillip, 10
oozer, John, 53
ouse, George, 53
ouse, James, 53
ouse, Joseph, 53
ovy, A., 15
udson, George, 58
udson, George jun., 23
udson, George sen., 23
uffman (see Hoffman)
ughs, John E., 68
umble, John, 43
umm, William, 52
umphries, Lewis, 79
utchins, William, 71
yman, Veuve Susan, 34

nroughty, William, 11
rwin, Joseph, 63
nseil, Thomas, 55
sabell & Cabral, 55
sles, William, 39
sles, William, 57

ackson, John, 34
ackson, John, 25
ackson, John J., 77
acson, William B., 24
adoine, Louis, 48
anis (Janise) (see also Jany)
anis, Alexis, 29
anis, Alexis, 41
anis, Michel, 29
anis, William, 29
aney, Hebert, 63

Jany, Herbert, 26
Jany, Mamais, 26
Jany, Mame, 60
Jany, Veuve, 26
Jean, (Negre Libre), 51
Jeanne, 4
Jeansonne (see also Johnson)
Jeansonne, Augustin, 61
Jeansonne, Baptiste, 61
Jeansonne, Jean, 61
Jeansonne, Joseph, 42
Jeansonne, Louis, 47
Jeffroin (see Joffroin)
Jenise, Vve. Michel, 59
Jenkins, John, 28
Jenkins, John, 71
Jett, Stephen, 25
Jett, Stephen?, 58
Joaquin, Jose, 32
Joffroin (Jeffroin)
Joffroin, Celestin, 4
Joffroin, Hyppolite, 4
Joffroin, J., 15
Joffroin, Josef, 4
Joffroin, Josef fils, 4
Joffroin, Josef Jun., 4
Joffroin, Joseph, 10
Joffroin, Joseph Senr., 9
Joffroin, Joseph Senr., 11
Joffroin, Mad. P., 15
Johnson (see Jeansonne also)
Johnson, Augustin, 32
Johnson, Charles, 12
Johnson, David, 53
Johnson, Edmund, 31
Johnson, Edmund, 44
Johnson, Eliazh, 16
Johnson, Gibson, 28
Johnson, Gidean, 31
Johnson, Gideon, 54
Johnson, Isaac, 23
Johnson, Isaac, 53
Johnson, James, 42
Johnson, Jean, 32
Johnson, John, 31
Johnson, John, 79
Johnson, John, 76
Johnson, Letty, 31
Johnson, Louis, 32
Johnson, Michael, 18
Johnson, Moses, 41
Johnson, Sarah, 32

Johnson, Susanah, 53
Johnson, William, 30
Johnston, Charles, 4
Johnston, J. Joseph, 4
Johnston, Madam, 4
Jones, Ephraim, 77
Jones, James, 18
Jones, James, 75
Joseph, Veuve Pierre, 28
Joubert, Francois, 24
Joubert, Francois, 61
Joubert, Jean, 32
Joubert, Vve. Jean, 47
Joubert, Pierre, 51
Joubert, Pierre Jun., 24
Joubert, Pierre Sen., 24
Jourdin, Pierre, 62
Julia, Peter, 9
Juneau, Augustin, 4
Juneau, John, 4
Juneau, Josef, 4
Junis, Alexander, 4

Keller, Jacob, 17
Kendall, Fielding, 74
Kenison, Isaac, 79
Kennedy, Daniel, 41
Kenny, Edward, 41
Keys, John, 61
Kid, Ben, 33
Kidder, John, 79
Kimball, Daniel M., 16
Kimball, Joseph, 16
Kimball, Midleton, 16
Kimball, Wade, 44
King, Anthony, 72
King, George, 34
King, George, 51
King, Valentine, 73
Kirkby, John, 73
Knox, William G., 24
Knox, William G., 42
Koonze, William, 53

L'Abbe, Antoine, 75
LaBerge, Jane, 44
Labiche, Pierre, 72
Laborde, Pierre, 4
Laborde, Pierre fils, 4
Labot, Joseph, 26
LaCasse (LaCass, LaCaze)

LaCasse, Antoine, 33
LaCasse, Antoine, 67
LaCasse, Charles, 33
LaCasse, Charles pere, 67
LaCasse, Jean, 32
LaCasse, Jean, 50
LaCasse, Michel, 23
LaCasse, Michel, 67
LaCasse, Philip, 32
LaCasse, Philip, 50
LaCasse, Soalange, 50
Lacky, Esther, 57
Lacomb (LaCombe)
Lacomb, Christopher, 49
Lacomb, Jean, 4
Lacomb, John, 9
Lacomb, Vve. Sarah, 49
Lacomb, Widow, 31
Lacour (Lacouer)
Lacour, Cyprian, 4
Lacour, Cyprian, 9
Lafetor, 5
Lafleur, Baptiste, 28
Lafleur, Baptiste, 64
Lafleur, Ve. Baptiste, 60
Lafleur, Cesar, 46
Lafleur, Cesar, 56
Lafleur, Don Diego, 45
Lafleur, Jacques, 30
Lafleur, Jean, 44
Lafleur, Jean B., 27
Lafleur, Jean B., 29
Lafleur, Joseph, 46
Lafleur, Marcelin, 46
Lafleur, Olivier, 46
Lafleur, Valerein, 46
Lafontaine, Francois, 30
Lafosse, Baptiste, 25
Lafosse, Baptiste, 71
Lafosse, Elenor, 39
Lafosse, Jean Bte., 44
Lafosse, Pierre, 41
Lafosse, Romain, 30
Lagrange, Catharine, 79
Lakochette, Auguste A., 72
Lalande (Laland, Lalonde)
Lalande, Baptiste, 30
Lalande, Guilliaume, 66
Lalande, Guilliaume pere, 66
Lalande, Louis, 66
Lalande, William, 30

Lemelle (Lamelle)
Lemelle, Denis, 28
Lemelle, Denis, 43
Lemelle, Dennis, 28
Lemelle, Francois, 23
Lemelle, Francois, 61
Lemelle, Jacque, 28
Lemelle, Louis, 28
Lemelle, Louis, 43
Lemelle, Marie Jeanne, 28
Lemelle, Marie Jeanne, 64
Lemelle, Pierre Francois, 79
Lemeranda, Babe, 28
Lemoine (LeMoine, LeMoin)
Lemoin, Alexander, 9
Lemoin, Baptiste, 4
Lemoin, Baptiste, 15
Lemoin, Baptiste G., 9
Lemoin, Baptiste P., 12
Lemoin, Guilliaume, 4
Lemoin, John P., 9
Lemoin, Joseph, 45
Lemoin, Pere, 4
Lemoin, Pierre, 4
Lemoin, Pierre, 9
Lenalo, Alex., 30
Lencium, Bazil, 34
Leonard, Madam, 4
LeRough, Hilaire, 46
Lesassier, Jean, 51
Lesassier, Jean, 65
Lesassier, Luke, 51
Leurent, Simon, 70
Lewis, Seth, 73
Lingicomb, Bazil, 78
Link, William, 33
Link, William, 49
Littell (Litel)
Littell, John, 29
Littell, Eliakem, 63
Littell, Moses, 63
Lockley, George, 78
Lockley, Thomas, 76
Long, William, 42
Lorant, Joseph, 13
Louaillier, Jean Jose, 72
Louaillier, Jean Jose & L., 73
Louillin, Louis, 26
Louis, Wm., 4
Love, Manuel, 46
Lower, Jacob, 69
Lowry, John, 43

Luice ?, Zenon, 45
Lyons, Gabriel, 34
Lyons, Gabriel, 78
Lyons, John, 34
Lyons, John Jun., 78
Lyons, John Sen., 78
Lyons, Samuel, 76
Lyons, Sarah, 43

Mace, Abram, 73
Madones, Manuel, 72
Mallett, Augustin, 50
Mallett, Hypolite, 66
Mallett, Joseph, 76
Mallett, Martin, 50
Malveau (Malveaux)
Malveau, Jean Bte., 51
Malveau, Laurence, 25
Malveau, Leaurent, 51
Mandon, Magdalene, 26
Manuel, Bapte. Pierre, 28
Manuel, Edward, 61
Manuel, Godfroi, 61
Manuel, Jose, 58
Manuel, Pierre, 61
Manuel, Raphial, 61
Manuel, Ursin, 32
Manuel, Ursin, 48
Marailles, Noel, 71
Marcantel, Antoine, 48
Marcantel, Francois, 33
Marcantel, Francois fils, 67
Marcantel, Francois pere, 67
Marks (Marc, Marcs)
Marks, Andre, 30
Marks, Andre, 65
Marks, Ve. Baltazar, 70
Marks, Francois, 73
Marks, Jean B., 27
Marks, Simon, 70
Marks, Widow, 27
Marie, Joseph, 58
Marin, Jean B., 27
Marlow, James, 57
Marow, A., 15
Marrow, Robert, 43
Marsh, Andrew, 27
Marsh, John, 27
Marshall (Marshal)
Marshall, John, 23
Marshall, George, 43
Martin, Elizabeth, 53

oy, Joseph D., 44
oy, Madame, 5
oy, Noel, 33
oy, Noel, 48
ov, Valarie, 31
oy, Valarie, 67
ov, Valerie, 64
ova, John, 66
ufh, Wm., 5
yan (Ryon)
van, Jacob, 40
yan, John, 5
van, John, 11
tyan, John, 55
yan, Philip, 78
tvan, William, 11

t. Aman, Joseph, 14
t. Romain, Etienne, 5
t. Roman, Et., 11
ales, William, 52
allier, Charles, 39
anto, Joseph, 11
ao, Eliza, 16
appington, John, 24
aturdiez, Jose, 52
aunier, Sylvain, 33
aunier, Sylvain, 50
aunier, Sylvain fils, 49
savant, Pierre, 28
avant, Pierre, 46
avov (Savoye)
avov, Francois, 27
avov, Francois, 34
avov, Francois fils, 70
avoy, Francois pere, 69
avov, Jean, 27
avoy, Jean, 71
avov, Widow Jean, 27
avov, Joseph, 27
avoy, Joseph, 70
avoy, Margaret, 71
avoy, Pierre, 48
avoy, Placide, 26
ax, Christopher, 69
schmith, John D., 69
choff, Eli, 54
cott, James, 39
cott, William, 54
croggs, William, 18
evan, Alexis, 66

Shannon, John, 54
Sharia, A., 14
Sharia, P., 14
Shattuck, William, 26
Shaw, W., 17
Shereman, George, 78
Shutland, Belona, 9
Shutland, Zenon, 9
Silvestre, Joseph, 29
Simeon, George, 51
Simien, Antoine, 26
Simien, Antoine, 68
Simmons (Simons)
Simmons, David, 25
Simmons, David, 58
Simmons, James, 24
Simmons, James, 58
Simmons, John, 58
Simmons, John, 56
Simmons, Vincent, 57
Simmons, William, 42
Simon, Charles, 45
Simon Ve. Louis, 46
Simon, Nicholas, 30
Simpson, 26
Simpson, James, 74
Singleton, Hemhick, 54
Singleton, Robert, 55
Singleton, Seth, 54
Sivan, James, 57
Slaughter, Henry, 17
Sloan, Semuel, 24
Sloan, Semuel, 78
Sloan, Thomas, 24
Sloan, Thomas, 77
Smith, Archibald, 39
Smith, Benj. A., 27
Smith, Charles, 27
Smith, Elisabeth Ann, 70
Smith, George, 57
Smith, John, 68
Smith, John H. H., 71
Smith, John J., 11
Smith, Mary, 71
Smith, Raphael, 68
Smith, William, 39
Smith, Zack, 12
Smithson, Danl., 5
Socier, Louis, 58
Soileau (Soliau, Soilleau)
Soileau, Charles, 44

Key to the 1810 Census

Name of household heads   1, 2, 3, 4, 5, 6, 7, 8, 9,10,11,12
- -
        Cut along dotted line and use as guide
- -

Place guide over one name so that name is visible. Match numbers
with guide to those on the census. Refer from the guide numbers
to the numbers on the key.

Key to the 1810 Census

 1. Free white males under ten years of age
 2. Free white males of ten and under 16
 3. Free white males of 16 and under 26, including heads of families
 4. Free white males of 26 and under 45, including heads of families
 5. Free white males of 45 and upwards, including heads of families
 6. Free white females under 10 years of age
 7. Free white females of ten and under 16
 8. Free white females of 16 and under 26, including heads of families
 9. Free white females of 26 and under 45, including heads of families
10. Free white females of 45 and upwards, including heads of families
11. All other free persons except Indians not taxed
12. Slaves

Key for the 1820 Census

Name of household heads   1, 2, 3, 4, 5, 6, 7, 8, 9,10,11,12,13,
----
                          Cut along dotted line and use as guide
----
     14,15,16,17,18,19,20,21,22,23,24,25,26,27,28,29,30,31,32,33.

Place guide over one name so that name is visible. Match numbers
with guide to those on the census. Refer from the guide numbers
to the numbers on the key.

Key for the 1820 Census

1. Free white males under ten years
2. Free white males of ten and under 16
3. Free white males between 16 and 18
4. Free white males of 16 and under 26, including heads of families
5. Free white males of 26 and under 45, including heads of families
6. Free white males of 45 and upwards, including heads of families
7. Free white females under 10 years of age
8. Free white females of 10 and under 16
9. Free white females of 16 and under 26, including heads of families
10. Free white females of 26 and under 45, including heads of families
11. Free white females of 45 and upwards, including heads of families
12. Foreigners not naturalized
13. Number of persons engaged in Agriculture
14. Number of persons engaged in Commerce
15. Number of persons engaged in Manufactures
16. Slave males under 14
17. Slave males of 14 and under 26
18. Slave males of 26 and under 45
19. Slave males of 45 and upwards
20. Slave females of (under) 14
21. Slave females of 14 and under 26
22. Slave females of 26 and under 45
23. Slave females of 45 and upwards
24. Free colored males under 14 years
25. Free colored males of 14 and under 26
26. Free colored males of 26 and under 45
27. Free colored males of 45 and upwards
28. Free colored females under 14 years
29. Free colored females of 14 and under 26
30. Free colored females of 26 and under 45
31. Free colored females of 45 and upwards
32. All other persons except Indians not taxed
33. Total amount in each county, parish, township, town, or city.